非常规突发事件态势感知
理论方法与应用研究

杨继君 著

科学出版社

北京

内 容 简 介

本书重点以自然灾害类非常规突发事件为研究对象，对非常规突发事件态势感知理论与方法进行了系统性探索。按照"应急案例结构化表示—态势要素提取—态势预测—态势威胁评估—临机决策—效果评估—大数据平台设计—应对模式探索"的逻辑关系和时间序列，对非常规突发事件应急决策过程从态势感知的视角提出了一系列具有较强解释力和概括性的理论模型和方法，这些模型和方法有助于促进态势感知理论在应急决策领域中实现理论新拓展和实践新应用。

本书不仅适合作为高校应急管理、公共安全、风险管理等专业研究生和高年级本科生的教材，也可供政府应急管理部门、危机管理研究机构等的相关人员参考。

图书在版编目（CIP）数据

非常规突发事件态势感知理论方法与应用研究 / 杨继君著. -- 北京：科学出版社，2025. 6. -- ISBN 978-7-03-082122-5

Ⅰ.D035

中国国家版本馆 CIP 数据核字第 2025TG4865 号

责任编辑：邓 娴 / 责任校对：贾娜娜
责任印制：张 伟 / 封面设计：有道文化

科学出版社 出版
北京东黄城根北街 16 号
邮政编码：100717
http://www.sciencep.com

北京中石油彩色印刷有限责任公司印刷
科学出版社发行 各地新华书店经销

*

2025 年 6 月第 一 版　开本：720×1000 1/16
2025 年 6 月第一次印刷　印张：11 3/4
字数：210 000
定价：136.00 元
（如有印装质量问题，我社负责调换）

国家社科基金后期资助项目
出版说明

后期资助项目是国家社科基金设立的一类重要项目，旨在鼓励广大社科研究者潜心治学，支持基础研究多出优秀成果。它是经过严格评审，从接近完成的科研成果中遴选立项的。为扩大后期资助项目的影响，更好地推动学术发展，促进成果转化，全国哲学社会科学工作办公室按照"统一设计、统一标识、统一版式、形成系列"的总体要求，组织出版国家社科基金后期资助项目成果。

全国哲学社会科学工作办公室

前　言

近些年来，世界各地非常规突发事件明显呈增多趋势，其影响越来越广泛，造成的后果也越来越严重。在时间紧迫、信息匮乏、资源有限和精神高度紧张等约束条件下，如何依据非常规突发事件的演化态势快速合理地制定处置与救援方案是应急决策者迫切需要解决的现实问题。本书紧密结合这一实际需求，重点以自然灾害类非常规突发事件为研究对象，对非常规突发事件态势感知理论与方法进行了系统性探索。本书按照"应急案例结构化表示—态势要素提取—态势预测—态势威胁评估—临机决策—效果评估—大数据平台设计—应对模式探索"的逻辑关系和时间序列，对非常规突发事件应急决策过程从态势感知的视角提出了一系列具有较强解释力和概括性的理论模型和方法，主要包括：①基于"三三制"框架模型的应急案例结构化表示方法；②基于大数据的非常规突发事件关键态势要素提取模型构建与优化；③基于隐马尔可夫链改进的非常规突发事件态势预测模型构建；④基于案例匹配的非常规突发事件态势威胁评估方法；⑤基于态势演化的非常规突发事件临机决策模型构建；⑥基于情感因子弱化的应急决策效果评估方法；⑦非常规突发事件态势感知大数据平台理论框架设计及其原型系统开发；⑧基于态势响应的非常规突发事件应对新模式探索。这些模型和方法具有较强的创新性和实用性，有助于促进态势感知理论在应急决策领域中实现理论新拓展和实践新应用，因而具有重要的学术价值和应用价值。

本书主要内容具体如下。

（1）基于"三三制"框架模型的应急案例结构化表示方法。随着互联网、大数据时代来临，非常规突发事件案例数据的来源、类型等复杂多样，包含结构化、半结构化和非结构化的数据。为了便于基于大数据的非常规突发事件关键态势要素的提取，需要将这些来源各异、类型不同的多模态数据进行结构化表示，形成结构化的重大灾害案例库。本书依据公共安全"三角形"理论设计了通用的应急案例结构化表示框架模型，即以"情景-事件-管理"三个维度为导向的"维度-属性-特征"案例结构化表示的"三三制"框架模型，并对典型超强台风灾害案例数据进行结构化表示，从而形成结构化的重大灾害案例库，为后续研究提供数据支撑。

（2）基于大数据的非常规突发事件关键态势要素提取模型构建与优化。影响非常规突发事件态势的要素有许多，而这些要素中究竟哪几个更为重要、更具影响力是态势要素提取中需要解决的核心问题。非常规突发事件关键态势要素提取是态势预测和态势威胁评估的前提与基础，因此对快速高效提取非常规突发事件关键态势要素方法的探索具有重要的理论和现实意义。首先，以超强台风灾害事件为例设计了灾害态势要素提取框架模型；其次，采用大数据分析中最常用的主成分分析法对影响超强台风灾害态势的诸多要素进行降维处理，进而实现关键态势要素的提取。鉴于主成分分析法在权重确定上的不足，引入合作博弈的思想，将所确定的各主成分映射为合作博弈中的局中人，并以态势要素权重误差平方和最小作为合作博弈目标函数构建态势要素权重优化模型，采用Shapley（沙普利）值法对模型求解。在此基础上，通过实证分析说明该方法的解释力和可行性。

（3）基于隐马尔可夫链改进的非常规突发事件态势预测模型构建。非常规突发事件态势演化问题是应急决策者关心的首要问题，因为它是科学制定应急处置与救援措施的重要依据。鉴于整个非常规突发事件态势演化过程类似于一个隐马尔可夫状态转移过程，本书首先以超强台风灾害事件为对象设计了非常规突发事件态势演化框架模型。在此基础上，构建基于隐马尔可夫状态转移的突发事件态势预测模型及其求解算法，实现对非常规突发事件的态势进行实时精准感知，以便为应急决策者提供决策支持。通常情况下，鉴于非常规突发事件相关信息的不完全性致使非常规突发事件态势预测模型中部分参数的初始值选择存在不足的问题，引入贝叶斯方法对其进行修正，这样就能较好地克服上述问题。最后，通过实例分析说明该方法的应用过程和实际意义。此外，该方法也为非常规突发事件态势演化规律的探索提供了新的思路和途径。

（4）基于案例匹配的非常规突发事件态势威胁评估方法。在非常规突发事件态势预测的基础上，快速评估其威胁程度是制定有效应对措施不可或缺的前提条件。首先，以证据理论为主要工具，构建基于多属性效用匹配的应急案例检索模型和求解算法，以便在重大灾害案例库中检索到与当前所发生的非常规突发事件相似的案例；其次，对检索到的灾害案例从受灾人口、死亡人口、受灾面积、房屋毁损和直接经济损失等五个方面进行综合灾情指数评估，并以该综合灾情指数为参考判断当前非常规突发事件的威胁状态。

（5）基于态势演化的非常规突发事件临机决策模型构建。鉴于非常规突发事件相关信息的高度缺失和灾害的深度危害性，应急决策者应在态势预测与威胁评估的基础上,结合自己的经验和专家的判断,迅速制定应对方案并展开处置与救援,这是减少由灾害造成的人员伤亡和财产损失的有效途径。这一决策过程与最近在应急管理中悄然兴起的临机决策模式可谓异曲同工,成功的临机决策不是应急决策者随意的"拍脑袋"决策,而是建立在应急决策者自身知识积累、专家判断以及事件态势预测等基础之上。因此,本书从应急决策所面临的特殊背景即环境复杂、时间紧迫、信息匮乏、资源有限、心理压力巨大出发,以序贯博弈理论为分析工具,构建了基于态势演化的非常规突发事件临机决策模型,为适应灾害场景变化而动态调整应急处置与救援方案提供支持。

(6)基于情感因子弱化的应急决策效果评估方法。在非常规突发事件应对过程中,判断应急处置与救援措施是否有效需要对其效果进行快速客观评估。为了客观评估应急决策效果,本书构建了基于评判者情感因子弱化的应急决策效果评估模型,通过循环优化不断削弱评判者情感因子对评估结果的影响。随后,采用三种评估方法对同一实例进行比较与分析。结果表明,采用基于评判者情感因子弱化的评估方法明显优于传统评估方法;同时也验证了所提方法的可行性和有效性。

(7)非常规突发事件态势感知大数据平台理论框架设计及其原型系统开发。本书以典型超强台风灾害事件为例,从态势感知的视角梳理非常规突发事件应急管理流程;随后从灾害数据层、模型算法层和应用展示层三个层面构建非常规突发事件态势感知大数据平台理论框架模型,并对其关键技术进行归纳和分析。在此基础上,利用三维虚拟技术开发基于大数据驱动的非常规突发事件态势生成可视化原型系统。

(8)基于态势响应的非常规突发事件应对新模式探索。依据非常规突发事件整个态势应对过程,实施应对组织流程再造,以便重建与态势感知相联动的自适应性态势应对组织流程。另外,对经过检验和修正的非常规突发事件态势生成可视化原型系统输入典型暴雨灾害大数据,进行阶段性态势测试和模拟;在此基础上,构建非常规突发事件整体最佳应对策略。

杨继君

2025 年 1 月

目　录

第1章　绪论 ·· 1
　1.1　研究背景、意义与来源 ·· 1
　1.2　非常规突发事件研究的必要性 ······································ 7
　1.3　本书研究框架及主要研究内容 ······································ 8
　1.4　本书的主要创新点 ·· 13

第2章　相关理论研究概述 ·· 15
　2.1　应急决策研究概述 ·· 15
　2.2　大数据智能技术与应急管理的研究概述 ······················· 29
　2.3　态势感知与突发事件的研究概述 ·································· 32
　2.4　国内外大数据智能技术与突发事件态势感知的研究概述··· 34

第3章　基于"三三制"框架模型的应急案例结构化表示方法 ········· 35
　3.1　应急案例表示基本要求及其现状分析 ··························· 35
　3.2　应急案例类型划分 ·· 37
　3.3　应急案例表示方法及其优缺点 ····································· 38
　3.4　应急案例结构化表示框架模型构建 ······························ 42
　3.5　存储模式 ·· 47
　3.6　小结 ·· 48

第4章　基于大数据的非常规突发事件关键态势要素提取模型构建与优化 ··· 49
　4.1　态势要素提取研究现状及其必要性 ······························ 49
　4.2　台风灾害态势要素提取框架 ·· 50
　4.3　主成分分析法介绍 ·· 52
　4.4　基于主成分分析法的灾害关键态势要素提取模型 ·········· 54
　4.5　实证分析 ·· 57
　4.6　小结 ·· 62

第5章　基于隐马尔可夫链改进的非常规突发事件态势预测模型构建 ··· 64
　5.1　非常规突发事件态势预测研究的相关概念及其研究必要性 ··· 64
　5.2　问题描述与模型构建 ·· 65

5.3 实例分析 ··· 69
5.4 小结 ··· 72
第 6 章 基于案例匹配的非常规突发事件态势威胁评估方法 ············· 73
6.1 案例推理及其应用分析 ··· 73
6.2 基于阶段划分的非常规突发事件描述模型 ·························· 74
6.3 基于多属性效用匹配的应急案例检索模型构建 ····················· 75
6.4 面向案例匹配的综合灾情评估模型 ··································· 82
6.5 实例分析 ··· 84
6.6 小结 ··· 85
第 7 章 基于态势演化的非常规突发事件临机决策模型构建 ············ 86
7.1 基于序贯博弈的临机决策过程分析 ··································· 86
7.2 基于态势预测的非常规突发事件临机决策模型构建 ··············· 92
7.3 实例分析 ··· 96
7.4 小结 ··· 99
第 8 章 基于情感因子弱化的应急决策效果评估方法 ····················· 100
8.1 应急决策效果评估研究现状及其不足 ································ 100
8.2 应急决策效果评估指标体系构建 ····································· 101
8.3 基于情感因子弱化的应急决策效果评估模型构建 ················· 102
8.4 案例分析 ··· 107
8.5 小结 ··· 112
第 9 章 非常规突发事件态势感知大数据平台理论框架
设计及其原型系统开发 ·· 113
9.1 非常规突发事件应急管理流程 ·· 113
9.2 目前气象灾害应急管理平台存在的主要问题 ······················· 116
9.3 非常规突发事件态势感知大数据平台设计 ·························· 116
9.4 非常规突发事件态势感知大数据平台关键技术 ···················· 119
9.5 极端气象灾害态势生成可视化原型系统开发 ······················· 120
9.6 小结 ··· 130
第 10 章 基于态势响应的非常规突发事件应对新模式探索 ············· 131
10.1 极端气象灾害态势演化规律分析 ···································· 131
10.2 面向极端气象灾害态势响应的应对策略构建 ····················· 132
10.3 基于灾害态势驱动的非常规突发事件态势应
对策略优化——以应急资源保障为例 ······························ 134
10.4 面向极端气象灾害态势应对任务的自适应性应急组织设计 ··· 145

10.5　小结 ··· 147
第 11 章　总结与展望 ······································· 149
　11.1　研究总结 ·· 149
　11.2　研究展望 ·· 152
参考文献 ··· 153
致谢 ··· 174

第 1 章　绪　　论

1.1　研究背景、意义与来源

1.1.1　研究背景

近些年来，全球各类非常规突发事件多发频发，比如 2001 年美国"9·11"恐怖袭击事件、2003 年 SARS 事件、2006 年埃及"萨拉姆 98 号"客轮海难事故、2008 年"5·12"汶川地震、2011 年"3·11"日本地震、2013 年"海燕"超强台风、2014 年马来西亚航班失踪事件、2015 年巴黎恐怖袭击事件、2016 年南美寨卡病毒疫情、2017 年美国拉斯维加斯枪击案、2018 年印度尼西亚巽他海峡海啸、2019 年江苏响水"3·21"特别重大爆炸事故、2020 年全球新冠疫情、2021 年河南郑州"7·20"特大暴雨灾害、2022 年湖南长沙"4·29"特别重大居民自建房倒塌事故、2023 年内蒙古阿拉善"2·22"煤矿特别重大坍塌事故、2023 年北京"7·31"暴雨灾害等非常规突发事件都不断冲击公众视线，不仅造成了巨大的经济损失和重大的人员伤亡，也考验着各国政府的应急决策水平和应急处置能力。

下面是近些年来国内外发生的典型非常规突发事件，它们给人类造成的创伤至今记忆犹新。

1. 2001 年美国"9·11"恐怖袭击事件

2001 年 9 月 11 日，一架从波士顿起飞的美国航空公司波音 767 客机被恐怖分子劫持，并于美国东部时间 8 时 46 分撞击世贸中心北楼且引发大火。9 时 3 分，另一架被劫持的客机又撞向世贸中心南楼。9 时 37 分，又一架被劫持客机撞击了国防部五角大楼，造成大楼一角坍塌。9 时 59 分，世贸中心北楼倒塌。10 时 3 分，第四架被劫持的美国联合航空公司 93 号班机在宾夕法尼亚州坠毁，事后从机上"黑匣子"分析，机上乘客曾与恐怖分子进行搏斗。10 时 28 分，世贸中心南楼倒塌。这一前所未有的恐怖袭击事件，震惊了美国和整个世界。"9·11"事件致使 2996 人遇难，并造成数千亿美元的直接和间接经济损失。

2. 2003 年 SARS 事件

SARS 是指严重急性呼吸综合征。现在一般认为，SARS 是于 2002 年 11 月 16 日在广东省佛山市暴发，不久便扩散到全球，直至 2003 年中期疫情才被逐渐消灭的一次全球性传染病疫潮。据世界卫生组织（World Health Organization，WHO）2003 年 8 月 15 日统计数字，全球 SARS 病例累计达 8422 例，累计死亡人数 919 人，波及的国家和地区 32 个。据世界卫生组织估算，SARS 事件造成的世界经济损失已超过 300 亿美元。

3. 2006 年埃及"萨拉姆 98 号"客轮海难事故

当地时间 2006 年 2 月 2 日傍晚，载有 1414 人的埃及"萨拉姆 98 号"客轮从沙特阿拉伯杜巴港启航后，全速驶往埃及，原计划第二天凌晨 2 时 30 分到达埃及塞法杰港，总航程为 120 海里（约 222 千米）。在途经红海海域时因发生火灾而致使客轮完全沉没，共造成 1000 多人罹难或失踪。

4. 2008 年"5·12"汶川地震

"5·12"汶川地震[1]，又称"汶川大地震"，发生时间为北京时间 2008 年 5 月 12 日 14 时 28 分，四川省汶川县映秀镇与漩口镇交界处为地震中心带。根据中国地震局通报，"5·12"汶川地震的面波震级里氏震级实际已经达到 8.0 级、矩震级达 8.3 级（根据美国地质调查局的数据，矩震级为 7.9 级），地震最大烈度达到 11 度。截至 2008 年 9 月 25 日，"5·12"汶川地震致使 6.9 万余人死亡，37 万多人不同程度受伤，近 1.8 万人失踪，受灾总人数超过 4600 万人，直接经济损失达 8451 亿元人民币。"5·12"汶川地震是 1949 年新中国成立以来破坏性最强、波及范围最广、救灾难度最大的一次地震。

5. 2011 年"3·11"日本地震

"3·11"日本地震[2]，也称东日本大地震，于当地时间 2011 年 3 月 11 日 14 时 46 分（北京时间 13 时 46 分）发生在西太平洋国际海域，里氏震级为 9.0 级。日本气象厅公布的信息显示，此次地震引发高达 23 米的海啸，对日本东北部宫城县、岩手县、福岛县等地造成毁灭性破坏，并引发福岛第一核电站核泄漏。日本警察厅 2024 年 3 月统计显示，"3·11"日本地震造成 15 900 人死亡、2520 人失踪，造成超过 2000 亿美元的直接经济损失。

6. 2013 年"海燕"超强台风

超强台风"海燕"于 2013 年 11 月 8 日 4 时 40 分（当地时间）在菲律

宾莱特岛北部沿海登陆，登陆最大风力17级以上（超过75米/秒），并于11月11日5时许在越南广宁省沿海再次登陆，登陆时中心最大风力有13级（38米/秒）。"海燕"超强台风重创了菲律宾，据菲律宾国家减灾委员会事后发布的最终报告，此次超强台风共造成菲律宾约1600万人受灾，其中遇难6300多人，失踪1000余人，经济损失超过1813亿菲律宾比索（超过36.5亿美元）。

7. 2014年马来西亚航班失踪事件

马来西亚航空公司在2014年3月8日凌晨2时40分对外公布，有一架载有239人的波音飞机（航班号为MH370）与空管中心失去联系，该飞机原计划从吉隆坡飞往北京，到达北京的时间为2014年3月8日6时30分。截至2018年5月底，水下探测公司"海洋无限"对总计11.2万平方千米海床完成了搜索和图像搜集工作，但没有找到失踪客机。随后"海洋无限"停止搜索工作。到目前为止，也没有找到航班失踪的真正原因。

8. 2015年巴黎恐怖袭击事件

2015年11月13日（当地时间），法国巴黎发生"史无前例"的系列恐怖袭击事件，造成130人死亡，超400人受伤。参与恐怖活动的恐怖分子已经被全部击毙。根据法国财政部的报告，此次袭击事件造成的直接经济损失约为20亿欧元，其中旅游和消费支出领域损失比较严重。

9. 2016年南美寨卡病毒疫情

寨卡病毒[3]通过蚊虫叮咬传播，感染后症状与登革热相似，包括发烧、疹子、关节疼痛、肌肉疼痛、头痛和结膜炎（红眼）。寨卡病毒感染者中，约20%会表现出轻微症状，如发烧、皮疹、结膜炎等，轻微患者一般情况下一周之内会自动康复。但是一旦孕妇感染，胎儿可能会受到影响，导致新生儿小头症甚至死亡。自2015年5月以来，寨卡疫情在拉丁美洲和加勒比海国家大肆流行。截至2016年底，超过60个国家报告了感染病例。疫情最严重的国家是巴西，自2015年5月确诊第一例寨卡病毒感染病例后，疫情迅速蔓延，短短8个月内感染人数估算达150万人。

10. 2017年美国拉斯维加斯枪击案

当地时间2017年10月1日晚10时许，美国拉斯维加斯市曼德勒海湾酒店（Mandalay Bay）场外的一个音乐节发生枪击事件。64岁的枪手帕多克从对面曼德勒海湾酒店的32层向正在观看演出的群众开枪疯狂射击，共造成 60 人死亡（包括袭击者），857 人不同程度受伤。此次枪击事件是美国最为惨烈的大规模枪击案，全国降半旗致哀。

11. 2018 年印度尼西亚巽他海峡海啸

当地时间 2018 年 12 月 22 日 21 时 27 分，印度尼西亚巽他海峡附近的喀拉喀托火山（Krakatau）爆发导致的山体崩塌引发了相当于 3.4 级地震的震动并由此引发巽他海峡海啸。海啸致使万丹省的板底兰县、西冷县和楠榜省部分海岸地区遭受重创。根据印度尼西亚国家抗灾署最终统计，海啸造成 437 人死亡，超过 14 000 人不同程度受伤；还有 1297 栋房屋、69 家酒店和 60 间餐馆遭严重破坏，420 艘船只被损毁。

12. 2019 年江苏响水"3·21"特别重大爆炸事故

江苏响水"3·21"特别重大爆炸事故[4]发生在 2019 年 3 月 21 日，江苏响水天嘉宜化工有限公司因硝化废料燃烧引发剧烈爆炸，造成 78 人遇难、76 人重伤，640 人住院治疗，直接经济损失 19.86 亿元。2020 年 11 月 30 日，江苏省盐城市中级人民法院和所辖响水、滨海等 7 个基层人民法院，对响水"3·21"特别重大爆炸事故涉及的 22 起刑事案件进行一审公开宣判，对 7 个被告单位和 53 名被告人依法判处刑罚。

13. 2020 年全球新冠疫情

2019 年 12 月底暴发的新冠疫情已被世界卫生组织定为"国际关注的突发公共卫生事件"（public health emergencies of international concern）。根据美国约翰斯·霍普金斯大学发布的新冠疫情统计数据，截至北京时间 2022 年 5 月 10 日 16 时，全球（含中国）累计确诊病例约为 5.17 亿例，累计死亡病例约 626 万例，其中美国累计确诊病例超过 8255 万例，累计死亡病例超过 100 万例。此次疫情不仅给感染者带来了无比的痛苦和伤害，也给广大民众造成了严重的心理恐慌和情绪焦虑。另外，此次疫情给全球造成难以估计的经济损失。

14. 2021 年河南郑州"7·20"特大暴雨灾害

2021 年 7 月 17 日至 23 日，河南省遭遇历史罕见特大暴雨，发生严重洪涝灾害，特别是 7 月 20 日郑州市遭受重大人员伤亡和巨大财产损失。国务院事故调查组公布的调查报告显示[5]，此次暴雨灾害共造成河南省 150 个县（市、区）1478.6 万人受灾，因灾死亡失踪 398 人，其中郑州市 380 人，占全省的 95.5%；直接经济损失 1200.6 亿元，其中郑州市 409 亿元，占全省的 34.1%。

15. 2022年湖南长沙"4·29"特别重大居民自建房倒塌事故

2022年4月29日12时24分，湖南省长沙市望城区金山桥街道金坪社区盘树湾组发生一起特别重大居民自建房倒塌事故，造成54人死亡、9人受伤，直接经济损失9077.86万元。2023年5月21日，国务院常务会议审议通过了湖南长沙"4·29"特别重大居民自建房倒塌事故调查报告[6]。经国务院事故调查组调查认定，湖南长沙"4·29"特别重大居民自建房倒塌事故是一起因房主违法违规建设、加层扩建和用于出租经营，地方党委政府及其有关部门组织开展违法建筑整治、风险隐患排查治理不认真不负责，有的甚至推卸责任、放任不管，造成重大安全隐患长期未得到整治而导致的特别重大生产安全责任事故。经过联合调查组一年的调查，追责问责62名公职人员和14名涉案人员（包括房主和房屋设计、施工人员、检测公司负责人和技术人员等），其中，4名中管干部被问责；4名公职人员因严重违纪违法并涉嫌职务犯罪被移送司法机关处理。

16. 2023年内蒙古阿拉善"2·22"煤矿特别重大坍塌事故

2023年2月22日13时12分许，内蒙古自治区阿拉善盟苏海图生态移民示范区内蒙古新井煤业有限公司露天煤矿发生特别重大坍塌事故，造成53人死亡、6人受伤，直接经济损失20 430.25万元。2023年8月30日国务院常务会议审议通过了内蒙古阿拉善新井煤业有限公司露天煤矿"2·22"特别重大坍塌事故调查报告[7]。经国务院事故调查组调查认定，内蒙古阿拉善新井煤业有限公司露天煤矿"2·22"特别重大坍塌事故，是一起企业在井工转露天技改期间边建设边生产，违法包给不具备矿山建设资质的施工单位长期冒险蛮干，相关部门监管执法"宽松软虚"，地方党委政府失管失察，致使重大风险隐患长期存在而导致的生产安全责任事故。事后，2名中管干部被问责；19名涉案人员被公安机关立案侦查，42名公职人员被纪检监察机关严肃问责。

17. 2023年北京"7·31"暴雨灾害

受台风"杜苏芮"影响，2023年7月29日至8月2日，北京遭遇了特大暴雨灾害。截至2023年8月8日24时，全市因灾死亡33人；因抢险救援牺牲5人；还有18人失踪，包括1名抢险救援人员。暴雨灾害还造成近129万人受灾，房屋倒塌5.9万间，严重损坏房屋14.7万间，农作物受灾面积22.5万亩①。

---

① 1亩约等于666.7平方米。

上述非常规突发事件的共同特点是：事件的爆发具有突然性和不可预测性；危机的发展具有高度的动态性和不确定性；所造成的结果具有深度危害性，一般情况下会使人的心理产生恐惧，并造成巨大的财产损失和重大的人员伤亡。因此，非常规突发事件[8,9]特指社会没有或者极少经历过的，对其演化规律和处置经验都缺乏了解，往往突然爆发，造成或者可能造成巨大经济财产损失和重大人员伤亡，从而需要政府立刻采取紧急措施予以应对的重大突发事件。一般的突发事件[10]是指突然发生，造成或者可能造成重大人员伤亡、财产损失、生态环境破坏和严重社会危害，危及公共安全的紧急事件。非常规突发事件与一般的突发事件的区别从定义上可以得知：除发生的频率、灾害的严重程度不一样外，所涉及的救援方案也不同，对于非常规突发事件，一般情况下需要启动国家级应急预案，全社会参与救灾。

众所周知，非常规突发事件涉及范围比较广泛，造成的后果都相当严重。在时间紧迫、资源有限和巨大压力下，如何依据非常规突发事件的演化态势科学合理地制定救援与处置方案是应急决策者迫切需要解决的现实问题。本书紧密结合这一实际需求，重点以自然灾害类非常规突发事件为研究对象，从态势感知的视角研究非常规突发事件态势生成的一般规律并探索态势应对新模式，尝试性地对非常规突发事件态势感知基本理论与基本方法进行了系统化研究，这为非常规突发事件科学应对决策提供了新的思路和途径。

1.1.2 研究意义

本书从态势感知的视角对复杂的非常规突发事件应急决策问题建立优化模型，探索其态势演化的一般规律和态势应对的新模式。针对非常规突发事件的类型、级别和救灾工作所处的阶段，借助所建立的优化模型提供应急决策的解决方案，为应急决策者提供决策支持。当非常规突发事件发生时，应急决策者首先需要弄清楚非常规突发事件的性质（关键态势要素提取）并了解当前状态以及演化态势的趋势（态势预测），通过对当前状态进行快速的威胁评估（态势威胁评估），在此基础上，结合专家的判断和自己的经验与知识快速制定适合当前情况的应对方案（临机决策）并予以实施（决策效果评估），以此降低非常规突发事件对社会正常秩序的冲击和人员伤亡。

从理论上讲，广大学者针对常规突发事件应急决策问题进行了大量的研究，而专门就非常规性突发事件应急决策问题从态势感知的视角进行系统研究的文献尚不多见。本书综合运用计算机科学、信息科学、系统科学、灾害学、管理学等领域的理论与方法,在对非常规突发事件案例进行结构化表示的基础上,从态势感知的视角设计一系列模型和方法(比如,基于大数据的非常规突发事件关键态势要素提取模型、基于隐马尔可夫链改进的非常规突发事件态势预测模型、基于案例匹配的非常规突发事件态势威胁评估方法、基于态势演化的非常规突发事件临机决策模型、基于情感因子弱化的应急决策效果评估方法、非常规突发事件态势感知大数据平台理论框架),对非常规突发事件应急决策进行系统深入研究,为非常规突发事件应急决策问题的解决提供了新思路和新方法。另外,该成果也有助于丰富和发展应急决策理论。

1.1.3 研究来源

本书是以杨继君教授的博士后出站报告(2017年5月出站)为基础,通过近6年的进一步研究和完善而取得的研究成果。博士后出站报告《基于案例推理与态势预测的非常规突发事件应急决策模式研究》获得中共中央党校(国家行政学院)出站报告"优秀"等级。

1.2 非常规突发事件研究的必要性

非常规突发事件往往是在人们毫无防备的情况下突然爆发的,通常会使处置与救援者处于犹豫不决或者惊慌失措状态,由此出现错误决策或者错过最佳应对时间也就在所难免。比如,2005年美国发生的卡特里娜飓风造成整个新奥尔良市陷入瘫痪,最终导致1836人死亡,直接经济损失超过750亿美元。事后调查显示,美国中央政府的初期应急响应迟缓、应对决策失误是其主要原因之一,这说明应急决策人员在非常规突发事件的响应和处置过程中除了发挥聪明才智和具有坚强意志之外,还需要现代应急决策理论和科学技术的支持与协助。随着大数据、人工智能等技术和方法的飞速发展,采用这些技术为应急决策提供支持工具和方法已成为现实。因此,如何借助大数据、人工智能等技术和方法帮助决策者在紧急情况下快速准确地做出决策,成为非常规突发事件应急决策工作的重要研究内容与首要服务目标。

应急决策[11]表现为一个动态过程,主要是指在突发事件突然发生时,应急决策者要在时间紧迫、资源有限和精神高度紧张等约束条件下,快速搜集、处理突发事件相关数据和信息,通过综合性考虑明确问题和制定目标,依据决策经验和智能辅助决策支持系统等,分析和评价各种应急方案并进行合理性选择,随后组织实施应急方案,并跟踪检验和调整方案直至突发事件得到有效控制为止的一个动态决策过程。本书中的突发事件特指非常规突发性事件,不含常规突发事件。后者是一些常规的、一般性的突发事件,事件处置的目标和问题往往是结构化、程序化的,这类问题的求解过程(即决策)相对简单,决策者往往依靠预案和个人经验即可做出合理决策,而非常规突发事件应急决策是非结构化、非程序化的决策过程,不确定性程度更高、更复杂。

在紧急情景下,非常规突发事件通常表现出巨大的破坏性、复杂的衍生性、快速的扩散性和高度的不确定性等特征。每次非常规突发事件的发生对于应急决策者来说,几乎都是类型全新、特征全新和危害惊人的灾难,如何快速而有效地应对这类非常规突发事件则是一个半结构化或非结构化的决策问题,与常规决策在决策时间、决策信息、可用资源以及决策模式上都存在较大差异,是一个特殊的决策活动过程。因此,本书将这类突发事件的应急决策问题作为研究对象。

非常规突发事件的紧急性、信息不完全、决策面临的高度不确定性和可用资源的约束等因素,给决策者短时间内做出正确决策带来巨大困难。由于这类事件是极少遇到或从未遇到的小概率事件,决策者常常缺乏对这类事件演化发展的规律认识和处理经验,往往面临极大的心理压力,决策者所能依赖的只是应急预案、应急知识以及个人经验、感觉等。如果应急预案不符合当前事件的特征而无法使用,加之决策者个人经验和感觉出现偏差,应急决策出现盲目行为甚至错误决定则在所难免。随着数字技术的飞速发展,采用大数据、人工智能等技术和方法为非常规突发事件应急决策提供辅助支持成为现实。因此,本书重点以自然灾害类非常规突发事件为研究对象,通过对典型非常规突发事件的大数据分析与解构,提取特征态势要素,建立非常规突发事件态势预测模型和态势威胁评估模型,继而构建基于态势演化的非常规突发事件临机决策模型和应急决策效果评估模型。在上述研究成果的基础上,开发基于大数据驱动的非常规突发事件态势生成可视化原型系统,为我国非常规突发事件应急决策提供具有针对性和全面性的理论与方法支持。

1.3 本书研究框架及主要研究内容

1.3.1 本书研究框架

在充满变化、极具风险、难以预测的非常规突发事件面前,应急决策者如何依据非常规突发事件的性质与演化趋势，在大数据、人工智能等先进数字技术的支持下，借助专家的判断并结合自身的经验形成处置救援方案是本书要解决的主要问题。本书从态势感知的视角，以大数据为主要分析工具，在对非常规突发事件案例进行结构化表示的基础上，构建基于大数据的非常规突发事件关键态势要素提取模型、基于隐马尔可夫链改进的非常规突发事件态势预测模型、基于案例匹配的非常规突发事件态势威胁评估方法、基于态势演化的非常规突发事件临机决策模型和基于情感因子弱化的应急决策效果评估方法等一系列模型和方法，实现对灾害态势的深度感知，探索非常规突发事件态势演化的一般规律及其态势应对新模式，这为非常规突发事件应急决策问题的解决提供了新的思路和新的途径，其总体框架如图1.1所示。

本书研究的思路：通过深入分析非常规突发事件应急管理中应急决策者与事件演化之间的实质关系和特点，借助大数据、人工智能等技术和方法，从态势感知的视角研究非常规突发事件应急决策问题，提出应急决策者必须依据阶段性处置结果和事件不断演化的态势动态调整管理活动，制定适合当前情景的应急处置与救援方案，也就是说，应急决策者制定的应急决策不是一成不变的，而是要依据非常规突发事件的演化态势进行动态调整。

在上述思路指导下，以超强台风灾害为具体的研究对象，通过构建一系列数学模型和方法来达成上述研究目标。首先，针对目前应急管理案例库构建中的不足，设计了突发事件案例结构化表示的"三三制"框架模型，以形成具有通用性的突发事件案例表示方法。为了满足突发事件案例构建过程中层次清晰、结构分明、方便存储的要求，依据公共安全体系的"三角形"理论，设计了突发事件案例结构化表示的"三三制"框架模型，即以情景、事件和管理三个维度为导向的"维度-属性-特征"突发事件案例结构化表达框架模型。其次，构建基于大数据的非常规突发事件关键态势要素提取模型，对影响非常规突发事件演化态势的关键要素进行提取，为非常规突发事件态势预测和态势威胁评估奠定基础。再次，构建基于隐马尔可夫链改进的非常规突发事件态势预测模型，探索突发事件态势演化的一般规律。接着设计基于案例匹配的非常规突发事件态势威胁评估方法，以便对非常规突发事件的威胁程度实施快速评估，为下一步的应对决策提供依据。进一步，以序贯博弈理论为分析工具，构建了基于态势演化的非常规突发事件临机决策模型和基于情感因子弱化的应急决策效果评估方法，为应急决策者的应对决策提供更为准确、科学的决策支持。最后，构建非常规突发事件态势感知大数据平台理论框架模型及非常规突发事件态势生成可视化原型系统，为进一步的技术实现奠定基础。

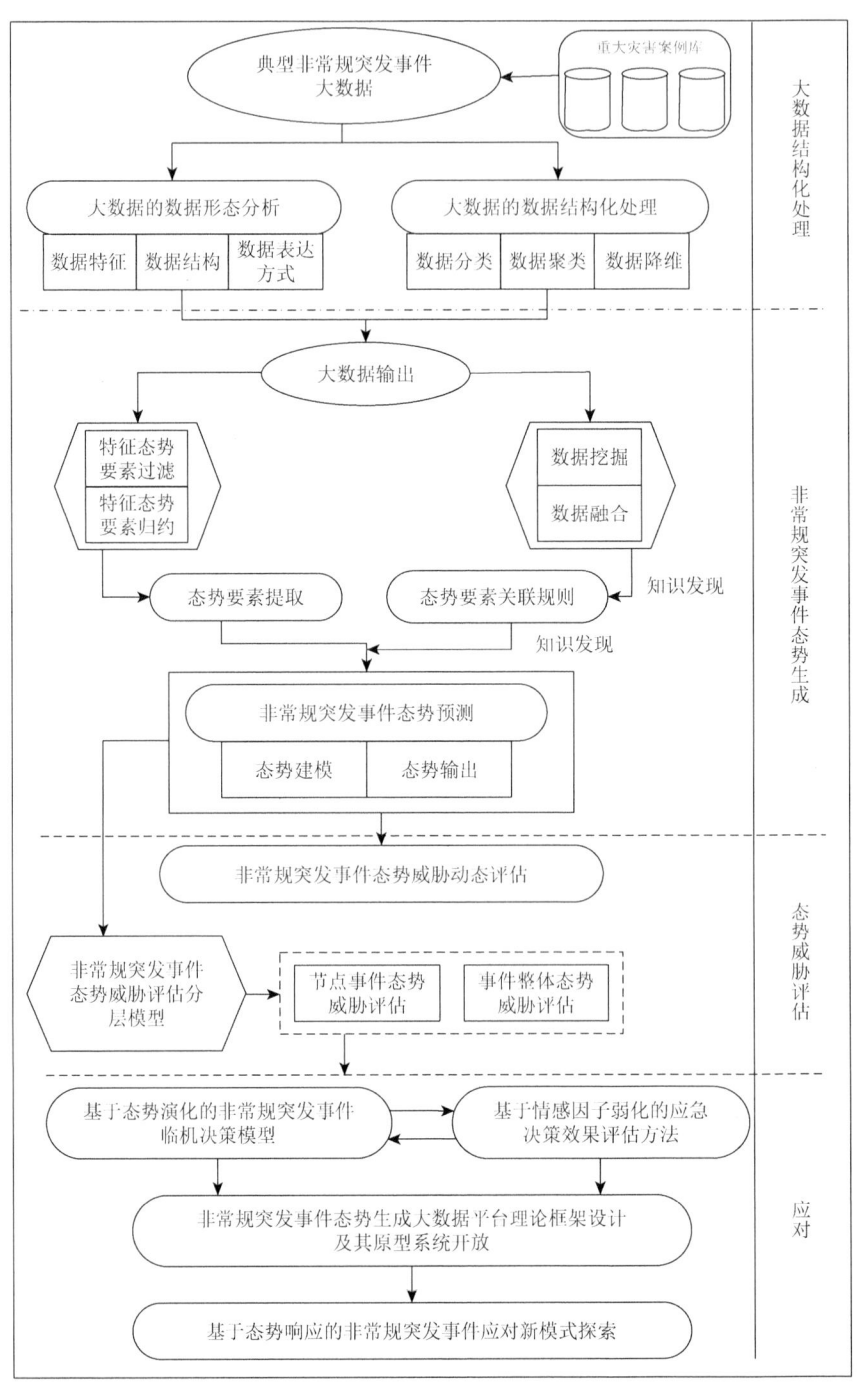

图 1.1　本书研究的总体框架

1.3.2 本书主要研究内容

本书共 11 章，具体研究内容及结构如下。

第 1 章：绪论。首先介绍了本书的研究背景、意义与来源。接着对非常规突发事件应急决策研究的必要性进行了详细阐述，然后提出了本书具体的研究框架和主要研究内容，最后归纳了本书的主要创新点。

第 2 章：相关理论研究概述。非常规突发事件是极少遇到或从未遇到的小概率事件，决策者常常缺乏对这类事件演化发展的规律认识和处理经验，往往面临极大的心理压力，决策者所能依赖的只是应急预案、应急知识以及个人经验等，这给应急决策带来严峻挑战，因此成为国内外研究的热点和难点问题。根据突发事件应急决策的研究需要，本章主要从突发事件态势感知和突发事件应急决策模式两个方面对国内外研究现状进行梳理和评述。

第 3 章：基于"三三制"框架模型的应急案例结构化表示方法。突发事件案例结构化表示是为了方便计算机快速识别、读取、存储、检索和调用，而结构化的突发事件案例库也为后续研究提供数据支撑。为此，以超强台风灾害为研究对象设计突发事件案例内容结构化表示的理论框架模型，即以情景、事件和管理三个维度为内容表达导向的"维度-属性-特征"突发事件案例结构化表达方法。

第 4 章：基于大数据的非常规突发事件关键态势要素提取模型构建与优化。非常规突发事件关键态势要素提取是整个非常规突发事件态势感知研究的前提和基础，为此，以超强台风灾害为例，首先设计非常规突发事件态势要素提取框架模型；其次构建基于主成分分析的非常规突发事件关键态势要素提取模型及其改进方法；最后通过算例分析验证该方法可行性和有效性。

第 5 章：基于隐马尔可夫链改进的非常规突发事件态势预测模型构建。非常规突发事件态势预测是非常规突发事件态势感知研究的核心部分。鉴于非常规突发事件态势演化的不确定性，在此利用马尔可夫链方法设计基于隐马尔可夫状态转移的非常规突发事件态势预测模型及其优化算法，最后通过实例分析说明该方法的应用过程和实际意义。

第 6 章：基于案例匹配的非常规突发事件态势威胁评估方法。首先设计了非常规突发事件阶段划分的描述模型，随后构建了基于多属性效用匹配的应急案例检索模型与求解算法，以便在重大灾害案例库中检索到与当前所发生的非常规突发事件相似的案例，并以该灾害案例的综合灾情指数为参考判断当前非常规突发事件的威胁状态。

第 7 章：基于态势演化的非常规突发事件临机决策模型构建。面对非常规突发事件，应急决策者需要在紧急情况下进行快速决策，还需要依据事态的演化情况进行灵活调整。为此，构建了基于序贯博弈的非常规突发事件临机决策模型，为应急决策提供新的决策方法。

第 8 章：基于情感因子弱化的应急决策效果评估方法。为了对应急决策效果进行快速评估，构建了基于评判者情感因子弱化的应急决策处置效果评估模型，并与传统评估方法进行对比分析，该方法具有明显的优越性。

第 9 章：非常规突发事件态势感知大数据平台理论框架设计及其原型系统开发。在梳理极端气象灾害事件应急管理流程和分析当前气象灾害应急管理平台不足的基础上，以极端气象灾害事件为例设计了非常规突发事件态势感知大数据平台系统；最后利用三维虚拟技术开发了基于大数据驱动的非常规突发事件态势生成可视化原型系统。

第 10 章：基于态势响应的非常规突发事件应对新模式探索。先以极端气象灾害事件为例，分析和总结非常规突发事件态势演化的一般规律；在此基础上，构建基于态势响应的非常规突发事件态势应对策略；最后，从组织流程再造的角度，探索面向非常规突发事件态势应对任务的自适应组织设计方法。

第 11 章：总结与展望。总结本书的研究结果和不足之处，并提出下一步研究的方向。

本书各章的组织结构如图 1.2 所示。

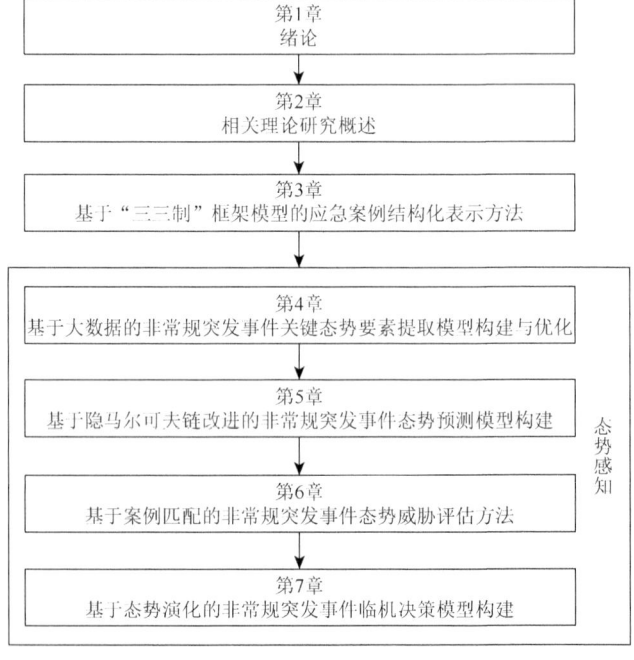

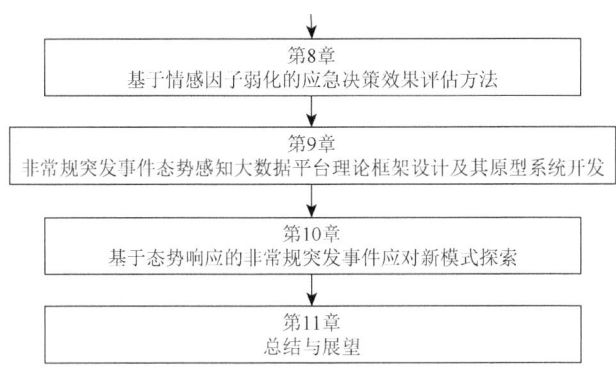

图 1.2　本书各章的组织结构

1.4　本书的主要创新点

本书的主要创新点如下。

（1）基于大数据的非常规突发事件关键态势要素提取模型构建与优化。影响非常规突发事件态势的要素很多，而这些要素哪些更为重要、更具影响是态势要素提取中需要解决的核心问题。态势要素提取就是从海量灾害数据中剔除冗余数据而获取描述灾害状态的关键特征要素，形成灾害态势威胁评价指标体系，为灾害态势预测和态势威胁评估奠定基础。因此，本书以超强台风灾害为例，按照公共安全"三角形"理论设计了超强台风灾害态势要素提取框架模型，随后采用大数据分析中最常用的主成分分析法对影响超强台风灾害态势的诸多要素进行降维提取。鉴于主成分分析法在主成分权重确定上存在缺陷，引入合作博弈的思想，将所确定的各主成分映射为合作博弈中的局中人，并以态势要素权误差平方和最小作为合作博弈目标函数构建态势要素权重优化模型，采用 Shapley 值法对模型求解，有效地弥补了权重确定中的缺陷。在此基础上，通过实证分析说明该方法的解释力和可行性，进而为灾害态势预测和态势威胁评估提供科学依据。

（2）基于隐马尔可夫链改进的非常规突发事件态势预测模型构建。非常规突发事件态势演化问题是应急决策者关心的首要问题，因为它是制定应急处置与救援措施的前提。鉴于整个非常规突发事件态势演化过程类似于一个隐马尔可夫状态转移过程，首先以超强台风灾害事件为对象设计了非常规突发事件态势演化框架模型，在此基础上构建基于隐马尔可夫状态转移的非常规突发事件态势预测模型及其求解算法，实现对非常规突发事件的态势演化进行实时精准感知，以便为应急决策者提供决策支持。通常情况下，鉴于非常规突发事件相关信息的不完全性致使突发事件态势预测模型中部分参数的初始值选择存在不足的问题，引入贝叶斯方法对其进行修正，这样就能较好地克服上述问题。最后通过实例分析说明该方法的应用过程和实际意义。此外，该方法也为非常规突发事件态势演化规律的探索提供了新的思路和途径。

（3）基于案例匹配的非常规突发事件态势威胁评估方法。对非常规突发事件当前状态以及未来发展状态进行实时快速的评估是采取有效应对措施（应急决策）的依据。首先以证据理论为主要工具，构建基于多属性效用匹配的应急案例检索模型和求解算法，以便在重大灾害案例库中检索到与当前所发生的非常规突发事件相似的案例；随后对检索到的灾害案例从受灾人口、死亡人口、受灾面积、房屋毁损和直接经济损失五个方面进行综合灾情指数评估，并以该综合灾情指数为参考判断当前非常规突发事件的威胁状态。

（4）基于态势演化的非常规突发事件临机决策模型构建。从应急决策所面临的特殊背景即环境复杂、时间紧迫、信息匮乏、资源有限、心理压力巨大出发，以序贯博弈理论为分析工具，在非常规突发事件态势预测和态势威胁评估的基础上，构建基于态势演化的非常规突发事件临机决策模型，为应急决策者的临机决策提供更为精准、更为科学的决策支持。

（5）基于情感因子弱化的应急决策效果评估方法。针对检索到的相似案例，应急决策者迫切需要了解案例中所采取的应急处置措施是否有效。因此需要对应急决策的处置效果进行快速评估。然而不同的评判者因受个人情感因素的影响会对评价结果产生不同的重要影响，故对应急处置效果进行客观评估至关重要。为此，构建基于评判者情感因子弱化的应急决策处置效果评估模型，通过循环优化评判者的权重，逐渐弱化评判者情感因子对评价指标值的影响，从而使评价值不断接近它的客观实际值。

第 2 章 相关理论研究概述

2.1 应急决策研究概述

近年来突发事件应急决策问题引起了国内外学术界的高度重视，国内外学者纷纷开展了大量的研究工作。根据面向应急决策的非常规突发事件态势感知研究需要，本节主要从应急决策模式、案例推理辅助决策、临机决策、应急决策效果评估等四个方面对国内外研究现状进行梳理和评述。

2.1.1 应急决策模式概述

应急管理的核心工作就是应急决策者面对突如其来的突发事件必须快速制订应急处置与救援方案（即应急决策），最大限度地减少灾害带来财产损失和人员伤亡，因而成为各级政府和广大学者关注的焦点。应急决策作为一种特殊的决策方式，首先来源于决策理论的研究。决策理论大体有三种模式，即完全理性决策模式、有限理性决策模式和生态理性决策模式，下面分别进行简要归纳阐述。

（1）完全理性决策模式

完全理性决策理论又称客观理性决策论，该决策理论的一个最为重要的前提就是完全理性的"经济人"假设，即假设人是在完全理性的条件下以寻求效益最大化为目标做出决策。经济人具有最大限度的理性，能为实现组织或个人目标做出最优的选择。完全理性决策模式的主要代表人物有杰里米·边沁（Jeremy Bentham）、弗雷德里克·温斯洛·泰勒（Frederick Winslow Taylor）、约翰·冯·诺依曼（John von Neumann）和奥斯卡·莫根施特恩（Oskar Morgenstern）等。作为一种规范性决策理论，期望效用理论（expected utility theory）一直在完全理性决策模式中占据着突出地位。期望效用理论[12]是 1947 年冯·诺依曼和莫根施特恩在公理化假设的基础上，运用逻辑和数学工具，建立的不确定条件下对理性人选择进行决策分析的框架。后来许多学者对期望效用理论进行了改进和完善，比如，Savage[13]提出了主观期望效用理论（subjective expected utility theory），该理论认为概率是主观界定的，客观概率在现实生活中基本不存在。Quiggin[14]于 1982 年提出了具有一系列完整公理体系的等级依赖期望效用理论（rank-dependent expected utility theory），采用累积概率加权函数代替概率的线性加权。

尽管完全理性决策模式作为传统的决策模式存在诸多不足之处，但是对其持有过于简单和绝对否定的态度也是不可取的，其思想价值一直受到理论界的重视和肯定，在应急决策中也得到了广泛应用。Shetty[15]、Gupta[16]、Mendonça 等[17]、Yang 和 Xu[18]、Ranganathan 等[19]、杨继君等[20]分别以博弈论为工具从不同的侧面对应急决策进行了研究。罗景峰和许开立[21]对应急决策指挥方案优选问题进行了分析，针对应急处置与救援的特点，采用灰色局势决策方法对方案进行优选。姜艳萍等[22]首先对应急决策中方案调整的问题和过程进行了描述，随后综合考虑调整方案对不同级别突发事件的处置效果、应对损失和方案间转换成本等因素，提出了应急决策制定的动态调整方法。瞿斌和王雪芳[23]详细阐述了应急方案的动态调整问题，在此基础上具体研究了与应急方案调整决策相关的调整成本、调整损失和处置效果等三个主要因素。郑晶等[24]针对突发事件有效方案生成问题，从案例匹配和方案生成两个角度出发，提出一种基于证据推理的考虑总体优势度的应急决策方法。徐选华等[25]针对具有多部门、多指标特征的复杂大群体应急决策问题，提出一种新的决策方法。另外，众多学者从应急资源调度的视角研究应急决策问题，比如，张婧等[26]为解决对多个事故点公平分配应急资源的问题，在设计基于偏好序的效用函数基础上，建立了多事故应急资源调度博弈模型。唐伟勤等[27]首先对大规模应急物资调度的特征进行了分析，随后构建了基于全过程的大规模突发事件应急物资调度模型。田军等[28]借助三角模糊数对应急物资需求量进行描述，在此基础上建立了应急物资配送动态调度的多目标数学模型，并采用粒子群算法进行求解与优化。郭子雪等[29]建立了三角模糊信息环境下应急物资调度问题的时间最小化模糊优化模型，并给出了与其等价的模糊机会约束规划模型。杨继君和佘廉[30]描述了各灾点对应急资源需求变化的动态过程，即按照应急资源需求信息的变化将整个应急资源调度过程划分为多个阶段，在此基础上构建了基于多灾点、多阶段的应急资源调度过程理论模型；随后以博弈论为工具，在进行一系列模型假设和确定各灾点灾情的前提下，建立面向多灾点需求的应急资源博弈调度模型，实现对各灾点以最小的"虚拟成本"进行所需应急资源调度的决策。

（2）有限理性决策模式

有限理性决策模式最初起源于对理性决策模式中出现的不足和弊端的研究（如阿莱悖论和爱德华兹悖论），该理论认为人的理性是有限的，往往介于完全理性和非理性之间,造成这种情况的主要原因是现实的决策环境高度不确定和极其复杂,以及人的知识、想象力和计算力的有限性,因此人不可能做到真正的完全理性。有限理性决策模式的主要代表人物有赫伯特·西蒙(Herbert Simon)和丹尼尔·卡内曼(Daniel Kahneman)。Simon[31,32]于20世纪50年提出了行为决策理论,随后大量的学者进行了深入研究。行为决策是研究人在决策过程中的行为规律的科学,通过对人的决策行为的研究,分析影响人做出决策的主要因素,分析思维与判断中常见的误区,从而有助于做出正确的决策。行为决策理论否认决策者的"经济人"假设,即把人假设为有全知全能的绝对理性而始终追求效用最大是不现实的,影响个人决策的因素不仅仅有经济方面的,还有其个人的行为表现,如态度、情感、经验和动机等。Kahneman 和 Tversky[33]在 1979 年提出了"前景理论"(prospect theory)。在前景理论中,卡内曼提出了一个描述性的决策框架模型(图2.1),该模型相较于期望效用理论决策模型(图2.2)发生了巨大变化,在这个模型中,卡内曼利用心理学对传统经济学的基本假设进行了修正,并开创了行为经济学研究的新领域。

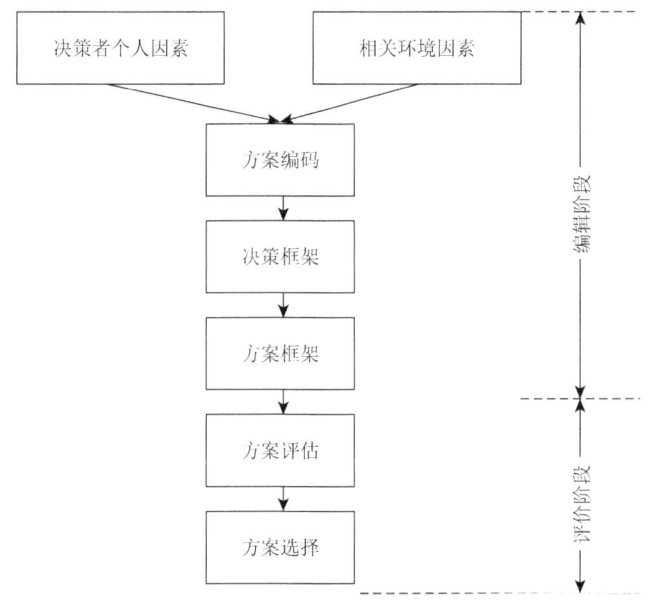

图 2.1　前景理论决策框架模型

目前,已有少数学者运用前景理论从不同侧面对应急决策进行了研究,樊治平等[34]依据情景综合价值、情景权重和应急方案的成本投入,计算各应急方案的综合前景值,由此对各应急方案进行综合排序。杨继君等[35]以

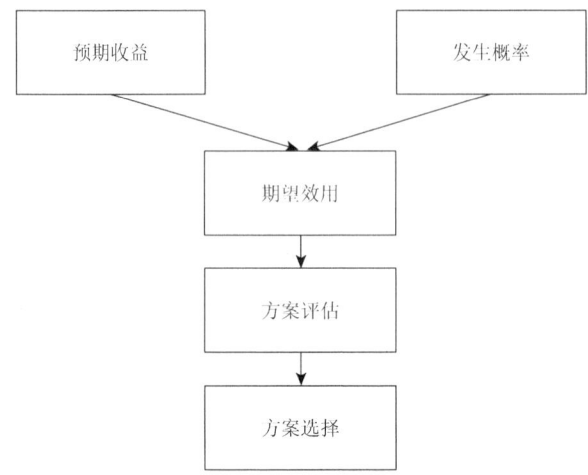

图 2.2 期望效用理论决策框架模型

前景理论为工具,构建基于主导信息与情感因子的个体决策模型以及基于主导信息流的群体决策模型,以此研究群体性事件中主体行为决策的内在演化规律,在此基础上提出化解对策。王旭坪等[36]利用前景理论设计了一个多目标非线性整数规划模型,以此描述突发事件初始阶段的大规模应急物资分配问题。王治莹和李勇建[37]在综合突发事件情景危害和情景演变的基础上,运用累积前景理论设计了应急预案的评估方法和启动策略。王亮等[38]在考虑突发事件的演变性和动态性等特点以及现实应急响应活动的基础上,将决策者的心理因素和方案的动态调整进行结合,提出了基于前景理论的应急方案动态调整方法。

(3)生态理性决策模式

生态理性(ecological rationality)[39]是指当一种启发式规则对应于环境结构时,或者说当一种具体的启发式策略与特定环境的信息结构相匹配时,有机体的推理或决策从生态学的角度看是合理的。生态理性决策模式从生态本能和启发式策略的角度定义了生态理性的假设前提,其代表人物有格尔德·吉仁泽(Gerd Gigerenzer)、约翰·梅纳德·史密斯(John Maynard Smith)等。Goldstein 和 Gigerenzer[40]把进化论的观点引入决策中,指出了人的决策能力是和外部环境相适应的,人类的决策认知也是基于长期进行的产物,因此生态理性决策也被称为进化决策。演化博弈论(evolutionary game theory)也源于生物进化论,它是将博弈论与动态演化过程分析相结合而构成的一种理论。Smith 和 Price[41]在生物进化思想的启发下,首先将进化思想引入博弈论,并于 1973 年发表了《动物冲突的逻辑》，随后又定义了演化博弈中的基本概念"演化稳定策略"，标志着演化博弈论正式诞生。

近些年来，有学者借用演化博弈对突发事件进行研究，取得了一定的成果。Lo 等[42]将各种备选的行为看作局中人的策略集，建立基于群体行为选择的博弈模型，随后利用混合策略均衡对社会群体行为的涌现机理进行解释和分析。王斌等[43]运用演化博弈模型分析了我国农村群体性突发事件产生的原因，给出了不同条件下农村强势群体和弱势群体博弈的演化稳定策略（evolutionarily stable strategy，ESS）。刘德海[44]运用演化博弈论，对信息交流在不同发展阶段的群体性突发事件处理中发挥的截然不同的作用进行了研究。随后该作者在另外一篇文章[45]中针对政府不同应急管理模式下群体性事件的演化规律进行了博弈分析。孙康和廖貅武[46]以辽东湾违规捕捞海蜇群体性突发事件为研究对象，构建了基于演化博弈的群体性突发事件演变模型。余雷和薛惠锋[47]尝试通过演化博弈论来对突发公共卫生事件危机管理进行研究，并成功地运用 Swarm 工具对进化博弈进行模拟。通过该模型模拟的一些实验结果为破解突发公共卫生事件危机管理者发生囚徒困境提供数据分析，并给出政策建议。盛济川等[48]通过对水电移民群体性突发事件进行演化博弈分析，得出只有通过市场决定征地补偿标准才能解决博弈双方的经济矛盾，从而避免水电移民群体性突发事件的发生。谢百帅[49]运用演化博弈论分析政府监管在群体性突发事件中发挥的重要作用，指出政府采取提早介入、适当惩罚和利益合理再分配等策略有助于减少群体性事件的发生。王治莹和李勇建[50]运用多案例分析方法从属性层次提出了舆情传播和应急决策的结构化描述方法，进而借助"情景-应对"研究范式，刻画了二者的相互作用机制，分析了二者的博弈关系。宾宁等[51]也作过类似研究。王循庆等[52]针对群体性突发事件中不同社会群体的利益博弈问题，构建了带上级政府惩罚机制和不带上级政府惩罚机制的群体性事件演化博弈模型，并通过对比分析得出强势群体与弱势群体的演化策略均衡。柯小玲等[53]从定量的角度系统推演了突发公共卫生事件多主体应急响应的演化机制，探索三方主体应急响应行为的演化路径和均衡状态，丰富和发展了突发公共卫生事件应急响应的理论成果。

2.1.2 案例推理辅助决策研究现状

随着计算机、信息化技术的发展，案例推理辅助决策法成为理论界和应急实践界颇受重视的应急决策方法，其中基于案例推理（case-based reasoning，CBR）的方法是其典型代表。如何开发和应用面向突发事件的以服务应急决策为目标的案例推理技术，成为目前应急理论研究的前沿领域和重要目标。案例推理法由美国耶鲁大学教授 Schank[54]最先提出，随后 Kolodner[55]对其进行了详细介绍和推广。目前，CBR 理论研究的重点集中在案例推理的 4R 模型、案例获取和案例表达上。案例推理的 4R 模型，即案例检索（retrieve）、案例重用（reuse）、案例修正（revise）和案例学习（retain），由 Aamodt 和 Plaza[56]提出，并得到学术界的普遍认可。后来有学者[57]在 4R 模型的基础上又提出了 5R 模型，即增加了案例重分配（repartition）。下面重点介绍国内外学者在案例表示、案例检索、案例修正、案例学习这几个方面的研究进展情况。

（1）案例表示

案例表示（case representation）就是如何表示案例以及案例的特征属性。首先要解决的是案例都包含什么信息，这个问题上常见的是二元组及三元组的看法，即〈问题,解决方案〉和〈问题,解决方案,实施效果〉。比较常见的案例表示方法有案例特征属性法、框架表示法、基于 XML（extensible markup language，可扩展标记语言）的表示法与面向对象法等，各自特点不同，存在一些局限性。目前大多数智能案例库的案例表示方法使用的是框架表示法。

在国外案例表示方面，Porter 等[58]提出由分类、案例和索引指针构成的网状结构案例表示。Macedo 和 Cardoso[59]提出嵌套的图结构案例表示法。Rodriguez Martinez[60]用贝叶斯网络构造提出基于概率的案例模型。Coyle 等[61]构建了一个基于 XML 的案例推理模型即基于案例的标记语言（case-based markup language，CBML）模型，用于案例表示，并对 CBML 进行扩展，在 XML 中表示 CBR 的相似度及其测度方法。Brüninghaus 和 Ashley[62-64]提出了面向法律领域的从文本案例中抽取有效信息的方法，结合分类器、自然语言处理和信息抽取技术，建立法律案例索引，随后将案例推理和规则推理结合起来，先利用规则将文本结构化，然后应用案例推理方法实现法庭判决的辅助决策支持系统的构建。Yang 等[65]依据本体中语义关系类型搜索相似案例，并进行对应案例改编。

在国内案例表示方面，曾文和黄玉基[66]结合物元表示法，提出了针对案例表示的四级层次表示方法。刘芳等[67]利用语义 Web（网页）技术提出基于语义 Web 的案例表示方法。周凯波等[68]、吴丽华等[69]、李玲娟等[70]也先后提出了基于 XML 的案例表示方法和案例库构造方法及其检索策略。王悦等[71]提出了基于模拟和面向问题二者相结合的案例描述方法，并通过实例验证了该方法的有效性和正确性。张英菊等[72]设计了一种基于应急概念树—

突发事件本体模型—事件元模型三层架构的通用突发事件案例表示与存储模式,为四大类突发事件案例的表示、存储与推理提供了一个通用的平台。邵荃等[73]运用框架表示法研究了城市火灾案例库的基本架构。袁晓芳[74]采用框架表示法对瓦斯爆炸案例进行了表示。曹茂俊等[75]提出了基于描述逻辑(describe logic,DL)的案例表示模型,在此基础上提出了对应的案例检索算法。仲秋雁等[76]基于突发事件案例的层次结构提出了突发事件案例的 XML 表示方法,解决了异构突发事件案例的统一表示问题。金保华等[77]尝试应用网络本体语言(web ontology language,WOL)与语义网规则语言(semantic web rule language,SWRL)的丰富语义表达出完备的突发事件领域的应急知识。黄超等[78]针对我国突发事件的特点,结合信息来源,给出了突发事件案例表示应包括的要素,并对结构化信息和非结构化信息提出了不同的表示方法。佘廉等[79]通过剖析一般案例生成模式的特征和公共突发事件应急决策的需求,提出了公共突发事件案例在应急决策支持系统中的功能设计,探讨了公共突发事件案例表达的结构化生成框架,并结合当前信息化技术条件提出了公共管理案例的通用生成模型。张佰尚[80]在研究案例表示方法的基础上,结合案例推理的结构化和定量化需求,将证据理论的基本概率分配函数引入框架表示法中,提出了情景信息不完备条件下电网突发事件应急案例的框架表示方法。陈曦等[81]考虑到本体的共享性和可重用性,对突发事件案例进行了结构化描述和管理,实现了突发事件案例的生成,并依据本体模型,设计了突发事件案例管理系统。于峰和李向阳[82]依据历史案例将复杂突发事件的"情境-情景"结构抽象化,以此提出复杂应急案例基因模型的概念,基于基因模型构建多级的案例结构,能形成可重复使用的、标准的、简化的、可供应急决策者重组参考且具有"生物型"特征的复杂应急案例表示模型。刘佳琪[83]在分析应急案例的内容构成基础上采用共性知识元模型作为统一的知识表示形式对应急案例的构成要素进行抽取和表示,为案例相似度的计算提供便利。谢健民等[84]利用集合突发事件网络舆情案例信息提取案例公共属性特征,运用自然语言描述案例属性,以本体技术设计出突发事件网络舆情案例库表示模型。王琳[85]在梳理突发事件下粮食应急情景的基础上,归纳粮食应急案例的类与属性,并以规范化语言描述,构建面向突发事件的粮食应急案例库本体模型,有助于突发事件下粮食应急经验和知识的重用、扩展和共享。

(2)案例检索

案例检索(case retrieval)[86]实质上就是要在用户给出某一待检案件之后,检索系统能够自动地从案例库中,寻找出与用户所指定的方面完全相同或部分相同的案例来；而且输出结果能按符合用户要求的程度进行排序，符合程度高的优先输出。案例检索通常情况下有两个标准：一是相似案例要尽可能少；二是案例要尽可能匹配相似。基于案例推理方法的重要支撑环节是案例检索模型的建立和算法的设计。在案例检索技术中，从案例库中如何快速检索并选择最相似的案例就直接决定了案例推理系统的学习与推理性能。因此，案例相似度计算就成为案例检索的核心任务，其基本做法是构建相似度函数，并对当前案例与旧案例进行相似度比较。目前，常规案例检索算法有四种：①知识引导法；②神经网络法；③归纳索引法；④最近相邻法。在实际情况中多种检索方法的结合使用可以提高检索效率。

另外，不少学者针对具体情况和问题也提出了一些具有针对性的检索方法，比如 Öcler 和 Majumder[87]设计了针对船只进水事故的突发事件案例检索系统。Goh 和 Chua[88]使用案例推理的方法进行建筑安全的风险识别。Chakraborty 等[89]开发了一个火灾案例应急处置系统。Lu 等[90]利用案例推理方法构建了地铁运营安全事故案例库推理系统。Fan 等[91]构建了面向瓦斯爆炸的案例多属性推理应急决策模型及相关算法。El-Sappagh 等[92]设计了基于案例推理的糖尿病诊断系统，为专家快速制订治疗方案并紧急抢救糖尿病人提供支持。赵卫东等[93]针对目前案例推理的不足，构造了不完全信息下案例推理综合算法，为案例推理的实际应用提供了理论依据。黄继鸿等[94]将遗传算法和禁忌算法引入案例推理系统，首先使用遗传算法对案例检索中案例属性的权重进行优化，给出了基于遗传禁忌混合算法的检索策略，并在企业财务危机智能预警支持系统中进行具体应用，大大提高了系统的效率。李伟明等[95]根据粗糙集理论建立隐层节点数更合理的神经网络模型，并用该神经模型进行相似案例检索。孟妍妮和方宗德[96]把自适应共振理论（adaptive resonance theory，ART）神经网络与案例多级索引技术结合起来，提出一种两级 ART 网络结构模型，为大型案例库建立了案例分类及检索模型，实现了案例动态聚类与从类型到具体案例的索引，增强了系统的自学习、自适应能力，大大提高了案例分类和检索的效率。王东等[97]将模糊逻辑引入案例推理中，提出基于灰色关联理论和模糊集的相似度计算公式。李锋等[98]将案例属性数值上的距离与空间上几何距离的线性映射关系改进为非线性映射关系，随后利用最近相邻检索算法计算案例之间的相似度。李玉玲和陈志国[99]提出基于细粒度的信息系统设计案例表示、检索和重用。李海芳等[100]将遗传算法（genetic algorithm，GA）和层次分析法（analytic hierarchy process，AHP）相结合，从案例库、属性的约简、权值确定三方面对案例检索进行优化。利用遗传算法在搜索优化上的优势，使用二维的编码结合权值形成三维进行优化,并利用经验和权值中间表进行权值学习,从而提高检索命中率。王海棠等[101]提出了基于本体的相似性计算方法,借此来检索相似的案例,解决案例检索中的一词多义、多词同义的问题。闻敬谦和李青[102]给出维修保障领域知识和案例知识定义,提出基于领域本体结构的深度和出度计算案例特征的语义相似性,并给出维修保障案例匹配方法。王宁等[103]将共性知识元模型引入应急领域中,结合突发事件案例内容特征,将突发事件案例表示成基于知识元的后景和前景。基于此提出了一种突发事件案例检索方法,构建了总体检索流程与相似度计算流程,提出了后景相似度、前景相似度以及全局相似度的计算方法。罗鹏志和陈曦[104]设计了基于结构相似度的事件链检索方法,从层次结构、链入链出关系以及事件本身的特征相似度三方面度量事件链之间的相似度。杨继君等[105]鉴于非常规突发事件与常规突发事件存在诸多差异,在应急案例库中很难检索到与当前所发生的非常规事件相似的案例,从而可能导致应急案例检索系统失效这一难题,首先把非常规突发事件按照时间序列划分成若干阶段,对每一阶段的特定子事件即常规突发事件进行匹配与检索;然后以证据理论为主要工具,构建基于多属性效用匹配的应急案例检索模型和求解算法,为应急决策提供技术支持。徐曼等[106]针对传统的基于贝叶斯网络的案例检索特征选择模型对先验知识利用效率不高,且不能有效选择消除冗余性的特征子集等不足,构建了基于互信息的贝叶斯案例检索特征选择模型,采用特征冗余度和互信息计算案例特征的综合权重,改善模型对先验知识利用效率不高的问题。张涛等[107]将心理学和知识领域的情境引入基于案例推理的播前收视率预测中,首先设计一种内外部情境相互交融的电视节目案例表达多层次情境结构框架模型,在此基础上构建多值符号情境的局部相似度计算模型即多值匹配策略。

(3)案例修正

案例修正(case revise)也称案例调整、案例适配等。如果能够从案例库中检索到与当前新问题完全一样的案例,则可直接调用这个案例的解决方案对新问题求解;如果检索到的案例与当前新问题不完全一致,而且检索到的案例解决方案只能部分解决当前问题,此时就有必要对旧案例进行修正以便适配新的问题。

案例修正通常采用差异驱动的策略[108],即通过比较所给问题和相似案例,根据新旧案例之间的不同之处,然后根据一定的修正规则回答哪些部分可以复用到新问题之中,主要的复用类型为结果复用和方法复用。在此方面,Corchado 和 Lees[109]采用一组 TSK①模糊模型的集合来指导案例修正。Golding 和 Rosenbloom[110]提出利用案例推理改进推理的模型,首先使用规则得到当前问题的近似解,如果当前问题是规则框架中的例外,则使用特殊的案例进行求解。Xu[111]建立了艾滋病(acquired immune deficiency syndrome,AIDS)风险评估的专家知识系统,该系统将案例推理和规则推理进行了整合。Marling 等[112]建立独立的基于案例推理和规则推理的菜单生成系统,并将二者进行整合,构成一个新的混合系统。Prentzas 和 Hatzilygeroudis[113]将案例推理和符号规则推理相结合,提出了神经规则推理的概念,提升了推理的准确性和效率。段军和戴居丰[114]采用广义算子模型的概念构造修正广义算子模型来修正旧案例,从而解决案例修正问题。李伟明和穆志纯[115]提出利用数据库知识发现(knowledge discovery in database,KDD)技术,利用多值关联规则挖掘算法挖掘出案例各属性间的关联关系,以此获得基本关联规则集,随后运用粗糙集理论对基本关联规则集实施约简,进而指导案例修正。根据案例修正的执行者可以将其分为系统修正和用户修正两类[116]。系统修正是指 CBR 系统根据提前预定义的某种案例修正策略来对相似案例的解决方案进行调整,并将调整后的方案交给用户。用户修正是指用户根据问题的情况以及自身的要求对相似案例进行相应的调整以得到新问题的解决方案。一般情况下,这两种案例修正方法结合使用效果更好。欧渊等[117]着重探索了对病态信息修正案例知识的表示方法,设计了病态信息修正案例库的构建方法,为病态信息的修正提供了理论依据。宋东等[118]在讨论了 CBR 的基本推理原理和方法的基础上,研究并提出了基于特征差异的案例自修改方法,并以飞机故障诊断专家系统为例介绍了案例修改的过程。张庆军[119]、张庆军等[120]提出了基于分布式描述逻辑的 Sufferage 抽取算法,该算法融入推理技术对候选映射进行抽取,有效提高了抽取质量。张涛和刘厚泉[121]针对检索到的案例不能直接重用的问题,在传统案例修正方法的基础上,提出了一种案例自修正方法。徐圆等[122]在运用基元模型实现统一深层次案例描述和相似度检索的基础上,对相似案例进行满意评估,对于评估出的不相容的相似案例,提出了一种基于差异特征的取代式案例可拓修补方法,并将修改后的案例进行筛选评价得到最佳解决方案,从而形成了一套完整的案例可拓修改方法。

(4)案例学习

作为保障案例库更新和质量的手段,案例学习(case retain)包括案例

---

① 由 Takagi(高木)、Sugeno(关野)、Kang(康),三个人的姓首字母缩写构成。

库维护和案例评价。案例评价是案例学习的前提，案例评价[123]是对新案例的应用效果做一个评述，若其解决方案应用效果极好，则要存储；若其解决方案应用效果不佳，则不再添加入库，并考虑为其寻找新的解决方案。案例库维护中最重要的问题是如何防止案例库在学习过程中无限增大，进而引发沼泽问题[124]。案例维护包括新案例存储或冗余案例删除，具体而言就是实现一些更新案例库组织结构或内容的策略，其中包括表达方式、领域内容、描述信息及实现方式[125]。如果案例库中尚不存在解决新问题的方案，可以将解决该问题的方案补充到案例库中，一方面起到完备案例库的作用；另一方面使得案例库系统能够具备解决新问题的能力。将一个新的解决方案补充到案例库中，这样案例库系统中的成功案例就会逐渐增加，有助于提升案例重用的可能性和案例推理的准确性。倘若案例库中存在一些案例几乎不能与其他案例匹配（即这些案例被用的概率非常小），这些案例可以被删除，以此提高案例检索效率。此外，案例维护还包括调整和修改一些匹配失败的案例或有关参数的过程，这些调整或修改的信息需要在案例库中存储起来，为今后应对类似问题提供解决方案。

目前，很多学者对案例学习进行了研究，比如，郑大兵等[126]在总结了智能决策支持系统（intelligent decision support system，IDSS）中几种推理方法和学习策略的基础上，设计了一个新的IDSS框架，用以说明IDSS学习、推理和其他部件的关系。崔玉文和冯晓宁[127]分析了目前国内外案例学习的发展现状，对基于案例的学习的研究方法、步骤进行了简单描述；给出了两个应用实例来具体分析基于案例的学习。宋述强[128]在参考乔纳森（Jonassen）提出的"建构主义学习环境模型"的基础上，设计了一个基于网络的案例学习环境（WebCASE），并参与实现了WebCASE的原型系统。倪志维等[129]在建立案例推理分类器之前，先利用相似粗糙集进行案例属性的约简，再利用基于案例分类的删除技术进行案例库的维护操作，有助于减少案例的存储空间，同时极大提升分类的精确度。戴泉晨和朱建军[130]建立了考虑方案有不完全类别偏好的属性权重估测模型，设计了不完全类别偏好的案例学习和决策方法。

2.1.3 临机决策研究现状

临机决策[131]（又称即兴决策）是指面对当前知识不足以解决问题或不熟悉的情景，需要更多地依据决策主体的认知、偏好、经验、判断力和创造力，在资源和时间有限、情景不断变化的条件下所进行的决策活动。目前国内外针对应急临机决策的研究比较少见，不过也有学者做了些尝试性研究，比如，Mendonça[132]认为临机决策要求决策者在紧急状态下，在有限的时间、资源、人力和高强度压力等限制条件下，通过急中生智、灵感顿悟和直接经验等产生应对危机的瞬间对策。Weenig 和 Maarleveld[133]研究发现，在时间压力下决策者更倾向于基于选项的信息搜索策略，因而决策者个人素质成为影响决策质量和实现最终目标的重要因素。Malešič 等[134]研究了核灾难发生时应急疏散预案对人群疏散的重要作用，并强调应急疏散方案必须具备足够的弹性以方便决策者依据实际情况进行临机调整。王月龙[135]以应急处置业务作为应用背景，使用语义网技术为相关的业务知识和领域知识添加必要的语义描述信息，在此基础上形成面向临机决策的应急处置业务知识的管理和临机复用框架。杨鹏[136]围绕应急临机决策过程中面临不确定环境下的信息支持问题展开了研究，构建了面向事件感知的应急临机决策模型。刘霞等[137]在界定突发事件临机决策概念、性质及特点的基础上，分析了临机决策的实质，即根据突发事件性质及决策环境生成启发式策略，进而实现高度生态理性。范星和薛耀文[138]在梳理即兴决策与基层管理者应急能力相关文献的基础上，通过分析北川县的救援过程，构建了北川县县长在地震中救援的情景网络，总结出面对突发事件时，基层管理者即兴决策的触发条件和影响因素，并在此基础上提出加强与不同部门和群众的沟通等提高基层管理者即兴决策能力的建议。高珊[139]从临机决策认知过程、临机决策知识表示和临机决策的认知推理逻辑等三个方面进行系统研究，在此基础上构建了应急临机决策计算模型及其原型系统。薛耀文等[140]、李振华和薛耀文[141]分析了在危害程度不同的事件、事件发生的不同阶段、不同的决策层级等条件下即兴决策应用的频率和重要程度。孟甜[142]分析了突发事件发生时即兴决策的干扰因素，在此基础上设计了突发事件下对即兴决策认知偏差的控制方法与突发事件即兴决策认知偏差控制模型，并针对不同即兴决策类型下的认知偏差提出了具体的纠偏措施。陈璐和陈安[143]从临机决策视角分析天津危化品爆炸事件的应对管理，结合临机决策流程，提出临机决策效率的提高途径，为突发事件临机决策提供参考。孙素青[144]基于管理者个人的认知、直觉和心理对即兴决策的产生过程进行分析，构建管理者即兴决策模式，从而为提高管理者即兴决策能力提供针对性建议。曾贲等[145]针对传统模拟训练难以适应对抗场景复杂化、决策系统化等问题，提出了一种数据驱动的对抗博弈智能体建模方法。陈雪龙等[146]为临机生成满意可行的应急处置方案，以应急处置活动为规划对象，以最小化救援时间、最小化处置成本、资源分配均衡性最优为规划目标，以活动相关的资源、时间、序关系等为约束，建立应急处置方案临机生成的多目标规划模型。

2.1.4 应急决策效果评估研究现状

目前有关决策效果评估的研究主要集中于企业管理决策方面。例如，陈璐等[147]研究了首席执行官的家长式领导行为对团队战略决策的影响，以及团队冲突在其中的中介作用。针对政府应急决策效果的评估研究较为少见，但也取得了一些研究成果。张志红[148]介绍了领导决策评估标准和模式，这可能源于政府应急决策评估的标准区别于企业的决策评估。无论是企业还是政府应急管理方面，直接进行决策效果评估和综合评价的文章较少，较多的则是研究影响决策效果的因素，如领导风格、团体冲突、决策团队内部社会资本、决策方式（如群体决策、匿名决策等）、知识表征方式、组织结构和方式等[149-153]，还有学者研究如何从提高决策效果的角度利用决策支持系统或发挥信息技术作用等[154,155]。此外，曾建勋[156]指出决策效果评价就是对决策实施后接近决策目标的程度及对社会、经济、科技的影响作用进行全面系统的评估，是检查决策成败的关键，是改进决策质量的途径，为此他提出决策效果评价应当考虑社会评价。

在决策效果评估的方法或工具方面，主要有层次分析法、模糊综合评价法和灰色评价法。国内较早提出决策效果计量的是傅介声[157]，他指出可以用决策树的方法进行决策效果评估。马连杰[158]全面分析了信息技术对组织决策权配置的影响。郭泳亨等[159]提出使用层次分析法和二级模糊综合评价法来评价应急决策的效果。周晓光和张强[160]则提出根据属性测度理论建立群决策综合评价模型，结果表明采用置信度准则的属性测度理论，避免了模糊综合评价法等方法分级不合理的情形。

有关应急管理评估的研究始于1997年美国的州与地方政府应急管理准备能力评估系统，因其涉及的评价指标较为全面，成为许多国家和地区的范本，其后日本也设定了地方公共团体防灾能力的评价项目。澳大利亚、加拿大等国家也通过评估纷纷建立了各自的应急管理改革建议或计划。中国台湾省财团法人消防安全中心基金会的"灾害防救工作执行绩效评估"研究，针对不同的对象设定了不同的体系，综合应用专家问卷调查以及层次分析法，提出了一套评估机制及标准。

较之于国外已有的规范化体系，我国有关研究起步较晚，但目前也有不少研究成果。

国内相关研究主要体现在城市防灾减灾能力、综合应急能力或政府应急能力评估等方面，如李翔等[161]对我国灾害经济统计评估系统及其指标体系进行研究。邢大韦等[162]对陕西关中城市防灾抗灾能力评估进行研究。刘艳等[163]将我国城市减灾管理评价要素分为城市灾害危险性、城市易损性和城市承灾能力三部分。关于综合应急能力的研究始于2000年由中国地震局与唐山市人民政府联合发起的城市应急管理能力课题，其后王绍玉[164]提出城市灾害应急能力评价体系的架构。邓云峰等[165]在城市应急能力评估关键技术及应急辅助决策支持系统研究中系统地提出了城市应急能力评估体系框架，综合反映了当时我国城市应急能力建设各个方面的情况。铁永波等[166]对城市灾害应急能力评价指标体系的建构进行了研究。郑双忠等[167]利用统计方法对城市应急能力评估体系的设置进行研究，并进行了实例应用分析。冯百侠[168]提出了包括城市灾害危险性评价指标集、城市易损性评价指标集、城市灾害应急管理能力评价指标集在内的城市灾害应急能力评价指标体系。张欢[169]从公共政策评估的理论框架出发，提出和分析了应急管理领域在评估理论和实践中的特性。周长峰和刘燕[170]引入应急能力测评的理论和方法，对非常规突发事件的城市应急能力进行评估。汪志红[171]提出了基于Logistic（逻辑斯谛）隶属函数的城市应急能力发展现状评价模型，并进行了应用实证研究。童文莹和张海波[172]对地方政府应急处置评估进行研究并设计评估指标体系。

从突发事件的阶段来看，灾前评估多过灾时灾后评估，张风华和谢礼立[173]把人员伤亡、经济损失和震后恢复时间作为衡量城市防震减灾能力的准则，从经济学视角探索了灾害暴发时城市的抗灾能力。冯志泽和陈惠云[174]提出了构建城市自然灾害承灾能力指标的思路，从灾损率的角度对城市的减灾能力进行了综合性评价。已有研究虽具有综合性，但缺少对灾时决策过程和决策能力的评估，因此在指标设计上显得不够完整。评估方法主要有指标体系法、模糊评判法等。比如，刘传铭和王玲[175]利用平衡计分卡建立了政府应急管理组织绩效评价指标体系。田依林[176]建立了基于熵权的城市突发公共事件综合应急管理能力评价方法和基于平衡计分卡的专家评判法。倪慧荟等[177]在分析应急处置基本模式的基础上设计了"能力-时效-决策"集成的应急处置效果预评估模型。

2.1.5 研究评述

国内外关于上述四个方面的研究成果丰富和发展了应急决策理论，为本书的研究提供了理论基础和方法借鉴，但也有待进一步深化：一是涉及非常规突发事件应急决策的态势要素提取、态势预测和态势威胁评估等的研究甚少，并且应急响应研究缺乏灾害情景构建；二是案例推理4R环节中案例动态匹配与快速检索的研究明显不足；三是应急决策处置效果评估的研究比较缺乏等。为此，本书以大数据为主要工具，从态势感知的视角对非常规突发事件应急决策问题进行深入系统的研究。

2.2 大数据智能技术与应急管理的研究概述

2.2.1 国内外有关大数据智能技术与应急管理的研究现状

社交网络、移动设备和物联网的爆发性增长，以及云计算的实现，使"大数据"成为当前最重要的时代特征，也成为当前学术界研究的一个前沿热点。学术界对于大数据的定义给出了多种解释，比如，Doug[178]首先给出了大数据的3V模型，即规模性（volume）、快速性（velocity）和多样性（variety），后有学者[179]将其扩展为4V模型，即添加了价值性（value）。Savitz和Gartner[180]对大数据的定义为：大数据是一种具有大容量、高速率、多样性的信息资产，这种资产需要新的处理方法以增强人们的决策能力、探索发现能力。美国国家科学基金委将大数据定义为[181]：由科学仪器、传感设备、互联网交易、电子邮件、音视频软件、网络点击流等多种数据源生成的大规模、多元化、复杂、长期的分布式数据集。伴随着大数据的广泛应用，已有学者将大数据应用到应急管理领域。Belaud等[182]认为对于自然灾害的应急管理首先要考虑风险管理，而风险管理则需要建立在大数据平台之上。Constantine[183]提出了大数据条件下信息安全的基本构架。Shelton等[184]以飓风"桑迪"为例，探索飓风"桑迪"事件里一个只占大数据很小比例的子集的Twitter（推特）信息如何产生巨大影响，以及反过来通过绘制Twitter的响应图，可以判断飓风"桑迪"事件的整体威胁情况。Compton等[185]设计了一个社会媒体数据挖掘系统，该系统通过直接从Twitter获取数据成功预测了拉丁美洲社会骚乱事件。Rubin等[186]主要从反恐的角度利用大数据分析了推动突发公共卫生活动的战略性框架。Choi和Bae[187]通过Twitter抓取、分析社会大数据设计了基于社会大数据的灾害监测系统。Moulik等[188]利用大数据和云计算等工具开发了智能应急疏散系统以便为紧急疏散决策提供支持。Klein等[189]提出了一个用于突发公共安全领域的基于大数据系统的监测框架。Akhgar等[190]应用大数据技术快速识别了恐怖主义网络和社区内的激进分子，从源头上增加了反恐策略的有效性。El Abdallaoui等[191]提出了一个针对交通事故大数据分析的决策支持系统，提取了与道路风险防范相关的信息，以便使风险最小化。Sakura等[192]采用四分位差、区间估计以及霍特林理论构建交通突发事故异常检测方法，并通过交通智能卡数据进行有效性验证。

在国内，大数据相关研究已经取得蓬勃发展，但与国外研究者的思路不一致的是，在社会科学研究领域，国内大数据的研究侧重于对策层面的研究，较少涉及应用层面。李国杰和程学旗[193]认为，基于大数据的网络行为机理识别研究可以在社会化网络环境的海量、多源、动态数据中，提炼大数据环境中典型的行为模式，并且准确识别个性化的行为特征，为管理决策提供微观行为理论支持。俞立平[194]则认为大数据是对传统经济学的挑战，并提出了大数据经济学的概念。在自然科学领域，大数据的研究文献在2013年得到爆发性的增长，但与应急管理相关的研究较为少见，不过也有学者做了尝试性研究。李丹阳[195]就大数据时代的中国应急管理体制改革进行了探讨，提出了运用大数据技术创新应急管理模式。张倩[196]认为大数据的应用有利于决策方法和评估经验的知识共享，有助于提升政府制定突发事件决策的整体能力。黄国平等[197]建立面向灾害的大数据预警信息高速处理的规则引擎，这对于推动基于大数据的预警和应急技术开发具有基础性的作用。成桂兰[198]设计了基于大数据的地震多发区域破坏程度估计模型，该模型采用随机权神经网络实现对大数据环境下地震灾害破坏程度的快速评估。王淼等[199]以2012年在美国多地特别是纽约市造成严重影响的飓风"桑迪"为例，通过对信息化背景下社交媒体大数据的挖掘和分析，从社交媒体信息发布特征的角度认识灾害发生、发展的过程。周利敏和童星[200]在总结广东省阳江市灾害治理创新经验的基础上，对大数据灾害治理模型的构建进行了尝试性探索。易嘉伟等[201]利用实时动态的交通路况信息和手机定位请求数据，通过一种融合STL时序分解技术与极端学生化偏差统计检验的时间序列异常探测方法，监测和分析暴雨内涝灾害事件中城市道路交通和人群活动的时空响应特征。严滢伟等[202]在对国内外自发地理信息（volunteered geographic information，VGI）相关研究分析的基础上，提出了基于VGI大数据的灾后恢复监测应用的研究框架，助力灾后监测各类具体恢复目标的实现。张晓辉[203]以词频联系作为它们之间关系的强度，并构建地震应急知识的复杂网络，实现地震应急的知识发现。王逸飞等[204]指出了电网防灾减灾工作对大数据技术的需求，详细设计了电网防灾调度系统的主要功能与数据流程，分析了灾害发生前、中、后三个时间段内的逻辑决策。吴冰等[205]在概述了大数据的相关知识基础上，提出了一种基于大数据的核生化灾害信息管理系统技术框架，为相关部门开展灾害预警、危害评估以及应急处置提供决策支持。汪东等[206]总结了森林防火管理中存在的问题，开发了具有空间分析、预警监测、护林员管理、扑火指挥、火情损失估算、图形工具等功能的基于大数据的森林防火管理系统；曾志强等[207]、王亚松[208]也做过类似研究。徐磊和李希建[209]建立了基于大数据的矿井灾害预警模型，并探讨了数据挖掘 Apriori 关联算法在灾害预警中的实现方法。王普[210]提出了面向云服务的高速铁路应急平台总体框架和基于双层粒子群的高速铁路云资源调度方法。陈醉和原珂[211]提出通过完善城市生命线的复杂治理体系，构建跨领域跨模态一体化的综合预测预警平台和加强数据融合分析等关键技术攻关，进一步推进城市生命线复杂风险预测预警的智能化。曹文洁等[212]以 2019 年新冠疫情为背景，梳理了大数据和人工智能技术在助力新冠病毒基因组测序与分析、智能医疗诊断服务、疫苗研发与药物筛选、抗疫资源生产组织与调度、疫情溯源与监测等方面防控的实践应用进展。通过对国内外大数据、人工智能在疫情防控中的主要研究进展的分析，结合 2019 年新型疫情的防控现状，提出一些基于大数据和人工智能技术的对策和建议。杨继君等[213]以极端气象灾害中的台风灾害为例，基于"致灾体-承灾体-救灾体"理论设计了灾害态势要素提取框架模型，采用大数据分析中常用的主成分分析法对影响极端气象灾害态势的诸多要素进行了降维处理并提取了关键态势要素；引入博弈论的思想，构建了基于合作博弈的灾害态势要素权重优化模型，并通过案例分析验证了该方法的合理性和可行性。通过推动自然灾害类突发事件监测与预警理论的创新，推动应急管理由注重灾后救助向注重灾前预防转变，从根本上更好地减轻灾害风险。李翠萍等[214]从大数据综合治理驱动公共卫生安全的角度出发，介绍国家科学数据中心在服务公共卫生安全基因大数据"存-管-用"建设中发挥的作用，建议在已有大数据工作的基础上，综合提升应对新发突发传染病疫情的监测预警系统功能，为重大传染病预警和防控提供决策支持。

2.2.2 研究评述

当前对于大数据的研究，呈现出百花齐放的态势，取得了一定的研究成果。但从与本书的关联性来看，还存在如下两个方面的不足。

（1）与非常规突发事件相关的大数据研究缺乏，仅见 Shelton 等[184]利用大数据做过飓风"桑迪"灾害事件威胁的舆情传播研究。

（2）对于大数据与灾害事件的研究，在研究方法上，主要采取定性研究，尤其是国内都是针对大数据与应急管理的对策性研究，大多趋向于"宏大叙事"，而无实质性的可操作性的成果，故研究过于表面化，不够深入。

2.3 态势感知与突发事件的研究概述

2.3.1 国内外有关态势感知与突发事件的研究现状

态势感知（situational awareness，SA）源于对航天飞行中人的因素的研究，此后在军事战场、核反应控制和空中交通监管等领域被广泛研究。关于态势感知的定义，被学术界普遍接受的仍是 Endsley（恩兹利）[215]首次给出的定义，态势感知是在一定的时空条件下，对环境因素的获取、理解以及对未来状态的预测；随后又进一步提出了动态决策环境下态势感知框架模型[216]。

国外学者围绕态势感知对突发事件的应急管理展开了较为充分的研究。Turoff 等[217]首次提出把信息的态势感知引入突发事件应急管理中。Feng 等[218]开发了由共享的态势感知和独立行为主体构成的决策支持系统模型。Luokkala 和 Virrantaus[219]开发了时间约束条件下危机态势感知的信息系统。Archie[220]以 2014 年悉尼恐怖袭击事件为例，运用态势感知理论分析了社交媒体如何影响恐怖分子的决策行为。Botega 等[221, 222]为了提高操作人员的态势感知能力，提出了应急态势感知下的信息质量评估方法，即通过使用可靠的元数据丰富态势知识，提高态势感知系统的能力，后来又设计了一个多源信息融合的应急态势评估系统。Danial 等[223]利用马尔可夫逻辑网络构建了面向火灾事故与紧急疏散的态势感知模型。

就国内而言，目前对于突发事件态势感知的研究并不多见。赵新勇等[224]在交通突发事件态势感知路网拓扑结构的基础上构建了交通突发事件态势理解模型。陈凌和孙晓宇[225]结合 Endsley 的态势感知框架模型对政府危机决策的生命周期各阶段信息活动进行了研究。杨戌初[226]利用改进的态势感知算法对社交网络中的突发事件进行监测和预测。杨继君和曾子轩[227]将态势感知引入突发事件应急决策中，以序贯博弈为工具构建了基于态势预测的突发事件应急决策模型。窦珊等[228]提出了一种多源异构数据融合的危险识别方法，实现了工业园区的危险态势感知。杨继君和曾子轩[229]鉴于整个极端气象灾害的态势演化过程类似于一个隐马尔可夫状态转移过程，首先设计了极端气象灾害事件态势演化框架模型，在此基础上构建了基于隐马尔可夫状态转移的极端气象灾害态势感知模型及其求解算法，实现了对极端气象灾害的态势进行实时精准感知，以便为应急决策者提供决策支持。鉴于极端气象灾害相关信息的不完全性致使极端气象灾害态势感知模型中部分参数的初始值选择存在不足的问题，引入贝叶斯方法对其进行修正，很好地克服了上述问题。王施运等[230]从三元世界视角解析国家安全事件的场景情报源；在此基础上，提出以事件为中心的多源情报协同感知机制和基于"时间-空间-主题"模型的多维态势分析方法体系；最后，基于文章提出的方法体系构建了国家安全事件综合态势感知与分析实验平台。温志韬和夏一雪[231]基于网络舆情演化机理对网络舆情态势开展研究，提出突发事件网络舆情态势感知模型，搭建网络舆情态势演化的综合研究框架，并开展基于阶段数据累加的网络舆情态势动态研究，以弥补静态研究的不足，更全面清晰地展现网络舆情态势演化过程，为政府治理网络舆情提供参考依据。杨继君和曾子轩[232]对突发事件态势感知研究的相关工作展开综述与评述，在此基础上提出利用大数据智能技术和方法解决突发事件态势感知问题的设想和技术方案。王秉等[233]在分析数智赋能安全态势感知与塑造的内涵和要素的基础上，提出数智赋能安全态势感知与塑造模型，以期为数智赋能安全态势感知与塑造的研究和实践奠定理论基础并提供一定启示。

目前有许多学者对网络安全的态势感知进行了研究，取得了丰硕的成果，但不属于本书关注的文献，故不赘述。

关于突发事件态势评估研究，有学者也做过相关工作。侯琳等[234]对交通突发事件的态势评估进行了研究，重点分析了态势评估的流程设计以及态势评估的实现技术。沈晓飞[235]运用模糊分析法对群体性突发事件态势评估进行了研究。胡俊等[236]开发了突发事件危害性评估和态势监测模型，通过抽取与事件危害性相关的信息，实时评估事件处置前后的危害性变化以及与决策目标间的差异，进而判断事件的演化态势。万俊强和张敏[237]为了评估空管运行风险，整体化处理评估系统的确定与不确定因素，建立了基于博弈论和集对分析的风险态势评估模型。闫旭等[238]为了保障区域铁路运输安全，提升综合管理水平，以事故多属性分析为切入点，建立区域铁路运输安全态势评估指标体系，并给出相应的量化方法。

2.3.2 研究评述

（1）国外学者有较多关于突发事件与态势感知的相关研究，而国内学者关于非常规突发事件态势感知的直接相关研究较为缺乏，特别是还没有检索到与极端气象灾害事件态势感知相关的研究。

（2）从已有研究来看，国内外学者的研究主要集中于网络安全或战场上的态势评估，仅有少数学者开展了突发事件的态势评估研究，研究的对象相对来说比较窄，但大多采用定量分析方法进行研究，取得了相当的研究成果。

2.4 国内外大数据智能技术与突发事件态势感知的研究概述

2.4.1 大数据智能技术与突发事件态势感知研究现状

关于利用大数据技术研究突发事件态势感知问题，通过对中英文相关数据库和平台进行文献检索，仅见曾大军和曹志冬[239]、董青岭[240]、Vouros 等[241]少数学者利用大数据智能技术和方法对突发事件态势感知进行过开创性探索，具有十分重要的理论意义。曾大军和曹志冬[239]在归纳突发事件大数据应用需要解决的关键技术难点的基础上，提出了一套应用大数据实现突发事件态势感知与决策支持的理论解决方案。董青岭[240]以英国恐怖袭击预测为例，利用 2013～2017 年的新闻报道数据和社交网络数据，对基于关联共现关系和机器学习的大数据安全态势感知系统进行预测能力验证。Vouros 等[241]以海上发生的各类突发事件为研究对象，采用大数据技术建立海上突发事件态势感知系统，实现对突发事件的演化态势进行实时监测和预测。付小康[242]基于社交媒体数据探索城市暴雨灾害的态势感知，研究如何利用社交媒体多模态数据探测城市暴雨灾害中产生的积水点，以了解哪里的灾害比较严重，从而帮助市民规避风险，辅助应急响应人员执行救援。

2.4.2 研究评述

"大数据智能技术+突发事件+态势感知"三者融合的研究成果虽然比较少见，但也有学者做了开创性研究。将大数据智能技术与态势感知理论应用到突发事件应急管理领域中有望形成一系列理论上的衔接和融合，有助于促进公共管理学、计算机科学等学科的交叉融合发展，这将会吸引更多的学者进行深入探索。

第3章 基于"三三制"框架模型的应急案例结构化表示方法

随着互联网、大数据时代来临,应急案例数据来源、类型都复杂多样,有结构化、半结构化和非结构化的数据。为了便于基于大数据的非常规突发事件态势特征要素的提取,需要将这些来源各异、类型不同的多模态数据进行结构化表示,以便形成结构化的应急管理案例库。本章首先分析我国应急案例构建状况及其类型划分,随后针对目前应急管理案例库构建中的不足,依据公共安全体系的"三角形"理论,设计应急案例结构化表示的"三三制"框架模型,以形成具有通用性的应急案例表示方法。

3.1 应急案例表示基本要求及其现状分析

3.1.1 应急案例表示的基本要求

应急案例表示是否科学合理严重制约着应急案例作用的发挥,在应急案例构建过程中,需要满足三个方面的要求[243]。①需要全面记录突发事件的各个方面和演化过程,作为原始资料和重要数据进行存储。应急案例建设首先要对已发生的突发事件进行筛选与甄别,选取典型事件作为案例,在此基础上,要做到全面覆盖该事件的各个环节,除了事件本身的起因、经过、结果和善后信息外,还需要对周围环境及其影响进行详细描述。②作为应急培训和案例教学的基本素材来源,要能提供突发事件的历史情景、演化路径和经验教训。应急案例构建的一个用途是作为应急培训的案例材料,因此需要把突发事件的演化过程、结果影响表示清楚,同时要把事件中暴露出的不足,如管理混乱、隐患排查不到位、事件初期处置不力、风险研判不准确等问题进行重点分析和总结。③形成结构化的案例库,便于应急案例推理和应急辅助决策,这是应急案例构建最为主要的用途。当前日益频繁发生的突发事件对应急管理工作提出了更高的挑战和需求,应急决策越来越需要信息化的辅助决策手段进行支撑,而结构化的案例表示是进行案例推理与辅助决策的基础。

应急案例构建的三个要求是相互联系、相互影响的,第一个要求是整个应急案例构建的基础与根本；第二个要求是应急案例的间接运用，其目的是让更多的应急管理人员通过案例培训了解突发事件的一般规律并吸取经验教训；第三个要求是应急案例构建的最主要用途，即为应急决策者提供决策支持。因此，必须首先做到对突发事件进行客观、完整的记录；其次是对事件记录的文本、音频、视频等材料进行转换和处理，实现记录结果的结构化、数字化。

上述要求需要在应急案例构建过程中对记录格式和记录技术进行规范性要求，不能因为记录者的不同使应急案例的本质内容表示出现较大偏差，为此，构建通用的应急案例表示范式就尤为重要。

3.1.2　我国应急案例表示现状分析

目前我国应急案例构建多以文本形式为主，比如中共中央党校（国家行政学院）应急管理培训中心开发的国家应急管理案例数据库、国家安全生产应急救援中心建立的调查报告案例库和新闻案例库、广东省应急管理厅创建的应急案例库等。这些应急案例库的建立对我国应急管理工作具有一定的贡献，但这些应急案例的生成主要依据应急管理研究人员或工作人员对历史突发事件的相关资料进行整理并汇总，基本上以文本格式为主。众所周知，这种应急案例的文本表示方法能够灵活地表达突发事件中的一些非结构化信息和知识，具有很强的可读性和较容易被理解等优点，但由于其构建方法是非结构化的，因而不能很好地被计算机识别和利用，故在实际应用中受到了诸多限制。近些年来，对应急案例进行结构化表示成为应急案例库建设中的难点和重点。当前，虽然广大学者对应急案例进行了大量结构化表示方法的探索，但存在的问题也非常明显，主要体现在如下几个方面。

（1）应急案例构建的术语和要素缺乏标准。由于我国实行分类管理、分级负责的应急管理体制，应急案例散落在不同地区的不同部门或机构中，导致应急案例术语和要素缺乏一致性的规范说明和统一的标准。另外，应急案例库建设不均衡也导致数据共享困难，开放性较差。

（2）突发事件的基本信息、环境和处置过程等以文本描述为主，且包含了过多总结性信息，主观评价性内容过多。造成这种情况的主要原因是突发事件应急管理人员和相关专业人士参与度不高，对突发事件演化规律和处置流程不熟悉、不了解，导致应急案例开发与实际的决策需求相脱节。

（3）应急案例中对突发事件应急处置与救援的描述过于笼统，并且对应急处置效果普遍缺乏评估，不便于应急决策者参考。应急案例管理系检索到相似案例之后，应急决策者最为关心的是历史案例中所采取的应对措施是否有效。如果应急案例管理系统中缺少处置效果评估环节，而需要应急决策者自行评估与判断，则辅助决策效果会大打折扣。

（4）应急案例构建的结构性较差，导致应急案例实用性不高。在应急案例编制过程中，由于记录角度的不一致和依据的标准有差别，应急案例呈现结构性差、概念不规范，由此导致案例内容的一致性、完整性与真实性存在较大差异和不足。

3.2 应急案例类型划分

应急案例管理系统是以案例推理和提供辅助决策的信息系统，主要由四个部分构成：一是各类应急案例库，是对突发事件演化与处置过程的描述；二是检索与提示，为应急决策者提供制定决策所需要的信息；三是人机交互，主要为决策者提供可视化的交互手段；四是智能感知，应急决策者在应急案例管理系统的支持下，结合自身的知识与经验，在不断变化的危机情境中把握时机，迅速制定应对策略并予以实施。其中，应急案例库是整个应急案例管理系统的基础，它直接决定系统的性能。

按照突发事件类型、案例构建方式、应急案例功能对应急案例库作如下分类。

（1）按照突发事件类型划分

依据《中华人民共和国突发事件应对法》（以下简称《突发事件应对法》）规定，将突发事件分为四大类，即自然灾害、事故灾难、公共卫生事件、社会安全事件。那么对应的应急案例库分别为自然灾害类案例库、事故灾难类案例库、公共卫生事件类案例库、社会安全事件类案例库。每一大类案例库又可进一步细分，如自然灾害类案例库可再细分为台风灾害案例库、地震灾害案例库、大雪灾害案例库等，具体如图 3.1 所示。

（2）按照案例构建方式划分

按照案例构建方式不同可划分为非结构化应急案例库和结构化应急案例库。非结构化应急案例主要采取文本形式进行汇编，也被称为汇编式应急案例。非结构化应急案例的内容一般分为四部分[244]：①突发事件总体情况描述（占汇编案例内容的 10%）；②决策制定与处置效果分析（50%）；③经验与教训（20%）；④工作建议（20%）。案例编写的重点在于对政府应急处置工作的回顾和经验教训总结。在当前体制下，各级政府应急管理部门负责汇编各类突发事件的综合性案例，其突出代表是广东省应急管理厅在其

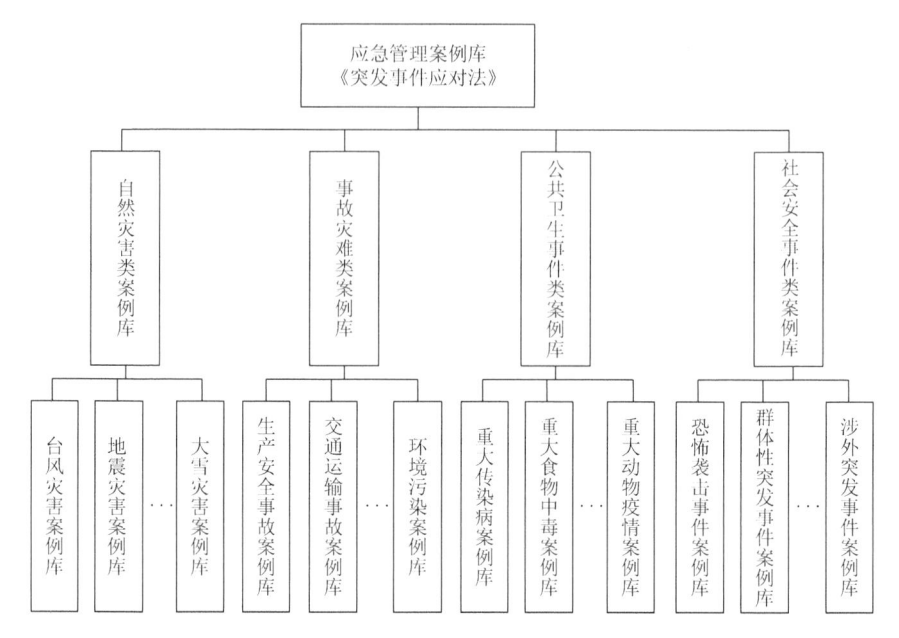

图 3.1 应急案例库框架模型

官方网站发布的典型应急案例（20余个）和国家典型应急案例（40余个）。结构化应急案例就是通过建立规范的层次架构对历史突发事件进行表示，便于计算机存储和识别，主要用于应急辅助决策支持系统中，为应急决策者提供决策支持。

（3）按照应急案例功能划分

应急案例的功能可分为基本功能和辅助功能。在应急案例的基本功能中，主要是对历史突发事件进行全面的记录，其记录形式包括文本、音频、视频等形式；而在辅助功能中，除上述记录形式外，更加注重新的技术和方法的运用，包含案例教学、案例研究和决策支持三种应用模式。辅助功能是服务于基本功能的，因此处于核心地位。在应急案例管理系统中，辅助功能主要是为应急决策者提供决策支持。

3.3 应急案例表示方法及其优缺点

在应急案例管理系统中，应急案例表示就是将应急案例描述为计算机系统可以存储和识别的知识，一个完整的应急案例表示由三部分构成：一是对历史突发事件情境的描述，包括突发事件发生、发展过程及其周围环境状况。二是针对突发事件所采用的应急处置与救援方案。鉴于突发事件是一个动态演化过程，其处置方案会依据当时的情景进行调整，这在应急案例表示中都需要详细刻画。三是效果评估，即对执行后的处置方案进行效果评价。下面就应急案例表示方法、应急案例结构化表示的必要性及应急案例内容构成要素进行说明。

3.3.1 应急案例表示方法

案例表示[245]实际上就是对知识的一种描述，即用一些约定的符号把知识编码成一组计算机可以接受的数据结构。应急案例表示的目的不仅仅是把历史突发事件采用数据结构的形式存储在计算机中，更重要的是有助于方便、正确、有效地使用案例，为应急管理培训和应急决策提供支持。合理的应急案例表示可以使应急决策问题的解决更加容易和高效，否则会使问题的解决更困难和更低效。因此，如何进行合理的应急案例表示是构建应急案例管理系统至关重要的一个环节。

1. 非结构化表示方法

目前，我国应急案例大多是非结构化文本形式的，虽然具有较高的可读性和易理解性，但需要依靠人工提取文本中的有效信息，这就成为案例推理技术在应急案例管理系统中的瓶颈，严重限制了应急案例的辅助决策功能。不过，随着大语言模型的日益更新和完善，使用计算机直接处理文本数据将指日可待，这样就为文本案例推理技术的发展提供了有力支撑。

2. 结构化表示方法

比较常见的应急案例结构化表示方法有四种：①基于框架的表示方法；②基于本体的表示方法；③基于树结构的表示方法；④基于 XML 的表示方法，具体介绍如下。

1）基于框架的表示方法

框架理论是 1975 年 Minsky[246]在其论文中提出的一种结构化表示方法，通常采用语义网络中的节点-槽-值表示结构，即一个框架由框架名和一组槽组成，每个槽表示对象的一个属性，槽的值就是对象的属性值，因而基于框架的表示方法具有良好的结构性、继承性和自然性[247]。基于框架的表示方法[248]最突出的特点是能够表达结构性的知识，即把知识的内容结构关系及知识间的联系表示出来，因此它是一种结构化的知识表示方法。基于框架的表示方法体现了人们在观察事物时的思维活动，当面对一项全新的事物时，通常情况下人们不是从头开始对新事物进行研究和分析，而是从自己的经验中找出一个比较合适的解释性框架，然后通过考虑事物的细节加以修改、补充和完善,从而形成对新事物的认识,这与人的认识活动是一致的。因此,采用基于框架的表示方法对突发事件案例进行构建时,就往往实现了结构化存储。而对突发事件的种类、级别和应对方案的存储则通过继承性进行处理。鉴于基于框架的表示方法的上述优点,对用于突发事件应急案例描述的自然语言实施结构化存储就成为可能。

2) 基于本体的表示方法

近些年来,很多学者开始利用本体模型进行通用性的应急案例表示,取得了可喜成果[249-252]。本体本身是一种知识的表示框架,而且能够清楚地表达概念之间的关系,对于知识的重用和检索具有很重要的意义,因此基于本体的表示方法在应急案例构建过程中具有较为广阔的应用前景。但是,该表示方法对应急案例的数据有较高的要求,需要对历史突发事件的原始信息进行结构化处理才能适用模型。另外,由于基于本体的表示方法在建模上比较复杂,使用该方法的人员需要有较强的专业背景。因此,基于本体的应急案例表示方法缺乏一致性认可。

3) 基于树结构的表示方法

基于树结构的表示方法是基于逻辑模型的事件表达方式,因而具有层次清晰、结构分明的特点,也是应急案例常用的表示方法。但是突发事件的演化态势具有高度的不确定性和复杂的衍生/次生事件,这是采用树结构方法进行应急案例表示最为致命的难题。

4) 基于 XML 的表示方法

基于 XML 的表示方法具有良好的数据存储格式、可扩展性、高度结构化等优点,在分布式系统中得到了广泛的应用。一个 XML 元素包括开始标签、结束标签以及标签之间的数据。XML 文档采用文本的形式,使用标志和属性来描述数据的性质。XML 用于描述数据本身的性质和结构,能够同时描述数据之间的关系,还能存储数据,这就使得以 XML 为基础建立带有半结构化数据的应急案例成为现实。目前,不少学者采用该方法进行应急案例构建,取得了一定的研究成果[253, 254]。

上述应急案例表示方法的优缺点对比如表 3.1 所示[255]。

表 3.1 案例表示方法优缺点对比

	案例表示方法	可读性	推理能力	易理解性	数据处理能力	编码难易程度
非结构化	文本表示方法	很强	很弱	很强	很弱	很容易
结构化	框架表示方法	强	很强	强	强	容易
	本体表示方法	弱	强	很弱	很强	很难

续表

案例表示方法		可读性	推理能力	易理解性	数据处理能力	编码难易程度
结构化	树结构表示方法	强	弱	强	强	一般
	XML 表示方法	弱	一般	弱	一般	容易

注：优缺点评价集为{很强/很难，强/难，一般，弱/容易，很弱/很容易}

3.3.2 应急案例结构化表示的必要性

应急案例的结构化表示是建立应急案例管理系统的基础性工作，直接决定着系统的性能，因此，采用合理的方法对应急案例进行结构化表示就显得非常必要，具体如下。

（1）应急管理的宏观决策需求。从宏观方面讲，由于突发事件具有发生的不可预测性、演化态势的高度不确定性、深度的危害性和快速的蔓延性等特殊属性，应急决策者必须在时间紧迫、压力巨大的环境下迅速做出决策并予以实施。应急决策者面临复杂的决策环境，由于其自身知识与经验的不足，需要借助简单的决策工具提供决策支持，而案例推理技术能够很好地满足这一需求。影响应急案例推理技术性能的除了检索算法外，最为关键的就是对历史应急案例的结构化表示。

（2）应急案例推理的结构化需求。结构化[256]是指对某一过程的环境和规律用明确的语言（定量的/推理的、数学的/逻辑的、形式的/非形式的）给予清晰的说明或描述。若能够描述清楚，则称为结构化问题，否则为非结构化问题。由于突发事件种类繁多，信息缺失严重，大部分应急案例结构性较差，但是使用案例推理技术的前提是必须将非结构化问题转化成结构化问题。因此，需要设计结构性较强的案例表示方法以便建立各类应急案例库。

（3）应急资源的定量化需求。突发事件发生后，需要紧急调集一定数量的人、财、物（统称应急资源）到达现场并进行应急处置与救援。因此，应急案例管理系统不仅要提供以往类似突发事件演化过程和处置过程的详细记录，还要提供救援人员、救援设备、救援物资等的构成和数量。因此，应急案例的构建需要选取支持定量化描述的表示方法，以便应急决策者确定当前突发事件所需要的应急处理力量和物资。

3.3.3 应急案例内容构成要素

从目前应急案例表示来看，采用文本表示方法进行案例构建的比较多，该方法表示的案例虽然具有很强的可读性，但限制了应急决策对应急案例的要求，因而不适用于案例推理技术；至于结构化的案例表示，虽然满足了案例推理的要求，但构建方法比较复杂，需要很强的专业知识，如基于本体的表示方法。另外，突发事件种类繁多，并且其次生或衍生事件具有高度的不确定性，导致大部分结构化案例表示方法失效，因此，目前的应急案例结构化表示方法在其实用性和通用性方面存在诸多缺陷和不足。

应急案例表示的主要目的是为案例检索和案例推理服务（即为应急决策服务），因此，应急案例表示中必须包含对突发事件的整体描述、应急处置与救援办法以及对处置效果的评判，因为应急案例检索要求案例对问题有结构化的描述，应急案例推理则要求案例中涵盖解决方法的相关内容，二者缺一不可，共同组成一个完整的案例。具体到台风灾害案例中，问题描述主要是指台风灾害发展过程的描述，包括时间发展、空间扩散和类型变化等信息，解决方法描述主要是指参与台风灾害应对的决策主体、应急资源配置、信息收集与传递等内容。另外，对于台风灾害引发的一系列次生突发事件，如城市内涝、交通中断、山体滑坡与泥石流、水库溃坝、社会安全事件等，需要单独刻画事件发生的背景，包括自然环境、社会属性、危险源和重点防护目标等。

通过对应急案例表示要求的分析可知，应急案例表示应该从三个角度进行描述，即事件背景、事件本身和管理措施。基于这一要求，3.4节将构建基于"三三制"的应急案例结构化表示模型。

3.4 应急案例结构化表示框架模型构建

宏观公共安全体系的"三角形"[257]理论模型是由突发事件（致灾体）、承灾载体（承灾体）及应急管理（救灾体）等三个方面构成的。突发事件是指可能给人、物或社会系统带来灾害性破坏的事件，按照《突发事件应对法》分为四大类，即自然灾害、事故灾难、公共卫生事件和社会安全事件。承灾载体是指突发事件作用的对象，一般包括人、物、系统三方面，是人类社会与自然环境和谐发展的功能载体，也是突发事件应急处置与救援的保护对象。应急管理是指预防或减少突发事件发生以及降低其影响的各种措施和手段。灾害要素是诱发突发事件发生的内在要素，当灾害要素超过临界点或者遇到一定的触发条件时可能导致突发事件发生，在未超过临界点或者没有被触发前不会造成破坏。灾害要素包括物质、能量和信息。这样，突发事件、承灾载体、应急管理构成了三角形的三条边，连接三条边的节点为灾害要素，因此构成了一个完整的闭环三角形模型[258]（图3.2）。该模型描述了公共安全体系中最重要的三个方面（即致灾体、承灾体和救灾体）之间的相互关联和动态互动。

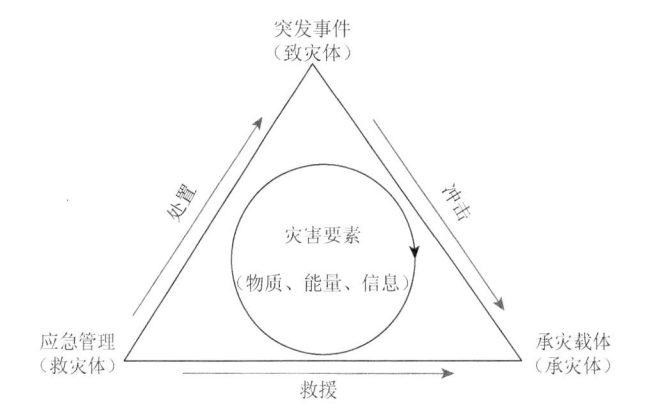

图 3.2 公共安全体系的"三角形"理论模型

为了满足应急案例构建过程中层次清晰、结构分明、方便存储的要求，在宏观公共安全"三角形"理论体系框架下，本书设计了应急案例内容结构化表示的理论框架模型，即以情景、事件和管理三个维度为内容表达导向的"维度-属性-特征"应急案例结构化表达模型[259,260]，其理论框架模型如图 3.3 所示。由于该表示框架围绕三个维度来记录突发事件过程且统一刻画三个层面的内容，因而将其简称为"三三制"式的案例结构化表达方式。

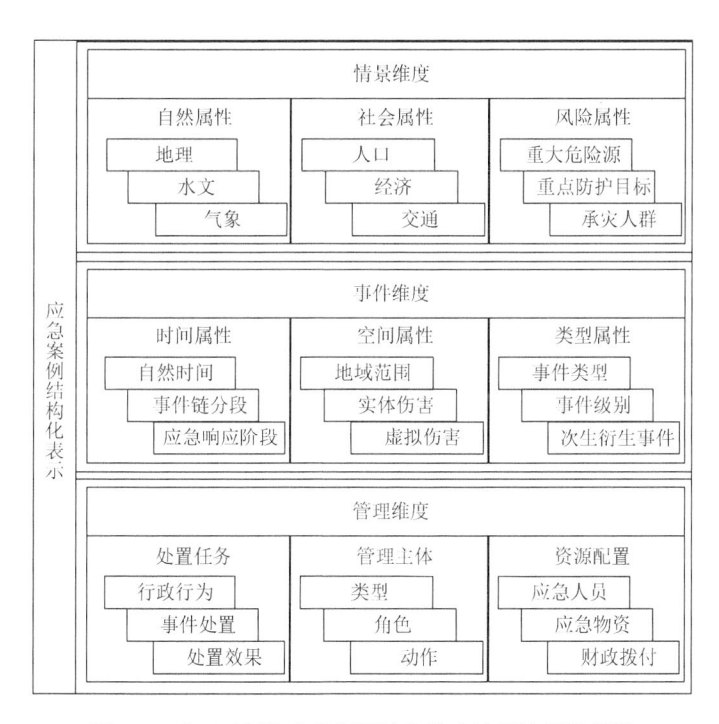

图 3.3 "三三制"应急案例结构化表达理论框架模型

以情景、事件和管理三个维度为内容表达导向的"维度-属性-特征"应急案例结构化表达模型是围绕突发事件的客观情景维度、事件过程维度、应对管理维度展开的。每个维度对突发事件刻画的重点内容不同，而且每个维度都通过属性与特征的刻画来完成对事件内涵的细致描述。

3.4.1 情景维度

情景维度以描述突发事件发生和演化的周边环境为思路而展开。它刻画事件的诱发或触发环境、可能承载损害后果的社会范围、社会系统活动的脆弱性，即采用自然属性、社会属性、风险属性进行刻画，具体如图3.4所示。

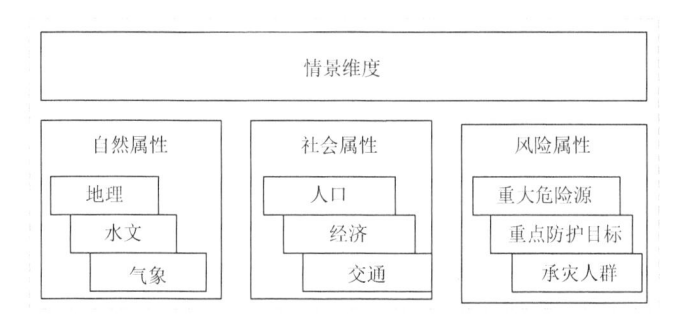

图 3.4 应急案例情景维度结构

自然属性描述了事件发生时周围的自然环境，包括地理特征、水文情况、气象信息等几个方面。地形地貌、海拔高度、土壤植被等环境决定了当地频发的突发事件类型，同样的突发事件发生在不同的地理环境下也会有不同的发展路径和影响后果。社会属性则代表事件发生地点的人口分布及组成、经济发展水平和交通情况等，社会属性主要描述了当地对突发事件的承受能力和恢复能力，一般情况下体现出正比例的关系。风险属性是指突发事件可能涉及的重大危险源、重点防护目标、承灾人群等可能导致事件影响进一步扩大的危险因素。

3.4.2 事件维度

事件维度以描述突发事件带来的损伤和破坏为思路而展开。它围绕时间与空间尺度，刻画什么类型的突发事件造成什么程度的损害后果，采用突发事件进程的时间属性、空间属性与类型属性进行刻画，具体如图3.5所示。

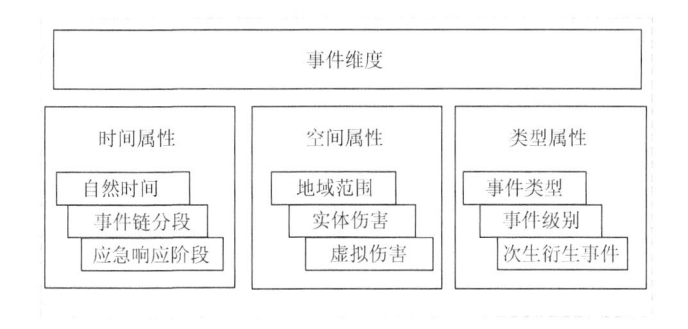

图 3.5　应急案例事件维度结构

目前，对于应急案例，通常是按照时间序列来记录突发事件的整个演化过程，此种记录方式可以描述事件的起因、经过、发展、结束等详细内容，符合对突发事件原始资料记录的要求。但是，为了达到应急案例教学培训与辅助决策的功能，还需要对突发事件演化过程进行记录。很多突发事件特别是非常规突发事件并不是单一发生的，而是会由于突发事件的次生、衍生、耦合、变异特性，呈现出复杂的态势。因此，按照事件的演化规律，对突发事件进行事件链分段是十分必要的。另外，应急处置措施的实施在突发事件应对过程中也存在明显的时间特性，从应急管理的角度也可以对事件进行阶段划分，比如，预防与应急准备阶段、监测与预警阶段、处置与救援阶段、恢复与重建阶段等。在突发事件应对过程中某些关键时间节点，如预警时间、应急预案启动时间、应急处置与救援介入时间、救援行动结束时间、恢复重建启动与结束时间等都需要在时间属性上集中体现。空间属性重点刻画了突发事件的影响范围和演化特性，除了行政区划、地理位置、事件涉及范围等空间扩散的概念外，更重要的是包含了事件所造成的后果在空间上的分布状态。普通的突发事件案例记录一般仅记录突发事件所造成的人员伤亡、经济损失、受灾人口等基本信息，但突发事件造成的损失远远不止这些，还包括社会影响、经济影响、舆情影响、政治影响等。比如，"3·11"日本地震灾害事件，不仅造成了巨大的财产损失和人员伤亡，还造成了比较严重的海水污染，这些都是实体伤害；由于地震引发的海啸导致核泄漏，核泄漏又对海水形成大面积污染，从而使我国沿海部分地区民众产生恐慌情绪，以致出现不少民众大规模抢购食盐的情形，这些都是对社会造成的间接影响。又如，我国"7·23"甬温线特别重大铁路交通事故本是一起相当严重的铁路交通事件，但是由于相关部门新闻发布和舆情引导工作的不及时与不到位，造成了相当严重的社会负面影响，削弱了政府的公信力。因此，突发事件造成的后果除了直接伤害外，还包括间接伤害，它们都应该包括在应急案例描述中，这样才能满足突发事件完整记录的原则。

3.4.3 管理维度

管理维度是基于情景维度和事件维度对现场应急处置的指挥过程、处置方式、资源分配调度等过程进行全景描述，着重从政府管理的角度描述事件的发展及其应对过程，记录政府行为和社会环境的互动过程以及行政行为与行政生态环境的相关关系。因此，它围绕应急任务的复杂性与重要程度、多元管理主体参与、救援资源配置等选择性问题，采用处置任务、管理主体、资源配置等三个属性进行刻画，具体如图 3.6 所示。

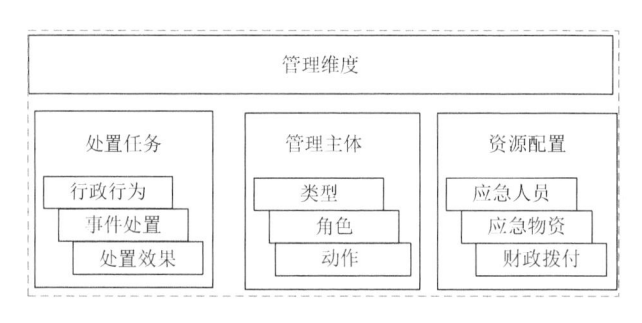

图 3.6 应急案例管理维度结构

突发事件的管理过程具有参与主体多而广泛、任务复杂、资源有限、高度协同的特点。多主体、多目标、多任务是案例表达和描述中遇到的难点，也是案例内容描述应对管理过程时必须陈述的重点问题。在研究中发现，随着不同主体相继进入突发事件发生的现场，代表本部门利益的责任和目标会马上生成，同时会面对现场部门各自的责任和目标与突发事件整体应对目标的差异，这个差异体现在两个方面：第一，时间差。时间差主要表现在应急部门所承担事件处置与救援的责任和目标并不一定是突发事件应对当下最重要的目标，比如，发生地震灾害时，作为应急部门之一的交通运输部门，它的首要任务并不是直接去灾区拯救灾民，而应该是要维护好灾区道路畅通。第二，碎片化。在突发事件应急管理过程中，一个应急部门的目标只是解决当下问题的一个子集即子目标，而一个个子目标是不可能单独完成的，它们需要多个应急部门的相互配合。所以将管理维度的第一个属性设置为"处置任务"，该属性很好地整合了不同部门的目标在突发事件发生时与大目标的差异性，以突发事件应对的总体任务序列为依据，以处置任务的重要性安排部门参与的先后顺序及过程；同时，整合了以完成相同任务为目标的部门分目标。管理维度的表达以任务为准绳，可以很好地描述事件应对过程中的部门协同、资源调配和行动策略。管理维度的第二个属性是"管理主体"，管理主体不仅描述参与事件处置的单位名称，同时描述参与单位的类型和行动过程。管理主体的类型需要体现参与的部门属于政府职能单位、企业单位、公共事业单位、非营利组织、社工组织、志愿者团体中的哪一类，反应管理主体的组成和在救援活动中行动的顺序与持续时间；行动过程主要描述各主体在突发事件处置中的主要行动，相同任务下不同主体会依据自身的职责和任务目标做出系列行动，不同类型的主体在行动中也会表现出不同的动作特点。第三个维度是"资源配置"，主要描述在任务序列下需要哪些应急资源。由于应急资源的有限性，在应急过程中主体需要考虑如何高效合理配置相关资源，主要包括人力、物力、财力等资源的配置和灾害信息的共享。在突发事件应对中，应急资源配置是与突发事件应对任务、救灾主体共存并生的环节，救灾现场所面临的应急资源状况可能是稀缺、缺乏、满足、富余或过剩等，针对突发事件应急处置所处的不同阶段，结合应急主体所能掌握的应急资源状况，会体现出不同的事件应对结果：反应不及时、应对得当、过度反应。所以，管理维度通过处置任务、管理主体、资源配置三个维度能较好地描述整个突发事件从孕育到蔓延再到持续以及消减的整个处置过程，宗旨是基于客观事实的全程记录，对事实本身进行描述，不涉及主观的判断和分析。

3.5 存储模式

基于"三三制"应急案例结构化表达模型，可以将应急案例描述成如式（3.1）所示的一个三元组。

$$C_{\text{Emergency}} = \langle C_{\text{Scenario}}, C_{\text{Incident}}, C_{\text{Management}} \rangle \tag{3.1}$$

其中，C_{Scenario} 为突发事件情景维度的存储单元，主要用于描述突发事件发生时的情景；C_{Incident} 为突发事件事件维度的存储单元，主要用于应急案例的初步匹配和检索；$C_{\text{Management}}$ 为突发事件管理维度的存储单元，用于记录应急案例中管理主体所采用的处置办法、效果以及经验教训。它们分别又采用三个属性来进行表示，即

$$\begin{cases} C_{\text{Scenario}} = \langle A_{\text{Nature}}, A_{\text{Societ}}, A_{\text{Risk}} \rangle \\ C_{\text{Incident}} = \langle A_{\text{Time}}, A_{\text{Space}}, A_{\text{Type}} \rangle \\ C_{\text{Management}} = \langle A_{\text{Task}}, A_{\text{Manager}}, A_{\text{Resource}} \rangle \end{cases} \tag{3.2}$$

其中，A_{Nature} 为刻画 C_{Scenario} 的自然属性；A_{Societ} 为刻画 C_{Scenario} 的社会属性；A_{Risk} 为刻画 C_{Scenario} 的风险属性；A_{Time} 为刻画 C_{Incident} 的时间属性；A_{Space} 为刻画 C_{Incident} 的空间属性；A_{Type} 为刻画 C_{Incident} 的类型属性；A_{Task} 为刻画 $C_{\text{Management}}$ 的处置任务属性；A_{Manager} 为刻画 $C_{\text{Management}}$ 的管理主体属性；A_{Resource} 为刻画 $C_{\text{Management}}$ 的资源配置属性。另外，这些属性根据实际情况分别选取三个特征指标来描述。

3.6 小　　结

对应急案例采用情景、事件和管理三个维度进行描述的方法是基于突发事件应对过程的复杂性而设计的。从内容来讲，情景维度和事件维度都是基于突发事件发展的状态而进行的客观描述，管理维度侧重表达应对方式对突发事件发展变化的干预过程和影响过程。从结构来讲，维度-属性-特征的三层表达结构，从情景、事件、管理三个角度刻画了突发事件的整个过程和各个方面，模块化的设计使得三维结构既可以作为一个整体使用，每个维度又可以单独使用。情景维度属性和事件维度属性是案例推理系统的输入信息，主要用于案例检索环节，是计算案例间相似度的基础；管理维度属性则作为系统输出在案例重用环节发挥作用。从情景、事件、管理三个维度出发，可以整体勾勒出突发事件的全貌，在各维度下对应急案例的属性进行刻画，具有明显的分类体系和结构化特点，这种案例表达体系符合应急案例的功能定位，满足了应急决策的应用需求。

第4章 基于大数据的非常规突发事件关键态势要素提取模型构建与优化

4.1 态势要素提取研究现状及其必要性

近年来非常规突发事件特别是重大自然灾害事件呈现高发态势，其影响范围越来越广，造成的生命财产损失也异常严重[261]，比如 2014 年"威马逊"超强台风、2015 年"彩虹"强台风、2016 年"霸王级"寒潮、2018 年"山竹"超强台风、2019 年"利奇马"超强台风、2021 年河南郑州"7·20"特大暴雨灾害、2023 年北京"7·31"特大暴雨灾害等都给政府部门的应急管理能力带来了巨大的考验。而对这些重大自然灾害的高效防范和快速应对需要建立在态势要素提取、态势预测和态势威胁评估的基础之上。随着大数据灾害治理 2.0 时代的到来[262]，如何在海量的重大自然灾害态势要素中快速地提取关键态势要素则成为关键。目前，关于态势要素提取的研究多集中在军事战场[263-267]、网络安全[268-273]等领域，而在自然灾害特别是极端气象灾害领域鲜有涉及，但也有学者做了开创性研究工作，比如 Basu 等[274]针对 Twitter 和 Facebook 等在线社交媒体上充斥着大量灾害信息的状况，提出了基于互动众包的灾害态势信息提取框架模型，以便为灾害损失和需求评估提供决策支持。黄伟等[275]基于态势感知的三个阶段，对电网台风预警防御系统中态势要素采集、实时态势理解和台风风险预测等关键技术进行归纳，并构建了台风预警防御系统的态势要素指标体系，但是对关键态势要素究竟如何提取没有涉及。

综上所述，重大自然灾害态势要素提取方面虽有一些开创性研究，但缺乏具体的可操作性的方法。因此，本章重点对极端气象灾害态势要素提取进行深入探索，提出确实可行的提取方法。首先以极端气象灾害中的超强台风灾害为例，设计灾害态势要素提取框架模型以及态势要素提取的基本原则，随后采用大数据分析中最常用的主成分分析法对极端气象灾害态势的诸多要素进行降维处理，从而实现关键态势要素提取。鉴于主成分分析法在主成分权重确定上存在诸多不足[276,277]，比如各主成分的权重系数由各自的方差贡献率确定，这明显带有主观性。为此引入合作博弈的思想,将所确定的主成分映射为合作博弈中的局中人,并以态势要素权重误差平方和最小作为合作博弈目标函数构建态势要素权重优化模型,并采用 Shapley 值法求解,以此确定态势要素权重的大小(客观赋权),进而提取关键态势要素,为灾害态势预测和态势威胁评估提供理论依据。

4.2 台风灾害态势要素提取框架

灾害态势要素是指描述灾害事件发展演化的内在因子和外部条件;而灾害态势要素提取就是从海量灾害数据中剔除冗余数据而获取描述灾害状态的关键特征要素,形成灾害态势威胁评价指标体系,为灾害态势预测和态势威胁评估奠定基础。众所周知,当灾害态势的某些关键要素超过临界点或遇到一定的触发条件时会导致灾害事件发生。在未超过临界点或者没有被触发前不会造成破坏。依据宏观公共安全体系的"三角形"[257,258]理论模型(图 3.2)可知:致灾体是指可能给人、物或社会系统带来灾害性破坏的事件;承灾体是指致灾体作用的对象;救灾体是指预防或减少灾害事件发生以及降低其影响的各种措施和手段。这样,致灾体、承灾体和救灾体构成了三角形的三条边,连接三条边的节点为灾害要素,构成了一个完整的闭环三角形框架。该框架描述了公共安全体系中最重要的三个方面之间的相互影响和动态互动。由此可见,灾害严重程度不仅与致灾体直接相关,还与承灾体的脆弱性、救灾体的应急能力密切相关。因此,需要从致灾体、承灾体和救灾体等三个方面对台风灾害态势要素进行描述和提取。

4.2.1 灾害态势要素提取框架设计

依据范维澄院士提出的公共安全三角形理论,设计如图 4.1 所示的台风灾害态势要素提取框架模型。从图 4.1 可知,台风灾害态势的描述涉及致灾体、承灾体和救灾体等三个方面的诸多要素。

从图 4.1 可知,所设计的框架模型中列举了 26 个影响台风灾害态势演化的要素,并且各态势要素之间的关系也相当复杂,倘若对每一个要素都加以考虑分析,势必会对灾害态势威胁评估和应急处置的及时性造成影响,因此,有必要找到一种快速高效的态势要素提取方法,在保障灾害原始信息尽量不损失或损失很小的情况下提取描述灾害的关键态势要素,从而有利于对灾害态势进行快速评估和快速处置。

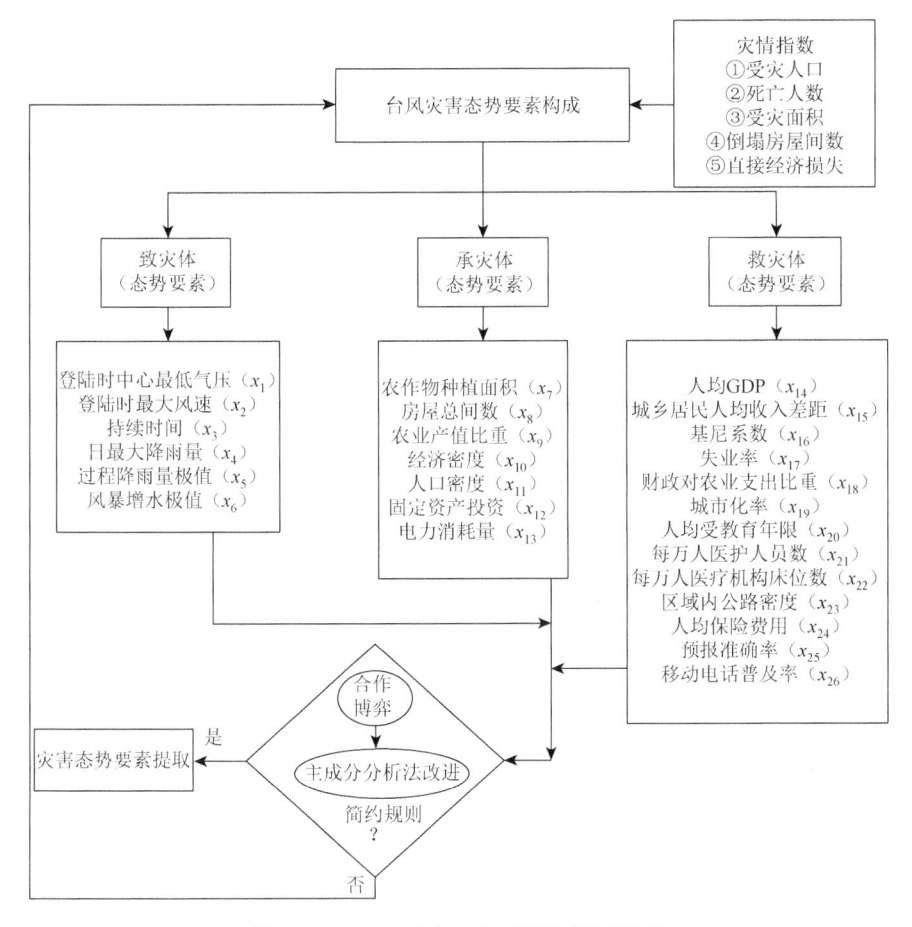

图 4.1　台风灾害态势要素提取框架模型

4.2.2　灾害态势要素提取的原则

台风灾害态势要素提取是指在造成台风灾害的诸多要素中去除冗余的特征要素，提取描述台风灾害态势的关键特征要素，从而形成台风灾害态势指标体系，为灾害态势预测和态势威胁评估奠定基础。因此，灾害态势要素提取的本质是一个特征要素筛选过程，即通过相关简约规则去除冗余要素，从而提取必要且关键的灾害态势要素。为了全面、准确地为台风灾害态势预测和态势威胁评估提供数据支持，台风灾害态势要素提取须遵循如下原则。

（1）全面性和相关性。在诸多的台风灾害态势要素中提取的特征要素必须全面、具体地反映台风灾害态势的状况，即所提取的灾害态势要素能够为灾害态势预测和态势威胁评估提供全面支持。

（2）可操作性和经济性。在保证台风灾害态势要素提取的全面性的前提下，所提取的灾害态势的关键要素不宜过多，从而减少计算量，提升台风灾害整体态势感知效率。同时要保证获取台风灾害相关指标数据的低成本性。

（3）科学性和显著性。台风灾害态势要素的提取要具有相应的理论基础和科学依据；另外，台风灾害态势要素的提取必须具有典型代表性，即根据所提取的关键态势要素可以准确地对典型台风灾害案例进行灾害态势威胁评估验证，并且保证不同级别的台风灾害具有较大的区分度。

（4）鲁棒性。当台风灾害态势发生变化时，只需更新对应单元中相关特征要素值即可，并且对台风灾害态势中的噪声数据具有一定的处理能力。

4.3 主成分分析法介绍

主成分分析法（又称主分量分析法或主轴分析法）是由 Hotelling[278]于 1933 年首次提出来的，是一种兼顾数据降维与特征提取的多元统计分析方法，也是目前大数据分析中最常用、最有效的数据降维和关键要素提取方法。其基本思路是将多个具有一定相关性的指标线性变换成几个综合指标（主成分），其中每个综合指标都能反映原始变量的绝大部分信息，而且各个综合指标所含信息相互之间不重复。鉴于上述优点，本章采用主成分分析法建立台风灾害态势要素提取模型，具体步骤如下。

4.3.1 构造原始数据评价矩阵

假设灾害态势评价指标为 n 个，台风灾害案例数为 m 个（即 m 个样本点），第 j 个指标（ $j \in n$ ）在第 i 个样本点（ $i \in m$ ）下的数值为 a_{ij} ，则原始数据评价矩阵为

$$A = \begin{bmatrix} a_{11} & a_{12} & \cdots & a_{1n} \\ a_{21} & a_{22} & \cdots & a_{2n} \\ \vdots & \vdots & & \vdots \\ a_{m1} & a_{m2} & \cdots & a_{mn} \end{bmatrix}_{m \times n} \quad (4.1)$$

4.3.2 原始数据归一化处理

在原始数据归一化处理的诸多方法中，鉴于比重法（向量规范化）[279]具有既能消除指标量纲和数量级的影响又能保留各指标变异程度信息等优点，故此处采用该方法，其公式如下。

效益型指标：

$$b_{ij} = \frac{a_{ij}}{\sqrt{\sum_{i=1}^{m} a_{ij}^2}} \quad (4.2)$$

成本型指标：

$$b_{ij} = \frac{1/a_{ij}}{\sqrt{\sum_{i=1}^{m} (1/a_{ij})^2}} \quad (4.3)$$

故归一化矩阵为

$$B = \begin{bmatrix} b_{11} & b_{12} & \cdots & b_{1n} \\ b_{21} & b_{22} & \cdots & b_{2n} \\ \vdots & \vdots & & \vdots \\ b_{m1} & b_{m2} & \cdots & b_{mn} \end{bmatrix}_{m \times n} \quad (4.4)$$

4.3.3 求解相关系数矩阵

利用归一化矩阵求解相关系数矩阵 $R = (r_{ij})_{m \times n}$。

4.3.4 求解特征值与特征向量

通过 $|R - \lambda I| = 0$ 求解相关系数矩阵 R 的 n 个特征根 $(\lambda_1, \lambda_2, \cdots, \lambda_n)$ 并利用 $(R - \lambda I)X = 0$ 求出相应的特征向量。

4.3.5 求解主成分贡献率与累计贡献率

（1）第 j 个主成分 Y_j 的贡献率按式（4.5）求取：

$$\theta_j = \frac{\lambda_j}{\sum_{j=1}^{n} \lambda_j}, \quad j = 1, 2, \cdots, n \quad (4.5)$$

（2）按照累计贡献率 $\sum_{j=1}^{k} \theta_j \geqslant 80\%$[280,281]的原则选择前 k 个主成分。

4.3.6 构造综合评价函数

利用前 k 个主成分构造如下综合评价函数：

$$Y = \sum_{j=1}^{k} \theta_j Y_j \quad (4.6)$$

4.4 基于主成分分析法的灾害关键态势要素提取模型

4.4.1 主成分分析法的不足与改进策略

从式（4.5）和式（4.6）可知，各主成分的权重是由其贡献率确定的，这明显带有很强的主观性[276, 277]。为了更好地发挥主成分分析法的降维优势并克服其不足，引入合作博弈的思想，构建基于合作博弈的灾害态势要素权重优化模型（通过要素权重的大小提取态势要素），即将确定的各主成分影射为合作博弈中的局中人，将其可能的组合方式影射为策略集，以误差平方和最小为目标函数，将台风灾害态势要素提取问题转化为对态势要素权重优化模型的求解问题。

合作博弈[282]所描述的情形是单个局中人为了克服自身的不足，为了最大限度提高自己的效用水平，具有与他人合作的动机和行动，在合作中他们彼此交换情报、充分协商，并制定具有约束力的协议，从而形成稳定的合作联盟。合作博弈的求解通常采用 Shapley 值法[8]，该法的最大优点是 Shapley 值的构造是以合作博弈中局中人对联盟的潜在贡献为基础的，充分体现了多劳多得、同工同酬和不劳不得的公平原则，从而有力保障了合作联盟的长期稳定性[283]。

4.4.2 基于合作博弈的灾害态势要素权重优化策略描述

1. 局中人（主成分）

假设一项综合评价中有 k 个主成分（即有 k 个主成分权重需要确定），那么这 k 个主成分就构成灾害态势要素权重合作博弈的局中人集合，记为 $K = \{i = 1, 2, \cdots, k\}$，其中，$i \in K$ 表示第 i 个主成分。

2. 博弈策略

集合 K 的任一子集 $C \subset 2^K$ 构成的集合就形成合作博弈中的一个联盟，结成联盟的目的就是通过不同主成分权重的相互博弈，最终实现降低总体权重误差的目的。在主成分组成的所有联盟中（联盟用 C 表示），任意一个或几个主成分都构成联盟的博弈策略，其集合记为 S_i。

3. 博弈收益

对特定的主成分来说，与其他主成分的不同组合可以形成不同的灾害态势要素权重合作联盟，这些不同的联盟将会产生一定的收益，该收益采用态势要素权重误差的倒数来表示，即误差越小，收益越大。合作联盟的收益记为 $P(C)$。

4. 收益函数

定义 4.1 设主成分个数集合 $K = \{i = 1, 2, \cdots, k\}$，$P(C)$ 是定义在 K 的一切子集 C 上的实值函数，且满足如下条件：

$$\begin{cases} P(C) = 0, \text{当 } C = \varnothing \\ P(K) \geqslant \sum_{i=1}^{n} P(\{i\}) \end{cases} \quad (4.7)$$

则 $P(C)$ 定义为该联盟的收益函数。在态势要素权重合作博弈过程中，收益函数用权重误差的倒数来表示。另外，$P(\{i\})$ 表示局中人 i 不结盟时的单独收益。

假设由不同主成分组合成两个不同的联盟 $C, D \in K$，并且 $C \cap D = \varnothing$，联盟 C 能获得的最大收益记为 $P(C)$，联盟 D 能获得的最大收益记为 $P(D)$。即使联盟 C 和联盟 D 在不合作的情况下也能取得最大收益 $P(C) + P(D)$，为此，如果这两个联盟合作组成一个更大的联盟 $M = C \cup D$，若使式（4.8）成立

$$P(M) = P(C \cup D) > P(C) + P(D) \quad (4.8)$$

则这两个联盟有合作的可能，在经济学上称为超可加性（也称协同效应），即 $1 + 1 > 2$。若一个联盟不满足超可加性，那么其成员也就没有形成联盟的动机，即使已形成联盟，也随时面临解散的风险。此外，$P(C \cup D) = P(C) + P(D)$ 称为联盟的可加性。

5. 博弈模型

灾害态势要素权重合作联盟的形成是为了进一步减少态势要素权重的误差，其模型可以表示为 k 个主成分之间的合作博弈：

$$G = \{K, (S_i)_{i \in K}, (V_i)_{i \in K}, P(C)\} \quad (4.9)$$

其中，V_i 为局中人 i（即第 i 个主成分）在合作博弈中的效用函数，即在一个特定的组合策略下局中人 i 期望得到的效用水平。对于 k 人合作博弈 $G = \{K, (S_i)_{i \in K}, (V_i)_{i \in K}, P(C)\}$，在分配集中，$P(K)$ 中不被任何分配优超的分配全体称为核心[284]。一个合作博弈的核心由满足如下方程的全体支付向量 $x = (x_i, x_2, \cdots, x_k)$ 组成。

$$\begin{cases} \sum_{i \in C} x_i \geqslant P(C) & (4.10) \\ \sum_{i \in K} = P(K) & (4.11) \end{cases}$$

其中，式（4.10）为个体理性条件，即 x 提供给联盟 P(C) 的收益不少于 C 自身所得的总收益 P(C)；式（4.11）为集体理性条件，即满足式（4.11）的支付向量使合作成员最大限度地获得合作带来的好处。

在灾害态势要素权重合作博弈中，第 i 个主成分确定灾害的第 ξ 个态势要素（$\xi = 1, 2, \cdots, m$）的权重记为 ω_i^ξ，对应的博弈方法确定的权重为 ω_G^ξ，其误差记为

$$e_i^\xi = \left| \omega_i^\xi - \omega_G^\xi \right| \tag{4.12}$$

为满足所有指标误差平方和最小的要求，构造非线性规划函数：

$$\begin{cases} \min \sum_{i=1}^n \sum_{\xi=1}^m (e_i^\xi)^2 \\ \text{s.t.} \quad \sum_{\xi=1}^m \omega_G^\xi = 1 \end{cases} \tag{4.13}$$

6. 博弈目标

灾害态势要素权重合作博弈的目标是满足整体权重误差平方和最小，从而实现整体效用最大化。此处，局中人 i 的效用函数采用误差的倒数表示，即 $V_i = \sum_{\xi=1}^m \frac{1}{|e_i^\xi|}$，则合作联盟 C 的目标函数为

$$V = \max \sum_{i=1}^n V_i = \max \sum_{i=1}^n \sum_{\xi=1}^m \frac{1}{|e_i^\xi|} \tag{4.14}$$

4.4.3 合作博弈模型求解

采用 Shapley 值法求解上述合作博弈 G 应该首先满足如下三个公理[285]。

1. 有效性公理

假设对所有包含 i 的子联盟 $C \subset K$ 都有 $P(C \setminus \{i\}) = P(C)$，则有 $P(C) = 0$；同时，合作联盟中所有成员收益满足：$P(K) = \sum_{i=1}^n P(i)$，$P(K)$ 为合作联盟的总收益，该公理体现了不劳不得的原则。

2. 对称性公理

假设局中人 $i \in K, j \in K$，对任一子联盟 $C \subset K \setminus \{i, j\}$，总有 $P(C \cup i) = P(C \cup j)$，则有 $P_i = P_j$。该公理表明在合作博弈 G 中每一个局中人都是平等关系，体现了同工同酬的原则。

3. 累加性公理

对合作博弈 G 中任意两个子联盟 $C \subset K, D \subset K$,有 $P_i(C+D) = P_i(C) + P_j(D)$。该公理体现了多劳多得的原则,即在合作博弈 G 中每一成员展开了多项相互独立的合作,则所得收益为各项独立合作的收益之和。

如果一个合作博弈 G 满足上述三条公理,则 Shapley 值法可以确定 G 的唯一解以达成合作博弈的目标,即

$$\omega_i(P) = \sum_{i \in C \subseteq N} \frac{(|C|-1)(|K|-|C|)!}{|K|!}[P(C) - P(C \setminus \{i\})] \qquad (4.15)$$

其中,$|C|$ 为联盟 C 中局中人的个数;$P(C \setminus \{i\})$ 为局中人 i 离开联盟 C 后联盟的收益值。

4.5 实 证 分 析

本文选取 2006~2018 年造成重大灾害损失的 13 个台风作为样本,具体数据如表 4.1 所示(台风相关数据以台风登陆地区公布的数据为依据)。台风采用编号表示,比如 1409 表示 2014 年第 9 号"威马逊"超强台风。表 4.1 中的数据主要来源于《热带气旋年鉴》[286]、《中国海洋灾害公报》[287]、《中国统计年鉴》[288]、中国天气台风网[289]、中国气象数据网[290]、中国应急信息网[291]、中国统计信息网[292]。

表 4.1 台风样本数据

要素	0608	0709	0814	0915	1013	1117	1210	1311	1409	1522	1614	1713	1822
x_1	920	985	945	970	970	960	975	955	910	935	940	945	955
x_2	60	33	48	35	35	40	35	42	70	52	52	48	45
x_3	33	108	37	19	25	21	35	94	34	18	59	43	27
x_4	213	281	309	331	180	361	198	344	544	335.5	251	180	250
x_5	260	522	366	356	192	401	261	656	581	514	368	256	426
x_6	4.01	1.97	2.70	2.10	1.62	3.99	1.78	3.20	3.92	2.32	2.88	2.79	3.39
x_7	284.8	219.1	250.0	253.9	227.1	42.5	533.7	250.8	42.4	250.6	117.7	250.0	215.1
x_8	15.78	11.21	22.19	22.59	11.21	2.60	25.88	23.60	2.65	24.16	11.21	24.68	25.20
x_9	5.9%	11.3%	5.5%	5.1%	9.5%	26.2%	6.3%	4.9%	23.1%	4.6%	8.3%	4.2%	4.0%
x_{10}	0.15	0.08	0.20	0.22	0.12	0.07	0.35	0.35	0.10	0.41	0.24	0.50	0.54
x_{11}	472	295	531	536	304	248	738	592	267	604	319	622	631
x_{12}	75.93	43.22	111.81	133.53	82.73	16.11	317.07	228.59	29.88	300.31	229.28	374.78	352.87
x_{13}	19.09	10.00	35.07	36.09	13.15	1.85	45.81	48.30	2.52	53.11	19.69	59.59	63.23

续表

要素	0608	0709	0814	0915	1013	1117	1210	1311	1409	1522	1614	1713	1822
x_{14}	3.14	2.56	3.76	4.05	3.89	2.88	6.83	5.84	3.89	6.71	7.36	8.05	8.57
x_{15}	1.09	1.00	1.33	1.47	1.44	1.19	1.75	2.14	1.46	2.14	2.10	2.52	2.72
x_{16}	0.487	0.484	0.491	0.490	0.481	0.477	0.474	0.473	0.469	0.462	0.465	0.467	0.474
x_{17}	3.51%	3.89%	2.56%	2.60%	3.77%	1.73%	3.14%	2.43%	2.25%	2.45%	3.86%	2.47%	2.41%
x_{18}	7.85%	8.68%	9.54%	8.86%	9.05%	9.08%	9.47%	9.47%	9.23%	9.81%	9.82%	9.30%	9.41%
x_{19}	52.5%	48.7%	63.3%	63.4%	48.0%	50.5%	63.0%	67.8%	53.8%	68.7%	63.6%	69.2%	70.7%
x_{20}	8.06	7.75	8.77	8.87	8.20	8.88	9.26	9.23	9.10	9.50	8.73	9.70	9.92
x_{21}	43.09	30.72	40.28	42.89	36.77	45.02	50.00	51.01	56.67	72.17	60.35	78.43	66.70
x_{22}	27.77	25.69	24.31	25.98	30.03	31.61	38.76	35.49	37.09	39.17	46.15	44.14	45.60
x_{23}	90	72	102	103	75	65	144	113	73	120	88	122	121
x_{24}	729	607	1179	1277	1147	613	1643	1788	942	2594	2369	3854	4111
x_{25}	83.5%	83.8%	84.5%	84.1%	84.6%	84.9%	80.3%	72.0%	78.8%	81.0%	82.2%	85.3%	87.0%
x_{26}	60.5%	50.5%	85.7%	92.9%	81.8%	76.6%	94.3%	100%	94.5%	100%	100%	100%	100%

注：x_1 为登陆时中心最低气压（百帕）；x_2 为登陆时最大风速（米/秒）；x_3 为持续时间（小时）；x_4 为日最大降雨量（毫米）；x_5 为过程降雨量极值（毫米）；x_6 为风暴增水极值（米）；x_7 为农作物种植面积（万公顷①）；x_8 为房屋总间数（×10^2 万间）；x_9 为农业产值比重；x_{10} 为经济密度（亿元/千米²）；x_{11} 为人口密度（人/千米²）；x_{12} 为固定资产投资（×10^2 亿元）；x_{13} 为电力消耗量（×10^2 亿千瓦·时）；x_{14} 为人均 GDP（万元/人）；x_{15} 为城乡居民人均收入差距（万元）；x_{16} 为基尼系数；x_{17} 为失业率；x_{18} 为财政对农业支出比重；x_{19} 为城市化率；x_{20} 为人均受教育年限（年）；x_{21} 为每万人医护人员数（人）；x_{22} 为每万人医疗机构床位数（张）；x_{23} 为区域内公路密度（千米/100 千米²）；x_{24} 为人均保险费用（元）；x_{25} 为预报准确率；x_{26} 为移动电话普及率

4.5.1 态势要素初始权重确定

采用 MATLAB[293]编程求解各主成分特征值、特征向量、贡献率以及累计贡献率（表4.2），模型改进前后关键态势要素提取结果对比如表 4.3 所示。

表 4.2 各主成分特征值、特征向量贡献率以及累计贡献率

主成分		F_1	F_2	F_3	F_4	F	$F_{improved}$
特征值	x_1	−0.2282	−0.2315	0.1363	0.0294	−0.1404	−0.1528
	x_2	0.2852	0.0845	0.0251	−0.1531	0.1387	0.1489
	x_3	0.2905	0.0394	−0.0196	−0.1964	0.1241	0.1290
	x_4	0.0791	0.1143	0.4597	0.1937	0.1146	0.1501
	x_5	0.2794	−0.0145	−0.0193	0.0062	0.1223	0.1329
	x_6	0.2709	−0.0901	0.0102	0.1249	0.1131	0.1264

---

① 1公顷等于 10 000 平方米。

续表

主成分		F_1	F_2	F_3	F_4	F	$F_{improved}$
特征值	x_7	0.1187	0.2833	−0.2124	0.2987	0.1199	0.1404
	x_8	0.1080	0.2910	−0.1757	0.2709	0.1178	0.1386
	x_9	−0.0450	0.0778	0.2617	0.0097	0.0198	0.0325
	x_{10}	−0.0794	0.3109	0.1982	0.2112	0.0648	0.0917
	x_{11}	−0.0030	0.2153	0.4975	0.1943	0.1028	0.1407
	x_{12}	−0.0474	0.3013	−0.1456	0.2774	0.0524	0.0685
	x_{13}	0.1260	−0.3055	0.0019	0.1374	0.0008	−0.009
	x_{14}	0.2360	−0.2009	0.0210	0.2186	0.0809	0.0923
	x_{15}	−0.1934	0.2597	−0.0076	−0.1641	−0.0435	−0.0479
	x_{16}	−0.2145	0.1983	−0.0431	−0.0852	−0.0637	−0.0698
	x_{17}	0.2425	−0.1415	−0.0218	0.2493	0.0954	0.1092
	x_{18}	−0.1530	−0.2394	−0.1114	0.3044	−0.1089	−0.1174
	x_{19}	−0.0721	−0.2520	0.0491	−0.2090	−0.0992	−0.1195
	x_{20}	−0.1720	−0.1266	−0.2042	0.3090	−0.1004	−0.1086
	x_{21}	−0.2005	−0.0344	−0.0470	−0.1370	−0.1126	−0.1302
	x_{22}	−0.2014	−0.1809	0.0526	0.0024	−0.1263	−0.1401
	x_{23}	−0.1957	−0.1957	0.0057	0.3027	−0.1088	−0.1124
	x_{24}	−0.2643	0.1212	0.0058	−0.1934	−0.1070	−0.1209
	x_{25}	−0.2362	−0.0130	0.0188	0.1044	−0.1006	−0.1059
	x_{26}	−0.1683	−0.1646	0.0661	0.1001	−0.0994	−0.1064
特征根		11.7845	5.7063	2.2220	1.9212		
贡献率		0.4533	0.2194	0.0855	0.0739		
累计贡献率		0.4533	0.6727	0.7582	0.8321		

表 4.3 模型改进前后关键态势要素提取结果对比

排序	①	②	③	④	⑤	⑥	⑦	⑧	⑨	⑩
F	x_1	x_2	x_{22}	x_3	x_5	x_7	x_8	x_4	x_6	x_{21}
$F_{improved}$	x_1	x_4	x_2	x_{11}	x_7	x_{22}	x_8	x_5	x_{21}	x_3

从表 4.2 可知，前 4 个主成分的累计贡献率为 0.8321，满足大于 80% 的要求，因此可以选择前 4 个主成分进行台风灾害综合态势描述，即

$$F = 0.4533F_1 + 0.2194F_2 + 0.0855F_3 + 0.0739F_4 \qquad (4.16)$$

而每一个主成分又由 26 个态势要素线性构成，即

$$\begin{cases} F_1 = -0.2282x_1 + 0.2852x_2 + \cdots - 0.1683x_{26} \\ F_2 = -0.2315x_1 + 0.0845x_2 + \cdots - 0.1646x_{26} \\ F_3 = 0.1363x_1 + 0.0251x_2 + \cdots + 0.0661x_{26} \\ F_4 = 0.0294x_1 - 0.1531x_2 + \cdots + 0.1001x_{26} \end{cases} \quad (4.17)$$

将式（4.17）代入式（4.16）得

$$F = -0.1404x_1 + 0.1387x_2 + \cdots - 0.0994x_{26} \quad (4.18)$$

式（4.18）中 F 的系数参见表 4.2（倒数第 2 列），26 个态势要素系数的大小反映了对灾害严重程度的影响，系数越大说明对灾害影响越重要。另外，系数前面的正负号分别表示对灾害的正向影响和负向影响，比如态势要素登陆时中心最低气压（x_1）的系数为负，表示台风中心气压越低，造成的灾害越严重。通过对 26 个态势要素系数绝对值大小的比较，排名前 10 的关键态势要素为登陆时中心最低气压（x_1）、登陆时最大风速（x_2）、每万人医疗机构床位数（x_{22}）、持续时间（x_3）、过程降雨量极值（x_5）、农作物种植面积（x_7）、房屋总间数（x_8）、日最大降雨量（x_4）、风暴增水极值（x_6）、每万人医护人员数（x_{21}）。

4.5.2 基于合作博弈的态势要素权重优化

现将描述极端气象灾害态势的 4 个主成分（F_1, F_2, F_3, F_4）构成一个合作博弈的局中人集合，记为 $K = \{i = 1, 2, 3, 4\}$，而 4 个主成分中的某一个或几个所形成的集合构成此合作博弈中的一个联盟，则该合作博弈的联盟共有如下几种形式：$\varnothing$，$\{F_1\}$，$\{F_2\}$，$\{F_3\}$，$\{F_4\}$，$\{F_1, F_2\}$，$\{F_1, F_3\}$，$\{F_1, F_4\}$，$\{F_2, F_3\}$，$\{F_2, F_4\}$，$\{F_3, F_4\}$，$\{F_1, F_2, F_3\}$，$\{F_1, F_2, F_4\}$，$\{F_1, F_3, F_4\}$，$\{F_2, F_3, F_4\}$，$\{F_1, F_2, F_3, F_4\}$。

上述联盟的收益函数按照主成分中各自的贡献率求取，具体如下。

$P(\varnothing) = 0$，$P(\{F_1\}) = 0.4533$，$P(\{F_2\}) = 0.2194$，$P(\{F_3\}) = 0.0855$，$P(\{F_4\}) = 0.0739$，$P(\{F_1, F_2\}) = 0.6727$，$P(\{F_1, F_3\}) = 0.5388$，$P(\{F_1, F_4\}) = 0.5272$，$P(\{F_2, F_3\}) = 0.3049$，$P(\{F_2, F_4\}) = 0.2933$，$P(\{F_3, F_4\}) = 0.1594$，$P(\{F_1, F_2, F_3\}) = 0.7582$，$P(\{F_1, F_2, F_4\}) = 0.7466$，$P(\{F_1, F_3, F_4\}) = 0.6127$，$P(\{F_2, F_3, F_4\}) = 0.3788$。

另外，将极端气象灾害态势要素提取的 4 个主成分的权重分别设为 $\omega_1, \omega_2, \omega_3, \omega_4$，且满足 $\omega_1 + \omega_2 + \omega_3 + \omega_4 = 1$，$0 \leqslant \omega_1, \omega_2, \omega_3, \omega_4 \leqslant 1$，故有 $P(\{F_1, F_2, F_3, F_4\}) = 1$。

上述合作博弈满足 Shapley 值法求解的三个公理，故依据方程（4.15）求解该合作博弈的核心如下：

$$\omega_1(P) = \frac{0!3!}{4!}[P(\{F_1\}) - P(\varnothing)] + \frac{1!2!}{4!}[P(\{F_1, F_2\}) - P(\{F_2\})]$$

$$+ \frac{1!2!}{4!}[P(\{F_1, F_3\}) - P(\{F_3\})] + \frac{1!2!}{4!}[P(\{F_1, F_4\}) - P(\{F_4\})]$$

$$+ \frac{2!1!}{4!}[P(\{F_1, F_2, F_3\}) - P(\{F_2, F_3\})]$$

$$+ \frac{2!1!}{4!}[P(\{F_1, F_2, F_4\}) - P(\{F_2, F_4\})]$$

$$+ \frac{2!1!}{4!}[P(\{F_1, F_3, F_4\}) - P(\{F_3, F_4\})]$$

$$+ \frac{3!0!}{4!}[P(\{F_1, F_2, F_3, F_4\}) - P(\{F_2, F_3, F_4\})]$$

$$= 0.4954$$

同理可求得 $\omega_2(P) = 0.2615$，$\omega_3(P) = 0.1274$，$\omega_4(P) = 0.1157$。

将所求的 $\omega_1(P), \omega_2(P), \omega_3(P), \omega_4(P)$ 代入

$$F_{\text{improved}} = 0.4954F_1 + 0.2615F_2 + 0.1274F_3 + 0.1157F_4 \quad (4.19)$$

则有

$$F_{\text{improved}} = -0.1528x_1 + 0.1489x_2 + \cdots - 0.1064x_{26} \quad (4.20)$$

式（4.20）中 F_{improved} 的系数参见表 4.2 最后一列，排名前 10 的关键态势要素为：登陆时中心最低气压（x_1）、日最大降雨量（x_4）、登陆时最大风速（x_2）、人口密度（x_{11}）、农作物种植面积（x_7）、每万人医疗机构床位数（x_{22}）、房屋总间数（x_8）、过程降雨量极值（x_5）、每万人医护人员数（x_{21}）、持续时间（x_3）。此时，根据式（4.13）求得最小总体误差平方和为

$$e^2 = \sum_{i=1}^{4}\sum_{\xi=1}^{26}(e_i^\xi)^2 = 0.007 \quad (4.21)$$

则最小总体误差 $e = 0.0836$。

4.5.3 结果对比分析

通过对比分析模型改进前后的前 10 个关键态势要素提取结果（表4.3），可以得出如下结论。

（1）所设计的灾害态势要素提取模型是有效的。如前所述，为了完整地提取台风灾害关键态势要素，需要从致灾体、承灾体和救灾体等三个方面进行提取。本章的灾害态势要素提取模型本着这一原则设计，从提取结果来看，10 个关键态势要素分别分布在致灾体、承灾体和救灾体中，并且致灾体中的态势要素占主导地位，故模型构建满足了设计要求。另外，本

模型提取结果与文献[294]的分析结论基本一致，也间接说明该模型是有效的和可行的。

（2）如表 4.3 所示，台风登陆时中心最低气压（x_1）这个描述台风灾害的最为关键的态势要素在提取模型改进前后都排在第 1 位，这是符合科学事实的。根据台风形成原理可知，台风中心气压的高低是形成台风风速大小和降雨量多少的内在动因。一般情况下，台风中心气压越低，空气流动就越快，从而形成的风速和降雨量越大，破坏力就越强。另外，从 13 个台风样本来看，也符合这一规律，即中心气压越低，所形成的风速越大，雨量也越大。

（3）从式（4.19）可知，第一、第二、第三、第四主成分的权重分别为 49.54%、26.15%、12.74%、11.57%，这与式（4.16）中分别以四个贡献率（45.33%、21.94%、8.55%、7.39%）作为主成分的权重有很大不同，这是因为本章给出的权重是基于合作博弈模型算出的，具有客观性。另外，由于权重的变化，各态势要素在表 4.3 中的排序也发生了明显的变化，尤其是日最大降雨量（x_4）由原来的第 8 位上升到了第 2 位，排在前 3 位的核心态势要素分别为：登陆时中心最低气压（x_1）、日最大降雨量（x_4）、登陆时最大风速（x_2），这也是与实际情况相符的，因为台风灾害的严重程度主要由上述三个核心态势要素影响。

（4）态势要素提取模型改进后也出现了一些新问题，需要进一步探索和完善。比如该态势要素提取模型改进后，影响灾害态势的关键要素风暴增水极值（x_6）跌出了前 10 的位置（如表 4.3 所示，在模型改进前 x_6 虽然比较靠后，但仍处于第 9 位），这一点是违背台风灾害常识的。据相关资料统计[295, 296]，台风一般都会引发不同程度的风暴潮，并且目前每年因台风引发较强风暴潮的频率有增大的趋势，由此造成的灾害损失也越来越严重。出现上述情况的原因大概有两个方面：一方面可能是模型本身存在不足，比如在数据处理过程中，各指标数据是按线性处理的，而实际上有些指标数据之间可能是非线性的，这必然导致提取结果出现偏差；另一方面可能是采用的样本数据太少（仅 13 个台风样本），不具有完整的代表性。

4.6 小　　结

突发事件态势要素提取是灾害态势预测和态势威胁评估的前提和基础，而在大数据时代背景下，在海量的灾害数据中快速高效地提取灾害态势要素显得尤为重要。为此，本章从致灾体、承灾体和救灾体等三个方面设计了自然灾害类中超强台风灾害态势要素提取框架模型，并确定了态势要素提取所遵从的原则，随后采用当前较为流行的主成分分析法构建极端气象灾害态势要素提取模型，以便实现对海量的灾害数据进行数据降维和关键态势要素提取。鉴于主成分分析法在态势要素权重确定过程中存在明显的主观性，引入合作博弈的思想，将各主成分映射为合作博弈中的局中人，从而构建了基于合作博弈的态势要素权重优化算法。实证结果表明，改进后的态势要素提取模型更加合理和有效，也更具有解释力。另外，改进后的模型也存在不足之处，比如关键态势要素 x_6 没有被提取，故该提取模型需要进一步地探索和完善，这也为下一步的研究工作指明了方向。

第5章 基于隐马尔可夫链改进的非常规突发事件态势预测模型构建

极端气象灾害事件属于一类特殊的非常规突发事件，从概率的角度来讲，属于小概率事件，但造成的破坏和损失往往相当严重，比如2019年7月23日贵州水城因暴雨引发山体滑坡，21幢房屋被埋，造成重大人员伤亡和财产损失（贵州水城"7·23"特大山体滑坡灾害），其中43人死亡，9人失踪[297]。类似这种极端灾害的非常规突发事件来临时，由于信息的高度缺失、时滞和失真，通常会造成应急决策者高度紧张和巨大压力，而时间的紧迫性又要求应急决策者必须在极短的时间内做出重大决策。因此，对应急决策来说，此时最关心的事情是，极端灾害目前处于什么状态？下一步将如何演化？只有大致弄清楚这些情况后才能制定具有针对性的应急措施，并实施高效处置与救援。态势感知是一种基于环境动态、整体地洞悉风险的能力，是以大数据为基础，从全局视角提升对威胁的发现识别、理解分析、响应处置能力的一种方式，最终是为了决策与行动，因此设计实时感知极端灾害状态的方法有重要的理论和现实意义。

5.1 非常规突发事件态势预测研究的相关概念及其研究必要性

态势感知[215, 216]是在一定的时空条件下，对环境因素的获取、理解以及对未来状态的预测。由此可见，态势预测是态势感知中最核心的部分。它首先源于对航天飞行中人的因素的研究，此后在网络安全、军事战场等领域得到较为充分的研究和应用。目前，国内外学者围绕态势感知对突发事件的应急管理展开了探索性研究。比如，Turoff等[217]首次提出把信息的态势感知引入突发事件应急管理中。Feng等[218]构建了由共享的态势感知和独立行为主体构成的决策支持系统模型。Seppänen等[298]对应急处置与救援行动中态势感知共享的影响因素进行了研究。Luokkala和Virrantaus[219]开发了时间约束条件下危机态势感知的信息系统。曾大军和曹志冬[239]提出了一整套应用大数据实现突发事件态势感知与决策支持的理论解决方案。

陈凌和孙晓宇[225]通过对态势感知的发展及其应用的分析，揭示了信息态势感知在政府危机中的作用。朱娜娜等[299]构建了基于社会传感器的网络安全态势感知及应急管理模型，通过网民行为、情感、态度等数据感知网络社会与现实社会的安全态势，并结合计算机仿真系统，以实时数据分析为导向，解决具体突发事件。黄伟等[275]对基于态势感知技术的电网台风预警防御框架进行了研究，以期为近年来频发的台风灾害应对提供帮助。

上述针对非常规突发事件态势感知的研究缺少具有可操作性的研究成果，并且对极端气象灾害态势感知方法的研究尚未检索到。因此，本章首先以极端气象灾害事件为对象设计非常规突发事件态势演化框架，尝试构建面向信息不完全的极端气象灾害态势预测方法，以便对极端灾害态势进行精准感知，从而为应急决策者提供决策支持。

5.2 问题描述与模型构建

5.2.1 极端气象灾害态势演化的隐马尔可夫链描述

极端气象灾害事件的演化过程可类似于一个隐马尔可夫状态转移过程，即隐马尔可夫链过程（如图5.1所示，为一个四阶段状态转移模型），在不同的阶段有其子事件（状态）与之对应。因此假定，在极端气象灾害

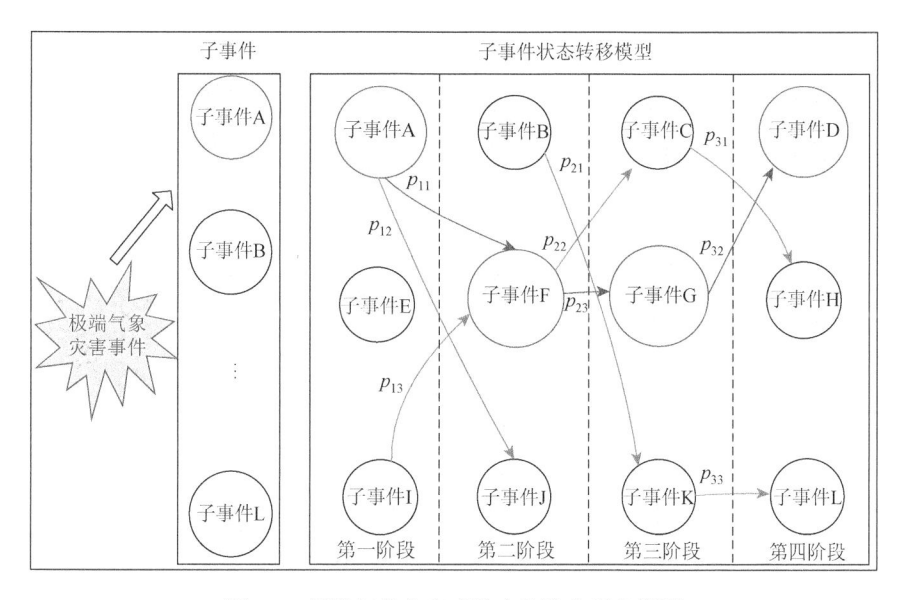

图5.1 极端气象灾害事件态势演化框架模型

演化过程中后一阶段子事件的发展仅取决于当前阶段子事件的状态，而与过去的子事件没有关系，即可以认为事件过去所有的信息都包含在当前子事件（状态）中。比如超强台风往往伴随大风和暴雨，而暴雨可能引发洪水，进而引发泥石流等一系列灾害。根据上述假设，第三阶段的泥石流灾害仅与第二阶段的洪水有关，而与第一阶段的暴雨没有直接关系。这样，整个极端气象灾害事件的态势演化过程就满足隐马尔可夫状态转移模型的基本前提假设，此时极端气象灾害事件当前状态分布可表示为

$$P\left(s_t = s_j \mid s_{t-1}, \cdots, s_1\right) = P\left(s_t = s_j \mid s_{t-1}\right) \tag{5.1}$$

据上分析可知，利用隐马尔可夫状态转移模型设计极端气象灾害事件态势感知方法成为可能。

5.2.2　隐马尔可夫状态转移模型构建

如前所述，由于信息的不完全性，极端气象灾害事件的真实状态很难在短时间内被应急决策者掌握，应急决策者只能从观察到的现象（被称为观测值）中推测其真实状态（被称为隐含状态），如对于暴雨是否引发市内洪涝灾害、水库溃坝、山体滑坡，应急决策者只能通过暴雨导致的一些现象（比如观察到的暴雨持续时间与积水情况）去推测可能造成灾害事件的真正状态，即通过观测值来估计隐含状态。

极端气象灾害事件的状态是由其内在属性决定的，而属性是对灾害事件某一方面性质的描述，比如灾害事件的类型属性、级别属性、空间属性、时间属性等。灾害事件的属性要素提取是一个组合优化问题，复杂程度高，需要专门的搜索算法来解决[300]。为了简化问题分析，在极端气象灾害事件诸多属性中选取事件的类型和等级这两个主要属性来描述其状态，即极端气象灾害事件的状态空间 S 包含灾害类型 L 和灾害等级 D（记为 $S = L \times D$，$s_r = (l_i, d_j)$，$l_i \in L$，$d_j \in D$）。若极端气象灾害事件有 k 种类型（ $k = |L|$ ）和 m 个等级（ $m = |D|$ ），则极端气象灾害事件共有 $|S| = km$ 个状态。比如某次超强台风，可能造成城市内涝和泥石流2种灾害，即 $n = 2$；依据自然灾害等级分级[301]：Ⅰ级（特别重大）、Ⅱ级（重大）、Ⅲ级（较大）和Ⅳ级（一般），即 $m = 4$，则此次超强台风灾害共有 $|S| = 2 \times 4 = 8$ 个状态，依次表示如下：

$s_1 = $（城市内涝, Ⅰ）；$s_2 = $（城市内涝, Ⅱ）；$s_3 = $（城市内涝, Ⅲ）

$s_4 = $（城市内涝, Ⅳ）；$s_5 = $（泥石流, Ⅰ）；$s_6 = $（泥石流, Ⅱ）

$s_7 = $（泥石流, Ⅲ）；$s_8 = $（泥石流, Ⅳ）

标准的 5 元组隐马尔可夫状态转移模型如下[302]：

$$HMM = (\mu, S, O, A, B) \tag{5.2}$$

其中，μ 为初始状态概率分布；$S = \{s_1, s_2, \cdots, s_n\}$ 为极端气象灾害事件的状态集合（隐变量）；$O = \{o_1, o_2, \cdots, o_n\}$ 为极端气象灾害事件的观测序列；$A = (a_{ij})$ 为极端气象灾害事件的状态转移矩阵；$B = (b_t^j(o_t))$ 为输出概率矩阵。

5.2.3 模型参数设定

利用隐马尔可夫状态转移模型对极端气象灾害进行态势感知时，各个参数含义如下。

（1）μ 为极端气象灾害初始状态概率分布。

（2）$S = \{s_1, s_2, \cdots, s_n\}$ 为极端气象灾害事件的状态集合（隐变量）。

（3）$O = \{o_1, o_2, \cdots, o_n\}$ 为极端气象灾害事件的观测序列。

（4）$A = (a_{ij})$ 为极端气象灾害事件的状态转移矩阵，$a_{ij} = P(s_{t+1} = s_j | s_t = s_i)$ 表示极端气象灾害事件 t 阶段状态 s_i 向 $t+1$ 阶段状态 s_j 转化的概率。

极端气象灾害事件虽然在当时由灾害信息的不完全导致决策者无法判断其真实状态，但是在事后或者稍后的决策中，由于灾害信息的逐渐完善，灾害事件的状态是可以确定的，即灾害的事后状态是可以观察的。另外，对于相似的灾害事件，其演化基本上遵循相同的规律，即通过统计与当前灾害事件相似的历史事件的演化过程，就可以判断当前灾害事件的发展规律。因此，可以直接从以往发生的极端气象灾害事件的历史数据中挖掘当前极端气象灾害事件的状态转移概率。

根据假设条件，极端气象灾害态势演化满足马尔可夫链假设，只要通过统计与分析极端气象灾害事件的历史资料，就可以确定各子事件之间的状态转移概率。比如超强台风往往会有暴雨，随后可能造成城市内涝、山体滑坡、泥石流、水库溃坝等一系列灾害子事件。通过统计我国某城市 1983 年至 2023 年的超强台风灾害，假定一共有 $N_{暴雨}$ 次从暴雨出发的状态转移，其中转化成城市内涝灾害的次数为 $N_{暴雨,内涝}$ 次，则状态转移概率可确定如下：

$$P(s_{t+1} = 内涝 | s_t = 暴雨) = \frac{N_{暴雨,内涝}}{N_{暴雨}} \tag{5.3}$$

当然，其他灾害事件之间的状态转移概率求法类似式（5.3）。特别规定：有些子事件之间存在确定的单向转化关系，此时记 $P_{ij} = 1$；有些子事件之间不会发生转移，则记 $P_{ij} = 0$。

（5） $B=(b_t^j(o_t))$ 为输出概率矩阵。$b_t^j(o_t)$ 表示极端气象灾害在 t 阶段给定状态 s_j 下观测值 $o_t(t=1,2,\cdots,N)$ 出现的概率。输出概率矩阵 $B=(b_t^j(o_t))$ 属于主观概率矩阵，是应急决策者在 t 阶段给定灾害状态 s_j 下观察到灾害现象（信息）o_t 的条件概率分布，具体公式如下：

$$b_t^j(o_t)=P(o_t|s_j),\ t=1,2,3,\cdots,N \tag{5.4}$$

5.2.4 基于隐马尔可夫链改进的极端气象灾害态势感知方法及其步骤

对于应急决策者来说，只有在了解极端气象灾害事件的真正状态之后，才能采取有针对性的应急措施。但是在灾害事件的发展过程中由于信息的高度缺失，所观察到的往往是灾害事件的表象，应急决策者需要通过灾害事件的表象估计其真实状态，即应急决策者根据现有的观测值（信息），结合自己的主观判断估计其隐状态序列，这一过程被称为灾害态势感知。

在极端气象灾害初始阶段（第一阶段）即 $t=1$ 阶段，由于灾害信息缺乏，其初始状态概率分布 μ 分如下两种情况确定。

（1）灾害信息完全缺失，即应急决策者对极端气象灾害事件无任何先验知识（对灾害信息一无所知），则初始状态概率分布 μ 取等值，即 $\mu_i=\dfrac{1}{|S|}$（$|S|$ 为状态总数）。

（2）灾害信息部分缺失，即应急决策者获得极端气象灾害的部分信息，但不完全，此时应急决策者可以借鉴专家知识并结合自己的判断确定初始状态概率分布 μ 的大小。

因第一种情况在现实中基本不存在，故不赘述；第二种情况则比较常见，此时极端气象灾害的初始状态概率分布按照贝叶斯公式进行修正：

$$\mu_i(s_i|X_i)=\frac{\mu(X_i|s_i)\mu(s_i)}{\sum_{i=1}^{n}\mu(X_i|s_i)\mu(s_i)} \tag{5.5}$$

其中，$\mu(s_i)$ 为极端气象灾害处于初始状态 s_i 的先验概率；$\mu_i(s_i|X_i)$ 为获得极端气象灾害信息 X_i 后，在条件概率 $\mu(X_i|s_i)$ 已知的情况下应急决策者对灾害初始状态判断的后验概率。

在观测到当前灾害事件的现象（o_1）后，应急决策者估计不同状态下观测到 o_1 的概率即确定输出矩阵 B_1，则灾害事件处于状态 s_i 的似然值按式（5.6）确定。

$$P(s_i|o_1)\propto L(s_i|o_1)=P(o_1|s_i)P(s_i)=b_1^i(o_1)\mu_i \tag{5.6}$$

此时，应急决策者判定当前灾害事件最有可能的状态为

$$s_1^* = \arg\max_{0 \leqslant i \leqslant |S|} L(s_i | o_1) \tag{5.7}$$

那么在初始阶段（$t=1$）最佳隐变量序列确定为 $\{s_1^*\}$。另外，根据极端气象灾害事件的历史统计资料确定状态转移矩阵 $A=(a_{ij})$，随后应急决策者预测第二阶段（$t=2$）极端气象灾害最有可能的状态为

$$s_2^* = \arg\max_{0 \leqslant i \leqslant |S|} P(s_i | s_1^*) \tag{5.8}$$

则此时的最优隐状态序列为 $\{s_1^*, s_2^*\}$，应急决策者根据确定的最优状态序列制定相应的极端气象灾害应急方案并加以实施。

当灾害事件进入第二阶段后，随着灾害信息的不断完善，应急决策者对灾害事件状态演化序列 $\{s_1^*, s_2^*\}$ 进行修正并采取应对措施，然后对灾害事件第三阶段（$t=3$）的可能状态进行预测并采取措施。重复上述决策过程，直到灾害事件得到有效控制和消除为止。

5.3 实例分析

以超强台风"威马逊"造成海口市城市洪涝灾害为例说明该方法的具体应用过程。超强台风"威马逊"于2014年7月18日下午3时从文昌市登陆，横扫整个海南省。相关气象资料显示，海口市从2014年7月17日早上开始普降暴雨，晚上为大暴雨；7月18日超强台风登陆时为特大暴雨。为了简要说明问题，将这段时间内超强台风带来的强降雨过程分为三个阶段，即暴雨阶段（o_1）、大暴雨阶段（o_2）和特大暴雨阶段（o_3）；城市洪涝灾害的状态分为不严重（s_1）和严重（s_2）两种（s_1 状态对应的处置措施为 δ_1，s_2 状态对应的处置措施为 δ_2）。现假定洪涝灾害态势演化过程满足隐马尔可夫状态转移模型基本前提假设，其状态转移概率依据海南省1983年至2023年的台风灾害资料统计所得[303-306]，初始状态分布的先验概率根据决策者在最初阶段获得的部分台风信息并结合个人经验确定（此处假定 $\mu(s_1)=0.6$，$\mu(s_2)=0.4$）；由于灾害信息的缺失性与滞后性，应急决策者需要在两位应急专家的支持下进行决策，假定他们对决策方案制定的影响程度相同（ω），即 $\omega_1 = \omega_2 = 0.5$；另外，收集到灾害状态 $s_i(i=1,2)$ 的征兆信息为 X_i。所有相关数据如图5.2所示。现在应急决策者依据三个阶段观察到的降雨情况该如何制定应对方案？

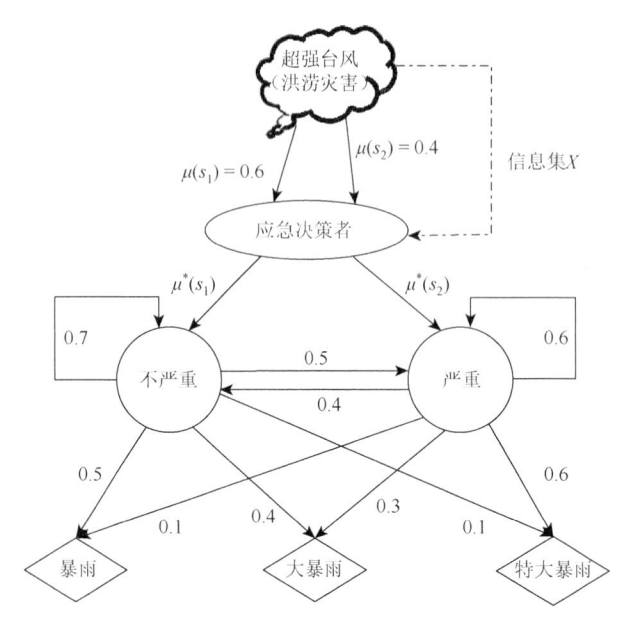

图 5.2 洪涝灾害态势感知

问题具体分析如下。

1. 确定模型参数

（1）计算灾害初始状态概率分布。

依据图 5.2 可知如下情况：洪涝灾害隐含状态分为不严重和严重，记为 $S=\{s_1,s_2\}$；应急决策者观察到的下雨状况为暴雨、大暴雨和特大暴雨，记为 $O=\{o_1,o_2,o_3\}$。

灾害初始状态分布的先验概率为 $\mu(s_1)=0.6$，$\mu(s_2)=0.4$；收集到灾害状态 s_i 的征兆信息为 X_i，假定专家此时给定的条件概率如下。

专家 1：

$$\begin{cases} \mu_1(X_1|s_1)=0.9, & \mu_1(X_2|s_1)=0.1 \\ \mu_1(X_1|s_2)=0.3, & \mu_1(X_2|s_2)=0.8 \end{cases}$$

专家 2：

$$\begin{cases} \mu_2(X_1|s_1)=0.8, & \mu_2(X_2|s_1)=0.2 \\ \mu_2(X_1|s_2)=0.1, & \mu_2(X_2|s_2)=0.7 \end{cases}$$

依据专家 1 给定的条件概率计算其后验概率：

$$\mu_1(s_1|X_1)=\frac{\mu_1(X_1|s_1)\mu(s_1)}{\mu_1(X_1|s_1)\mu(s_1)+\mu_1(X_1|s_2)\mu(s_2)}=0.82, \quad \mu_1(s_2|X_1)=0.18$$

$$\mu_1(s_1|X_2) = \frac{\mu_1(X_2|s_1)\mu(s_1)}{\mu_1(X_2|s_1)\mu(s_1) + \mu_1(X_2|s_2)\mu(s_2)} = 0.16, \quad \mu_1(s_2|X_2) = 0.84$$

同理计算专家 2 判断的后验概率：
$$\mu_2(s_1|X_1) = 0.92, \quad \mu_2(s_2|X_1) = 0.08$$
$$\mu_2(s_1|X_2) = 0.3, \quad \mu_2(s_2|X_2) = 0.7$$

依据海口市 7 月 17 日白天普降暴雨，晚上降大暴雨，7 月 18 日降特大暴雨等信息（征兆信息为 X_2），此时应急决策者借助两位专家的支持对灾害初始状态的判断修正如下：

$$\mu^*(s_1) = \omega_1 \mu_1(s_1|X_2) + \omega_2 \mu_2(s_1|X_2) = 0.24$$

则 $\mu^*(s_2) = 0.76$。

（2）状态转移矩阵为
$$A = \begin{pmatrix} 0.7 & 0.5 \\ 0.4 & 0.6 \end{pmatrix}$$

（3）输出概率矩阵为
$$B = \begin{pmatrix} 0.5 & 0.4 & 0.1 \\ 0.1 & 0.3 & 0.6 \end{pmatrix}$$

2. 第一阶段状态确定

在第一阶段观察到暴雨时，洪涝灾害最可能的状态确定如下。

$$P_1^1 = P(\text{第一阶段}s_1) = P(s_1^1) = P(o_1|s_1^1) \times \mu^*(s_1) = 0.5 \times 0.24 = 0.12$$
$$P_2^1 = P(\text{第一阶段}s_2) = P(s_2^1) = P(o_1|s_2^1) \times \mu^*(s_2) = 0.1 \times 0.76 = 0.076$$

因有 $P_1^1 > P_2^1$，故第一阶段洪涝灾害最可能的状态是不严重（s_1），应急决策者可以采用 δ_1 进行应对。

3. 第二阶段状态确定

在第二阶段观察到大暴雨时，洪涝灾害最可能的状态确定如下。

由第一阶段的状态不严重或者严重转到第二阶段的不严重或严重，有 4 种情况，即

$$P_1^2 = P(\text{第一阶段}s_1, \text{第二阶段}s_1) = P(s_1^1) \times P(s_1^1 \to s_1^2) \times b(o_2|s_1^2)$$
$$= 0.12 \times 0.7 \times 0.4 = 0.0336$$
$$P_2^2 = P(\text{第一阶段}s_1, \text{第二阶段}s_2) = P(s_1^1) \times P(s_1^1 \to s_2^2) \times b(o_2|s_2^2)$$
$$= 0.12 \times 0.5 \times 0.3 = 0.018$$
$$P_3^2 = P(\text{第一阶段}s_2, \text{第二阶段}s_1) = P(s_2^1) \times P(s_2^1 \to s_1^2) \times b(o_2|s_1^2)$$
$$= 0.076 \times 0.4 \times 0.4 = 0.01216$$

$$P_4^2 = P(第一阶段s_2,第二阶段s_2)=P(s_2^1) \times P(s_2^1 \to s_2^2) \times b(o_2|s_2^2)$$
$$= 0.076 \times 0.6 \times 0.3 = 0.01368$$

因有 $P_1^2 > P_2^2 > P_4^2 > P_3^2$，故第二阶段洪涝灾害最可能的状态仍是不严重（$s_1$），应急决策者可以继续采用 δ_1 进行应对。

4. 第三阶段状态确定

在第三阶段观察到特大暴雨时，洪涝灾害最可能的状态确定如下。

$$P_1^3 = P(第二阶段s_1,第三阶段s_1)=P(s_1^2) \times P(s_1^2 \to s_1^3) \times b(o_3|s_1^3)$$
$$= 0.0336 \times 0.7 \times 0.1 = 0.002352$$

$$P_2^3 = P(第二阶段s_1,第三阶段s_2)=P(s_1^2) \times P(s_1^2 \to s_2^3) \times b(o_3|s_2^3)$$
$$= 0.0336 \times 0.5 \times 0.6 = 0.01008$$

$$P_3^3 = P(第二阶段s_2,第三阶段s_2)=P(s_2^2) \times P(s_2^2 \to s_2^3) \times b(o_3|s_2^3)$$
$$= 0.01368 \times 0.6 \times 0.6 = 0.0049248$$

$$P_4^3 = P(第二阶段s_2,第三阶段s_1)=P(s_2^2) \times P(s_2^2 \to s_1^3) \times b(o_3|s_1^3)$$
$$= 0.01368 \times 0.4 \times 0.1 = 0.0005472$$

因有 $P_2^3 > P_3^3 > P_1^3 > P_4^3$，故第三阶段洪涝灾害最可能的状态是严重（$s_2$），应急决策者需要采用 δ_2 进行应对。

综上可知，应急决策者感知洪涝灾害在三个阶段的最佳状态序列为不严重、不严重和严重，即 $\{s_1^{1*},s_1^{2*},s_2^{3*}\}$；而海口市的实际情况是，7月17日白天和晚上，海口市城市内涝都不算严重，但从7月18日下午3时至下午6时左右，海口城市内涝已经相当严重，整个城市的交通处于瘫痪状态，致使海口市全面开启了"看海模式"，这说明模型感知结果与事实相符。

5.4 小　　结

非常规突发事件态势演化是应急决策者制定应急救援与处置方案的依据和前提。本章以极端气象灾害为对象研究非常规突发事件态势预测问题。鉴于整个极端气象灾害的态势演化过程类似于一个隐马尔可夫状态转移过程（随机过程），在对隐马尔可夫状态转移模型进行改进的基础上设计了面向信息不完全的非常规突发事件态势预测方法。通过实例分析介绍了该方法的应用过程和实际意义；同时该方法也为探索极端气象灾害态势演化规律提供了新的思路和途径。

第6章 基于案例匹配的非常规突发事件态势威胁评估方法

近些年来,世界各地非常规突发事件呈现频发多发态势,而且造成的损失比较严重,比如"卡特里娜"飓风给美国造成了巨大的财产损失和重大的人员伤亡,考验着应急决策者的应急决策水平和应急处置能力,而如何根据重大灾害的演化趋势快速进行态势威胁评估并制定相应的处置方案是应急决策者面临的首要问题。本章首先以证据理论为主要工具,构建基于多属性效用匹配的应急案例检索模型和求解算法,以便在重大灾害案例库中检索到与当前所发生的非常规突发事件相似的案例;随后对检索到的灾害案例从受灾人口、死亡人口、受灾面积、房屋毁损和直接经济损失五个方面进行综合灾情指数评估,并以该综合灾情指数为参考判断当前非常规突发事件的威胁状态。

6.1 案例推理及其应用分析

案例推理是一种借鉴历史案例经验来指导人们认识和解决问题的方法,该方法比较适用于信息缺失并且需要快速反应的应急决策领域。目前,基于案例推理的应急决策研究主要集中在两个方面。一是面向单一灾害领域的案例推理决策支持系统构建,比如,廖振良等[307]将案例推理技术引入突发性环境污染事件应急预案系统的设计中。徐亚博等[308]将基于结构和属性的双重情景检索的事故案例推理应急决策方法应用到地铁火灾应急决策中。高珊等[309]结合 GIS 的空间分析功能进行台风灾害案例推理模型的研究。宋英华等[310]为处理复杂城市洪灾应急案例检索问题,提出了结合归纳索引法和基于证据推理的应急案例检索技术的方法。二是面向通用性方面的研究,比如,汪季玉和王金桃[311]根据人工智能中的案例推理方法对已有危机案例进行检索和匹配,充分发挥了危机信息和知识对应急决策的辅助作用。靖可和赵希男[312]利用整体优势度对源案例与目标案例间的矢量距离进行辨识,从正向匹配和负向匹配的角度改进了检索策略。张明明[313]、李晶晶和朱红亚[314]在应急案例检索算法中设计了一种基于结构相似度和属性相似度的双重案例检索算法。王宁等[315]通过案例情景划分及不同情景片段中知识元实例间的相似度计算，寻求包含与目标情景相似的情景片段的源案例；王光源[316]也做过类似的研究。从上述研究中可以看出，对于面向单一灾害领域的案例推理系统，其案例的结构表示和检索都严重依赖于专业领域知识，故其拓展性不强；而面向通用性方面的研究因突发事件种类繁多，尤其是突发事件，演化过程异常复杂，常常伴有衍生或者次生事件发生，有时很难检索到与当前突发事件相似的案例，因而可能导致检索系统失效。为此，本章首先以证据理论为主要工具，构建基于多属性效用匹配的应急案例检索模型和求解算法，以便在重大灾害案例库中检索到与当前所发生的极端气象灾害相似的案例；随后对检索到的气象灾害案例从受灾人口、死亡人口、受灾面积、房屋毁损和直接经济损失五个方面进行综合灾情指数评估，并以该综合灾情指数为参考判断当前极端气象灾害的威胁状态。

6.2 基于阶段划分的非常规突发事件描述模型

鉴于极端气象灾害事件（极端气象灾害事件属于一类特殊的非常规突发事件）的一系列特殊属性，在灾害案例库中可能无法找到相似的案例，为此我们把一个完整的极端气象灾害事件以时间序列分成若干个阶段，每一阶

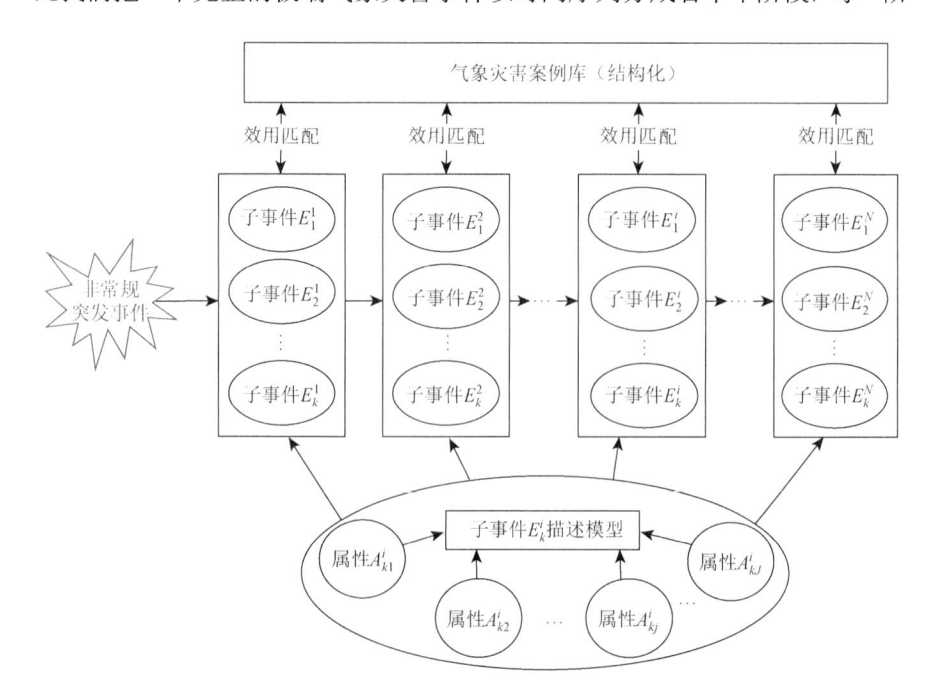

图 6.1 基于多属性效用匹配的应急案例检索描述模型

段对应特定的子事件。对于特定的子事件采用一系列属性进行描述,在每一阶段对特定子事件进行基于多属性效用匹配的案例检索,应急决策者在检索结果的提示与支持下制定当前事件的应急处置与救援方案,并加以实施;随后灾害事件向下一阶段演化,又形成新的子事件,应急决策者依据新的子事件属性重新进行案例检索和决策,依次往复直到整个事件得到有效控制为止。基于多属性效用匹配的应急案例检索描述模型如图 6.1 所示。在图 6.1 中,E_k^i 表示在第 i($i=1,2,\cdots,N$)阶段所发生的第 k($k=1,2,\cdots,K$)个子事件;A_{kj}^i 表示描述子事件 E_k^i 的第 j($j=1,2,\cdots,J$)个属性。

6.3 基于多属性效用匹配的应急案例检索模型构建

在应急案例属性描述过程中常常会出现一些模糊语言值,比如"大约""很好""强"等对属性进行刻画,鉴于模糊数学是处理和量化模糊语言值的有效工具,故使用模糊数学对这类语言变量进行转化,在此基础上采用证据理论构建基于多属性效用匹配的应急案例检索模型。

6.3.1 梯形模糊数基本知识

由于梯形模糊数要比三角模糊数更能反映因素的不确定性[317],故此处采用梯形模糊数法对模糊语言值进行处理。假设 $L=\{L_0,L_1,\cdots,L_s\}$ 是一个语言变量集合,通常是由事先定义好的奇数个元素构成的有序集合。根据研究需要,设定由 7 个元素构成的一个语言变量集合,即 $L=\{L_0,L_1,L_2,L_3,L_4,L_5,L_6\}$,表 6.1 给出梯形模糊数的语义量化标准。

表 6.1 梯形模糊数的语义量化标准

语言变量(效益型/成本型)	梯形模糊数
非常好/非常低	(0.80, 0.90, 1.00, 1.00)
很好/很低	(0.65, 0.75, 0.85, 0.95)
好/低	(0.50, 0.60, 0.70, 0.80)
一般/一般	(0.35, 0.45, 0.55, 0.65)
差/高	(0.20, 0.30, 0.40, 0.50)
很差/很高	(0.05, 0.15, 0.25, 0.35)
非常差/非常高	(0.00, 0.00, 0.10, 0.20)

6.3.2 证据理论基本知识

证据理论（evidence theory）是由 Dempster（登普斯特）[318]首先提出，随后由他的学生 Shafer[319]进一步发展起来的一种不确定推理理论。在采用证据理论进行多属性、不确定性问题决策时，Mass 函数用于表示决策者对该问题某一属性进行的不确定主观判断，而属性权重则反映该属性在所有属性中的重要程度，基于 Dempster 合成规则的相关证据推理模型的目的是实现对多属性的集结，即获得对该问题的综合评价。

根据研究需要，现给出如下几个定义[320]。

定义 6.1 设 $\Theta = \{H_1, H_2, \cdots, H_N\}$ 为识别框架（frame of discernment），如果集函数 $m: 2^\Theta \to [0,1]$，且满足 $m(\varphi) = 0$ 和 $\sum_{X \subseteq \Theta} m(X) = 1$，则称函数 m 为 Θ 上的基本概率分配（basic probability assignment，BPA）。$\forall X \subseteq \Theta$，$m(X)$ 称为 X 的 Mass 函数或基本可信度。如果 $m(X) > 0$，则称 X 为基本概率分配函数 $m(X)$ 的焦元（focal element），所有焦元的集合称为核心（core）。

定义 6.2 设 $\Theta = \{H_1, H_2, \cdots, H_N\}$ 为识别框架，集函数 $m: 2^\Theta \to [0,1]$ 为识别框架 Θ 上的 Mass 函数，则称由 $\text{Bel}(X) = \sum_{Y \subseteq X} m(Y)$（$\forall X, Y \subseteq \Theta$）定义的函数 $\text{Bel}(X): 2^\Theta \to [0,1]$ 为识别框架 Θ 的信任函数（belief function）。

定义 6.3 设 $\Theta = \{H_1, H_2, \cdots, H_N\}$ 为识别框架，$\text{Bel}: 2^\Theta \to [0,1]$ 为识别框架 Θ 的信任函数，则称由 $\text{Pls}(X) = \sum_{Y \cap X \neq \varnothing} m(Y)$（$\forall X, Y \subseteq \Theta$）定义的函数 $\text{Pls}(X): 2^\Theta \to [0,1]$ 为识别框架 Θ 上的似真函数（plausibility function）。

其中，信任函数 $\text{Bel}(X)$ 表示确切相信 X 为真的程度，而似真函数 $\text{Pls}(X)$ 表示不否定 X 的程度，即似真函数 $\text{Pls}(X)$ 包含了所有与 X 相容的那些集合的基本可信度，因此 $\text{Pls}(X)$ 是比 $\text{Bel}(X)$ 更宽松的估计，是对 X 的最大信任程度。X 的信任区间可表示为 $[\text{Bel}(X), \text{Pls}(X)]$。

定义 6.4 设 $\text{Bel}_1, \text{Bel}_2, \cdots, \text{Bel}_n$ 是同一识别框架 Θ 上的信任函数，$m_1, m_2, \cdots, m_n$ 是对应的 Mass 函数，则 Dempster 合成规则表示为

$$m(X) = K^{-1} \sum_{\substack{X_1, X_2, \cdots, X_n \subseteq \Theta \\ X_1 \cap X_2 \cap \cdots \cap X_n = X}} m_1(X_1) m_2(X_2) \cdots m_n(X_n) \quad (6.1)$$

$$K = \sum_{X_1 \cap X_2 \cap \cdots \cap X_n \neq \varnothing} m_1(X_1) m_2(X_2) \cdots m_n(X_n) \quad (6.2)$$

Dempster 合成规则反映了证据的联合作用，其中，K 为归一化因子，反映了证据冲突的程度，其值越大，说明证据冲突程度越大。

定义 6.5 $H_1, H_2, \cdots, H_N$ 表示属性值 $A_j (j = 1, 2, \cdots, J)$ 对应的评价等

级，(H_i,β_i) 表示属性值 A_j 在评价等级 H_i 上的置信度为 β_i，则称 β_i 为等级 H_i 上的置信度，称 $\{(H_1,\beta_1),(H_2,\beta_2),\cdots,(H_N,\beta_N)\}$ 为等级信度结构，其中 $\sum_{i=1}^{N}\beta_i \leqslant 1$。

6.3.3 应急案例相关属性规范化方法

鉴于应急案例的结构化表示涉及多种类型的属性值，比如精确值、区间值、语言值以及空缺值等，其量纲各异，因而在进行案例匹配之前需要进行属性规范化处理。精确值和区间值的规范化方法比较成熟[321,322]，而语言值的规范化方法比较少见，此处提出一种语言值规范化方法，具体如下。

当属性为语言值时，首先采用梯形模糊数方法将其模糊化，然后再进行规范化处理。假定语言值 A_{ij} 的梯形模糊数表示为 $\tilde{A}_{ij}=(a_{ij}^1,a_{ij}^2,a_{ij}^3,a_{ij}^4)$，分两种类型并分别按式（6.4）和式（6.5）进行规范化处理，规范化结果记为 $x_{ij}=(x_{ij}^1,x_{ij}^2,x_{ij}^3,x_{ij}^4)$。为了方便计算语言值距离，需要将梯形模糊数 $x_{ij}=(x_{ij}^1,x_{ij}^2,x_{ij}^3,x_{ij}^4)$ 按照式（6.3）转为区间数 $[x_{ij}^-,x_{ij}^+]$：

$$\begin{cases} x_{ij}^- = \dfrac{1}{2}(x_{ij}^1+x_{ij}^2) \\ x_{ij}^+ = \dfrac{1}{2}(x_{ij}^3+x_{ij}^4) \end{cases} \quad (6.3)$$

（1）若语言值 A_{ij} 为效益型，其规范化计算如下：

$$\begin{cases} x_{ij}^1 = \dfrac{a_{ij}^1}{\sqrt{\sum_{i=1}^{N}(a_{ij}^4)^2}} \\ x_{ij}^4 = \dfrac{a_{ij}^4}{\sqrt{\sum_{i=1}^{N}(a_{ij}^1)^2}} \\ x_{ij}^2 = \dfrac{a_{ij}^2}{\sqrt{\sum_{i=1}^{N}(a_{ij}^3)^2}} \\ x_{ij}^3 = \dfrac{a_{ij}^3}{\sqrt{\sum_{i=1}^{N}(a_{ij}^2)^2}} \end{cases} \quad (6.4)$$

（2）若语言值 A_{ij} 为成本型，其规范化计算如下：

$$\begin{cases} x_{ij}^1 = \dfrac{1/a_{ij}^1}{\sqrt{\sum_{i=1}^{N}(1/a_{ij}^4)^2}} \\ x_{ij}^4 = \dfrac{1/a_{ij}^4}{\sqrt{\sum_{i=1}^{N}(1/a_{ij}^1)^2}} \\ x_{ij}^2 = \dfrac{1/a_{ij}^2}{\sqrt{\sum_{i=1}^{N}(1/a_{ij}^3)^2}} \\ x_{ij}^3 = \dfrac{1/a_{ij}^3}{\sqrt{\sum_{i=1}^{N}(1/a_{ij}^2)^2}} \end{cases} \quad (6.5)$$

6.3.4 属性距离计算

在应急案例检索中，最关键的是确定目标案例 C_{oj} 与源案例 C_{ij} 的属性距离 D_{oj}^{ij}，而属性距离的求取需要根据各属性值的类型分别进行，具体如下。

（1）计算精确属性值之间的距离。

$$D_{oj}^{ij} = |x_{oj} - x_{ij}| \quad (6.6)$$

（2）计算区间属性值之间的距离。

定义 6.6 设两个区间属性值 $X_{oj} = (x_{oj}^-, x_{oj}^+)$ 和 $X_{ij} = (x_{ij}^-, x_{ij}^+)$，则 X_{oj} 与 X_{ij} 之间的距离如下：

$$\begin{aligned} D_{oj}^{ij} &= |X_{oj} - X_{ij}| = \left[\min\left(|x_{oj}^- - x_{ij}^-|, |x_{oj}^+ - x_{ij}^+|\right), \max\left(|x_{oj}^- - x_{ij}^-|, |x_{oj}^+ - x_{ij}^+|\right)\right] \\ &= [D_{oj}^{ij-}, D_{oj}^{ij+}] \end{aligned} \quad (6.7)$$

（3）计算精确属性值与区间属性值之间的距离。

定义 6.7 设一个精确属性值和一个区间属性值分别为 $X_{ij} = x_{ij}$、$X_{oj} = (x_{oj}^-, x_{oj}^+)$，则 X_{oj} 与 X_{ij} 之间的距离如下：

$$D_{oj}^{ij} = |X_{oj} - X_{ij}| = \left[\min\left(|x_{oj}^- - x_{ij}|, |x_{oj}^+ - x_{ij}|\right), \max\left(|x_{oj}^- - x_{ij}|, |x_{oj}^+ - x_{ij}|\right)\right] \quad (6.8)$$

6.3.5 融合度计算及效用匹配

1. 模糊等级转化

通过引入隶属函数的概念，把按照式（6.6）～式（6.8）确定的属性距离值进行模糊等级转化，转换方法如下。

定义 6.8　若属性距离 D_{oj}^{ij} 为精确值, 当 $\forall D_{oj}^{ij} \in [H_k, H_{k+1}]$, $H_k < H_{k+1}$ ($k = 1, 2, \cdots, N-1$) 时, 则有

$$\begin{cases} H_k(D_{oj}^{ij}) = \dfrac{H_{k+1} - D_{oj}^{ij}}{H_{k+1} - H_k} \\ H_{k+1}(D_{oj}^{ij}) = 1 - H_k(D_{oj}^{ij}) \end{cases} \quad (6.9)$$

其中, $H_k(D_{oj}^{ij})$ 和 $H_{k+1}(D_{oj}^{ij})$ 分别为属性距离 D_{oj}^{ij} 隶属于等级 H_k 和 H_{k+1} 的隶属程度。

定义 6.9　若属性距离 D_{oj}^{ij} 为区间值即 $D_{oj}^{ij} \in [d_1, d_2]$, 当 $H_k \leqslant d_1 < d_2 \leqslant H_{k+1}$ 时, 则有

$$\begin{cases} H_k(D_{oj}^{ij}) = \dfrac{2H_{k+1} - (d_1 + d_2)}{2(H_{k+1} - H_k)} \\ H_{k+1}(D_{oj}^{ij}) = 1 - H_k(D_{oj}^{ij}) \end{cases} \quad (6.10)$$

定义 6.10　若属性距离 D_{oj}^{ij} 为区间值即 $D_{oj}^{ij} \in [d_1, d_2]$, 当 $H_k \leqslant d_1 < H_{k+1} < d_2 \leqslant H_{k+2}$ 时, 则有

$$\begin{cases} H_k(D_{oj}^{ij}) = \dfrac{(H_{k+1} - d_1)^2}{2(d_2 - d_1)(H_{k+1} - H_k)} \\ H_{k+1}(D_{oj}^{ij}) = \dfrac{1}{2(d_2 - d_1)} \left[\left(\dfrac{d_1 - H_k}{H_{k+1} - H_k} + 1 \right)(H_{k+1} - d_1) \right. \\ \qquad\qquad\qquad \left. + \left(\dfrac{H_{k+2} - d_2}{H_{k+2} - H_{k+1}} \right)(d_2 - H_{k+1}) \right] \\ H_{k+2}(D_{oj}^{ij}) = 1 - H_k(D_{oj}^{ij}) - H_{k+1}(D_{oj}^{ij}) \end{cases} \quad (6.11)$$

若属性距离为定性值, 则可与评价等级进行对应转换。在应急案例匹配中, 我们将评价等级分为 5 个等级 $\{H_1, H_2, H_3, H_4, H_5\}$, 即评价等级为非常不相似、不相似、相似、比较相似、非常相似。例如, 属性距离"比较相似"隶属于等级 H_4 的置信度为 1。

另外, 若出现属性值缺失的情况, 可以把该属性距离的置信度定为 1 即 $(H, 1)$, $(H, 1)$ 表示该缺失属性距离值在无知评价等级 H 上的置信度为 1。

2. 确定评价等级

针对评价等级集 $\Omega = \{H_1, H_2, \cdots, H_N\}$, 其标准化效用可定义为

$$0 = u(H_1) < u(H_2) < \cdots < u(H_k) < \cdots < u(H_N) = 1 \quad (6.12)$$

其中, $u(H_k)$ 可以按式 (6.13) 确定。

$$u(H_k) = \frac{k-1}{N-1}, \quad k = 1, 2, \cdots, N \qquad (6.13)$$

若 $N=5$，则按照式（6.13）求取对应的定量值，即 $U(H_1) = 0$，$U(H_2) = 0.25$，$U(H_3) = 0.5$，$U(H_4) = 0.75$，$U(H_5) = 1$。

3. 确定焦元基本效用分配

定义 6.11 若焦元 U_{oj}^{ij} 为目标案例 C_{oj} 与源案例 C_{ij} 在属性 j 下（A_{ij}）的属性距离效用值，ω_{ij} 为属性 j 所对应的权重，则把 $p(U_{oj}^{ij}) = w_{ij}U_{oj}^{ij}$ 称为效用偏好值。

鉴于 U_{oj}^{ij} 的取值类型不同，需要按照以下公式分别计算效用偏好值。

（1）当属性距离效用值为定性值时，按照式（6.14）确定效用偏好值。

$$p(U_{oj}^{ij}) = w_{ij}U_{oj}^{ij}(H_k), \quad k = 1, 2, \cdots, N \qquad (6.14)$$

（2）当属性距离效用值为定量值时，按照式（6.15）和式（6.16）确定效用偏好值。

当属性距离值为 $D_{oj}^{ij} \in [d_1, d_2]$，且 $H_k \leqslant d_1 < d_2 \leqslant H_{k+1}$ 时，则对应的属性效用偏好值为

$$p(U_{oj}^{ij}) = w_{ij}\left[H_k(D_{oj}^{ij})U_{oj}^{ij}(H_k) + H_{k+1}(D_{oj}^{ij})U_{oj}^{ij}(H_{k+1})\right] \qquad (6.15)$$

当属性距离值为 $D_{oj}^{ij} \in [d_1, d_2]$，且 $H_k \leqslant d_1 < H_{k+1} < d_2 \leqslant H_{k+2}$ 时，则对应的属性效用偏好值为

$$\begin{aligned}p(U_{oj}^{ij}) = w_{ij}&\left[H_k(D_{oj}^{ij})U_{oj}^{ij}(H_k) + H_{k+1}(D_{oj}^{ij})U_{oj}^{ij}(H_{k+1})\right.\\&\left.+H_{k+2}(D_{oj}^{ij})U_{oj}^{ij}(H_{k+2})\right]\end{aligned} \qquad (6.16)$$

另外，定义焦元 U_{oj}^{ij} 在整个识别框架中的效用偏好值为 1，即 $p(\Theta) = 1$。

定义 6.12 如果焦元 U_{oj}^{ij} 的效用偏好值为 $p(U_{oj}^{ij})$，则加权并归一化后各焦元的基本效用偏好值定义为

$$m(U_{oj}^{ij}) = \frac{p(U_{oj}^{ij})}{\sum_i p(U_{oj}^{ij})} \qquad (6.17)$$

4. 置信度融合模型

将应急案例属性距离值转成置信度分布后，则可以利用证据融合规则进行集结。假设案例系统中有 M 个案例，记为 $C = (C_1, C_2, \cdots, C_i, \cdots, C_M)$，每一案例都用 J 个属性进行描述，D_{oj}^{ij}（$j = 1, 2, \cdots, J$）表示目标案例 C_{oj} 与源案例 C_{ij} 的第 j 个属性的距离，假定属性 j 所对应的权重为 ω_{ij}。用 m_k^{ij} 表示支持

属性距离值 D_{oj}^{ij} 分配给等级 H_k 的基本可信度，m_H^{ij} 表示未分配给任何评价等级的可信度，对属性的加权给出如下算式：

$$m_k^{ij} = \omega_{ij}\beta_k^{ij}, \quad k=1,2,\cdots,N; j=1,2,\cdots,J \tag{6.18}$$

$$m_H^{ij} = 1 - \sum_{k=1}^{N} m_k^{ij} = 1 - \omega_{ij}\sum_{k=1}^{N}\beta_k^{ij} \tag{6.19}$$

为了满足证据推理的四个公理[323]即独立性、一致性、完全性和不完全性，将 m_H^{ij} 分解为两部分：$m_H^{ij} = \tilde{m}_H^{ij} + \bar{m}_H^{ij}$，其中，$\tilde{m}_H^{ij}$ 表示因不完全评价导致未分配给任何评价等级的置信度，$\bar{m}_H^{ij}$ 表示因属性加权导致未分配给任何评价等级的置信度，分别表示如下：

$$\tilde{m}_H^{ij} = \omega_{ij}\left(1 - \sum_{k=1}^{N}\beta_k^{ij}\right), \quad j=1,2,\cdots,J \tag{6.20}$$

$$\bar{m}_H^{ij} = 1 - \omega_{ij} \tag{6.21}$$

根据 Yang 和 Xu[324]提出的多属性集结方法，构造如下非线性规划模型：

$$\text{Max}/\text{Min } \beta_k = \frac{m_k}{1-\bar{m}_H} \tag{6.22}$$

$$\text{s.t.} \begin{cases} m_k = \gamma\left[\prod_{j=1}^{J}\left(m_k^{ij} + \tilde{m}_H^{ij} + \bar{m}_H^{ij}\right) - \prod_{j=1}^{J}\left(\tilde{m}_H^{ij} + \bar{m}_H^{ij}\right)\right] \\ \tilde{m}_H = \gamma\left[\prod_{j=1}^{J}\left(\tilde{m}_H^{ij} + \bar{m}_H^{ij}\right) - \prod_{j=1}^{J}\bar{m}_H^{ij}\right] \\ \bar{m}_H = \gamma\left[\prod_{j=1}^{J}\bar{m}_H^{ij}\right], \quad k=1,2,\cdots,N; j=1,2,\cdots,J \\ \gamma = \left[\sum_{k=1}^{N}\prod_{j=1}^{J}\left(m_k^{ij} + \tilde{m}_H^{ij} + \bar{m}_H^{ij}\right) - (N-1)\prod_{j=1}^{J}\left(\tilde{m}_H^{ij} + \bar{m}_H^{ij}\right)\right]^{-1} \\ \sum_{k=1}^{N}m_k^{ij} + \tilde{m}_H^{ij} + \bar{m}_H^{ij} = 1 \end{cases} \tag{6.23}$$

通过上述解析算法求得 J 个基本属性组合之后，对方案总体属性的评价计算如下：

$$\{H_k\}: \beta_k = \frac{m_k}{1-\bar{m}_H} \tag{6.24}$$

$$\{H_H\}: \beta_H = \frac{\tilde{m}_H}{1-\bar{m}_H} \tag{6.25}$$

其中，β_k 为决策方案被评价为等级 H_k 的置信度；β_H 为将未知信息分配给识别框架 Θ 的置信度。显然有 $\sum_{k=1}^{N} \beta_k + \beta_H = 1$（$k=1,2,\cdots,N$）。把置信度 β_k 和 $\beta_k + \beta_H$ 规定为决策方案被评价为等级 H_k 的置信度的下限 β_{oi}^- 和上限 β_{oi}^+，即 $\beta_{oi}^- = \beta_k$，$\beta_{oi}^+ = \beta_k + \beta_H$。

5. 效用匹配模型

依据上述方法求得目标案例 C_o 与源案例 C_i（$i=1,2,\cdots,M$）的置信度 $\beta_{oi} \in [\beta_{oi}^-, \beta_{oi}^+]$，为了对决策方案进行筛选和比较，需要将决策方案的置信度分布转化为期望效用值。给定评价等级 H_k 的期望效用值，通过计算各决策方案最终期望效用大小进行最优方案的匹配。此处采用最大期望效用（$U_{\max}$）、最小期望效用（$U_{\min}$）及平均期望效用（U_{avg}）分别计算，其公式如下[325]。

$$U_{\max} = \sum_{k=1}^{N-1} \beta_k u(H_k) + (\beta_N + \beta_H) u(H_N) \quad (6.26)$$

$$U_{\min} = (\beta_1 + \beta_H) u(H_1) + \sum_{k=2}^{N} \beta_k u(H_k) \quad (6.27)$$

$$U_{\text{avg}} = \frac{U_{\min} + U_{\max}}{2} \quad (6.28)$$

如果所有属性评价是完全信息的，则 $\beta_H = 0$，$U_{\max} = U_{\min} = U_{\text{avg}}$，有如下公式成立：

$$U = \sum_{k=1}^{N} \beta_k u(H_k) \quad (6.29)$$

在应急案例匹配与检索过程中，按照平均期望效用的大小确定相似案例，即平均期望效用越大，则说明检索到的案例与目标案例越相似。

6.4 面向案例匹配的综合灾情评估模型

对检索到的气象灾害案例从受灾人口、死亡人口、受灾面积、房屋毁损和直接经济损失五个方面进行综合灾情指数评估，其综合灾情指数具体公式如下：

$$I_T = I_p + I_d + I_h + I_r + I_e \quad (6.30)$$

其中，I_p 为受灾人口指数；I_d 为死亡人口指数；I_h 为受灾面积指数；I_r 为房屋损毁指数；I_e 为直接经济损失指数。

受灾人口、死亡人口、受灾面积、房屋毁损和直接经济损失等五个方面受灾指数依据相关文献[326-328]确定如下。

1. 受灾人口指数 I_p

$$I_p = \begin{cases} \lg p - 5, & p \geq 100万人 \\ \dfrac{p}{1\,000\,000}, & p < 100万人 \end{cases} \quad (6.31)$$

2. 死亡人口指数 I_d

$$I_d = \begin{cases} \lg d - 1, & d \geq 100人 \\ \dfrac{d}{100}, & d < 100人 \end{cases} \quad (6.32)$$

3. 受灾面积指数 I_h

$$I_h = \begin{cases} \lg h - 3, & h \geq 10\,000\text{ 公顷} \\ \dfrac{h}{6667}, & h < 10\,000\text{ 公顷} \end{cases} \quad (6.33)$$

4. 房屋毁损指数 I_r

$$I_r = \begin{cases} \lg r - 3, & r \geq 10\,000\text{ 间} \\ \dfrac{r}{10\,000}, & r < 10\,000\text{ 间} \end{cases} \quad (6.34)$$

5. 直接经济损失指数 I_e

鉴于不同年份的台风灾害所造成的直接经济损失没有可比性（考虑通货膨胀等因素的影响），因此有必要将其转化成定基直接经济损失。定基直接经济损失就是以某一年（本书中以 2000 年为基准年）CPI 为基准，将其他各年份台风灾害所造成的直接经济损失折算成以基准年为基准的直接经济损失。

$$I_e = \begin{cases} \lg e - 8, & e \geq 10\text{ 亿元} \\ \dfrac{e}{1\,000\,000\,000}, & e < 10\text{ 亿元} \end{cases} \quad (6.35)$$

其中，e 为定基直接经济损失。e_i^j 为第 j 年的第 i 号台风造成的原始直接经济损失；ξ_{2000}^j 为第 j 年相对 2000 年的 CPI 增长指数，则第 j 年的第 i 号台风的定基直接经济损失 e 可按如下公式求取：

$$\begin{cases} e = \dfrac{e_i^j}{\xi_{2000}^j} \\ \xi_{2000}^j = \dfrac{\text{CPI}_j}{\text{CPI}_{2000}} \end{cases} \quad (6.36)$$

6.5 实例分析

近些年，我国沿海超强台风呈现频发趋势，造成的人员伤亡与财产损失巨大，除了超强台风自身破坏力极强以外，缺少科学有效的应急处置与救援措施也是导致受灾严重的重要原因。以 2014 年对广西、广东和海南造成重大灾害的超强台风"威马逊"（C_0）为例，从中国天气台风网[329]统计数据中找到三个类似案例（C_1, C_2, C_3）进行匹配与检索，然后以检索到的最佳相似案例进行综合灾情评估，借此确定超强台风"威马逊"综合威胁状况，同时验证所建模型的有效性和可行性。从台风实际情况看来，无论是台风威力还是破坏程度，C_0 与 C_2（强台风"黑格比"）都是最为相似的。

为了简要说明问题，从第 4 章所提取的关键态势要素中选取 8 个进行案例匹配与检索，各属性权重由专家给出，应急案例匹配数据如表 6.2 所示。

表 6.2 应急案例匹配数据

属性特征值	目标案例 C_0	源案例 C_1	源案例 C_2	源案例 C_3	权重 w
台风类型 A_{11}	超强台风	超强台风	超强台风	强台风	0.50
登陆时中心最低气压 A_{12}	910	960	945	975	0.10
登陆时最大风速 A_{13}	70	40	48	35	0.10
日最大降雨量 A_{14}	544	213	309	198	0.10
过程降雨量极值 A_{15}	581	260	366	261	0.05
农作物种植面积 A_{16}	[160, 180]	[140, 160]	[170, 190]	[100, 120]	0.05
房屋总间数 A_{17}	19.78	35.55	20.86	10.51	0.05
区域救灾能力水平（每万人医疗机构床位数）A_{18}	很强	弱	强	强	0.05

（1）首先将表 6.2 的数据进行规范化处理，然后按照属性距离转化为效用矩阵，最后求得的效用值如下：

$$\begin{cases} U_{\min}^{o1} = 0.1897 \\ U_{\max}^{o1} = 0.3818 \\ U_{\text{avg}}^{o1} = 0.2858 \end{cases}, \begin{cases} U_{\min}^{o2} = 0.2243 \\ U_{\max}^{o2} = 0.3901 \\ U_{\text{avg}}^{o2} = 0.3072 \end{cases}, \begin{cases} U_{\min}^{o3} = 0.1788 \\ U_{\max}^{o3} = 0.3789 \\ U_{\text{avg}}^{o3} = 0.2789 \end{cases} \quad (6.37)$$

其中，$U_{\max}^{oi}$、$U_{\min}^{oi}$、U_{avg}^{oi}分别为目标案例C_o与源案例C_i($i=1,2,3$)所有属性融合后的最大效用、最小效用和平均效用。

由式（6.37）可知，因$U_{\text{avg}}^{o2} > U_{\text{avg}}^{o1} > U_{\text{avg}}^{o3}$，故检索输出结果依次为源案例2、源案例1和源案例3，表明2014年"威马逊"超强台风灾害（目标案例）与源案例2（2008年"黑格比"强台风灾害）最为相似，这与实际情况符合，说明该方法是有行的。

（2）从受灾人口、死亡人口、受灾面积、房屋毁损和直接经济损失五个方面按照式（6.30）计算强台风"黑格比"的综合灾情指数为

$$I_T = 9.65 \quad (6.38)$$

此时，可以间接判定2014年"威马逊"超强台风灾害的综合威胁指数大概在9.65，即灾害严重情况与2008年"黑格比"强台风灾害大体相当。而"威马逊"超强台风灾害的实际综合灾情指数为10.28，二者的误差仅为6.1%，因而该方法是可行的和有效的。

6.6 小　　结

针对突如其来的极端气象灾害事件，要在应急案例检索系统中检索到与之完全相似的案例比较困难。为了解决这一问题，我们将整个极端气象灾害事件按时间序列划分成彼此独立的子事件，然后针对每一子事件在应急案例检索系统中进行匹配与检索。本着这一研究思路，首先设计了极端气象灾害事件阶段划分的描述模型，随后构建了基于多属性效用匹配的应急案例检索模型与求解算法，以便在气象灾害案例库中检索到与当前所发生的极端气象灾害相似的案例。接着对检索到的气象灾害案例从受灾人口、死亡人口、受灾面积、房屋毁损和直接经济损失五个方面进行综合灾情指数评估，并以该综合灾情指数为参考判断当前极端气象灾害的威胁状态。最后的算例分析验证了模型的有效性和可行性。

第 7 章 基于态势演化的非常规突发事件临机决策模型构建

如何借助非常规突发事件态势预测和威胁评估结果并依据当前突发事件的演化态势快速制定有效的应对方案是应急决策者面临的重大现实问题。由于非常规突发事件相关信息的高度缺失和灾害的深度危害性，应急决策者必须在灾害态势预测和态势威胁评估的基础上，结合自己的经验和专家的判断，迅速制定应对方案并展开救援，这是减少由灾害造成的人员伤亡和财产损失的有效途径。这一决策过程与最近在应急管理中悄然兴起的临机决策模式可谓异曲同工，因为成功的临机决策不是应急决策者随意的"拍脑袋"决策，而是建立在应急决策者自身知识积累、专家判断以及决策支持系统支持等的基础之上。本章从应急决策所面临的特殊背景即环境复杂、时间紧迫、信息匮乏、资源有限、心理压力巨大出发，以序贯博弈理论为分析工具，构建了基于态势演化的非常规突发事件临机决策模型，为探索非常规突发事件态势演化规律提供新方法，同时也为应急决策者的临机决策提供更为准确、更为科学的决策支持。

7.1 基于序贯博弈的临机决策过程分析

7.1.1 基于信息不完全的序贯博弈基本描述

1. 序贯博弈

局中人决策有先后顺序的动态博弈，统称为序贯博弈[330]。序贯博弈使用序贯理性（sequential rationality）假设[331, 332]，即在给定的信念下，局中人的策略必须是序贯理性的。也就是说，在每一个信息集上，行动的局中人所采取的行动（以及局中人以后的行动）在给定该局中人信息集的信念以及其他局中人以后的策略下必须是最优的。简而言之，就是局中人需要对未来各种可能结果进行权衡，以此为依据决定他们的当前行动。

序贯理性的概念最早是由克雷普斯（Kreps）和威尔逊（Wilson）提出来的，其基本思想为：在博弈达到的每个信息集上（不管该信息集是否在均衡路径上），局中人的行动必须由某种与之前发生事情有关（自然选择了某一类型或者先行动者选择了某一行动）的信念合理化。在均衡路径上，后验概率按照贝叶斯公式进行修正，修正公式参见式（7.5）。在非均衡路径上，贝叶斯法则没有定义，但对信息不完全序贯博弈均衡最为重要的恰恰是非均衡路径上的后验概率。一般采用如下方法确定在非均衡路径上的后验概率。

（1）首先假定在每一个信息集上，局中人都以正的概率选择某一行动（被称为严格混合策略），从而博弈到达每个信息集的概率都严格为正，这样贝叶斯法则在每个信息集上都有定义。

（2）将序贯博弈均衡作为严格混合策略组合和与此相联系的后验概率的序列的极限。

这样，检查一个混合策略组合和后验概率是否为该博弈的均衡就变成了一个纯技术问题：它是不是某个严格混合策略组合和与此相联系的后验概率的序列的极限。把(δ,μ)记为序贯博弈的一个状态，其中，δ表示所有局中人的策略组合；μ表示给定博弈达到信息集h的情况下，局中人在该信息集上的概率分布。如果状态(δ,μ)是一个序贯均衡，它必须满足序贯理性和动态一致性两个条件。

定义 7.1 状态(δ,μ)如果满足：对所有的信息集h，给定后验概率$\mu(h)$，没有任何局中人$i(h)$想偏离$\delta_{i(h)}$，即对所有可行策略$\delta'_{i(h)}$，式（7.1）都成立，即

$$P_{i(h)}(\delta|h,\mu(h)) \geq P_{i(h)}((\delta'_{i(h)},\delta_{-i(h)})|h,\mu(h)) \qquad (7.1)$$

那么称(δ,μ)是序贯理性的。其中，$P_{i(h)}$为局中人i的收益函数。

定义 7.2 状态(δ,μ)如果满足：存在一个严格混合策略序列$\{\delta^k\}$和由贝叶斯法则确定的概率序列μ^k，使得(δ,μ)为(δ^k,μ^k)的极限，即

$$(\delta,\mu) = \lim_{k \to \infty}(\delta^k,\mu^k) \qquad (7.2)$$

那么称(δ,μ)是动态一致的。

2. 基于信息不完全序贯博弈的贝叶斯法则

下面以不完全信息序贯博弈为例说明运用贝叶斯法则修正信念的方法。假设博弈中的局中人的类型θ_i（$i=1,2,\cdots,n$）是独立分布的，即当$i \neq j$时，θ_i与θ_j视作独立变量。假定局中人i有R个可能的类型，有M个可能的行动，用θ_i^r和a_i^m分别表示局中人i的一个特定的类型和特定的行动。假定局中人i属于类型θ_i^r的先验概率满足：$p(\theta_i^r) \geq 0$，$\sum_{r=1}^{R} p(\theta_i^r) = 1$。假设局中人

i 属于类型 θ_i^r，局中人 i 选择行动 a_i^m 的先验概率为 $p(a_i^m|\theta_i^r)$，$\sum_{m=1}^{M} p(a_i^m|\theta_i^r)=1$，则局中人 i 选择行动 a_i^m 的边缘概率为

$$p(a_i^m) = p(a_i^m|\theta_i^1) \times p(\theta_i^1) + p(a_i^m|\theta_i^2) \times p(\theta_i^2) + \cdots + p(a_i^m|\theta_i^R) \times p(\theta_i^R)$$
$$= \sum_{r=1}^{R} p(a_i^m|\theta_i^r) \times p(\theta_i^r) \tag{7.3}$$

由式（7.3）可知，局中人 i 选择行动 a_i^m 的总的概率为每一种类型的局中人 i 选择行动 a_i^m 的条件概率 $p(a_i^m|\theta_i^r)$ 的加权平均和，权重为局中人 i 属于每种类型的先验概率 $p(\theta_i^r)$。现在考虑若观察到局中人 i 选择了行动 a_i^m，则局中人 i 属于类型 θ_i^r 的后验概率有多大？

设后验概率用 $p(\theta_i^r|a_i^m)$ 表示，即在局中人 i 所采取的行动 a_i^m 已知的情况下，局中人 i 属于类型 θ_i^r 的概率的大小。根据概率公式求得局中人 i 属于类型 θ_i^r 并选择 a_i^m 的联合概率为

$$p(a_i^m, \theta_i^r) = p(a_i^m|\theta_i^r) \times p(\theta_i^r) = p(\theta_i^r|a_i^m) \times p(a_i^m) \tag{7.4}$$

由式（7.4）可知，局中人 i 属于类型 θ_i^r 并选择 a_i^m 的联合概率等于局中人 i 选择 a_i^m 的边缘概率 $p(a_i^m)$ 乘以在选择行动 a_i^m 的情况下局中人 i 属于类型 θ_i^r 的后验概率 $p(\theta_i^r|a_i^m)$，或等于局中人 i 属于类型 θ_i^r 的先验概率 $p(\theta_i^r)$ 与类型 θ_i^r 的局中人 i 选择行动 a_i^m 的概率 $p(a_i^m|\theta_i^r)$ 的乘积。由此可以得到后验概率的计算公式为

$$p(\theta_i^r|a_i^m) = \frac{p(a_i^m|\theta_i^r) \times p(\theta_i^r)}{p(a_i^m)}$$
$$= \frac{p(a_i^m|\theta_i^r) \times p(\theta_i^r)}{\left[\sum_{r=1}^{R} p(a_i^m|\theta_i^r) \times p(\theta_i^r)\right]} \tag{7.5}$$

式（7.5）是基于信息不完全序贯博弈的贝叶斯公式，按照该公式，博弈中的局中人可以实现对信念的修改，然后采取最佳的应对策略。

7.1.2 临机决策在应急管理中的作用及其理论模型构建

1. 突发事件临机决策定义界定及其作用分析

非常规突发事件（本章后文简称"突发事件"）发生后，应急决策者必须在特殊背景下迅速做出重大决策，在最短的时间内控制事态的蔓延，尽量减少灾害造成的财产损失和人员伤亡。在这种情况下，应急决策者通常需要临场决策，即随着事件态势的演化发展及时调整并生成适应新情况的应急处置方案。像这种在有限时间内决策者临场生成处置方案的应急处置方式即为

临机决策，是应急决策中一种特殊而又被应急决策者经常采用的决策方式。在突发事件应急处置过程中，临机决策[333]是指在较强的时间紧迫性且没有完全适合的应急预案及案例的情况下，决策者依靠自身的知识和经验积累，把握事发现场的特点，针对已经发生的突发事件，利用新方法制定行动方案，从而迅速化解危机，其关键在于对现场态势的把握、已有经验与知识的重建以及不断根据现场态势的变化做出与之相适应的方案调整。薛耀文等[334]在对一般决策过程进行分析的基础上提出了临机决策过程模型，从该模型可知，整个临机决策过程分为三个阶段：情景—决策—实施，即决策者根据当时的危机情景在时间紧迫和精神压力巨大的情况下迅速做出决策，并立刻付诸实施来解决问题。由于突发事件具有一系列特殊属性[335]，比如其爆发具有突发性和不可预测性，危机的发展具有高度的动态性和不确定性，所造成的结果具有深度危害性，这就要求决策模式不能照搬传统的常规性决策模式，即应急决策者须在巨大时间和精神压力下凭直觉做出应急决策。

本章定义的突发事件临机决策是指突发事件发生后，在信息高度缺失、应急资源稀缺、时间异常紧迫、精神压力巨大、情景极度危急且缺乏预案可用等情况下，应急决策借助案例提示与态势预测的支持，结合自身经验和专家判断，在一瞬间凭直觉快速做出应急决策并予以实施的过程。突发事件临机决策流程图如图7.1所示。

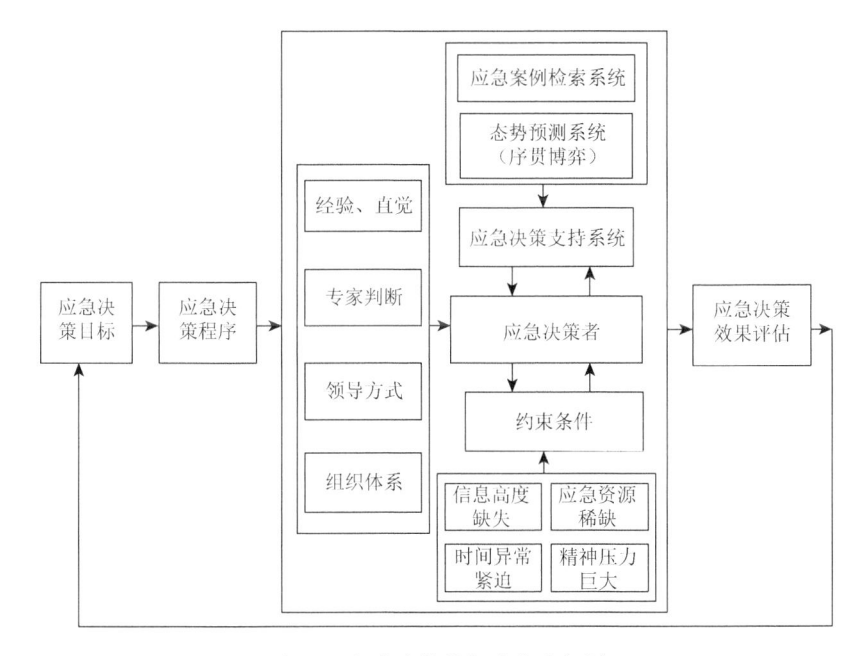

图7.1 突发事件临机决策流程图

突发事件临机决策流程图中的应急决策目标与常规决策和一般突发事件应急决策的决策目标有很大差异，由于突发事件具有巨大的破坏性和突发性，往往会造成严重的经济损失和人员伤亡，并且会造成巨大的心理恐慌，因此决策目标是快速制定应对决策并立刻实施，达到控制事态，防止次生事件或者衍生事件的发生，最大限度地降低财产损失和人员伤亡的目的。突发事件应急决策目标的实现要求应急决策者在一系列约束条件下，借助应急决策支持系统的支持，根据自身的知识结构和经验快速做出决策。约束条件主要体现在信息高度缺失、应急资源稀缺、时间异常紧迫和精神压力巨大等方面。需要指出的是，应急决策支持系统虽然不能取代应急决策者，但应急决策者为了进行科学有效的应急决策，实现决策精准化，也离不开应急决策支持系统的支持。应急决策支持系统除了具有一般信息系统的特点外，还具有主动诱导应急决策者的信息处理过程，能减轻和消除应急决策者由其信息处理能力的局限导致的判断上的偏见或失误等。应急决策支持系统要做到这些，就要求在其开发过程中，必须将应急决策者放在决策过程的中心地位，所有的分析、设计和实现工作一定要围绕应急决策者进行，并鼓励应急决策者积极参与开发工作，所开发的应急决策支持系统要有利于应急决策者主观能动性的发挥。因此，将应急决策支持系统作为一种决策辅助系统对临机决策会起到重要作用[336,337]。

2. 突发事件临机决策的主要特征

突发事件临机决策具有很高的风险，一旦决策失误可能会造成更严重的经济损失和人员伤亡，因此它具有与常规决策和一般突发事件应急决策不同的特征。在参考相关资料的情况下[338,339]，总结如下几点其独有的特征。

（1）快速高效处理高度不确定性的灾害情景是突发事件临机决策最根本的特征。突发事件的高度不确定性主要表现在事件信息高度缺失、支持决策的知识不足、事件态势演化规律不清楚以及深度的破坏性和蔓延性等，这就决定不能按照预案或者既定的决策方案予以执行，应急决策者必须依据对事件态势的预测以及阶段性处置结果，结合自己的经验和专家的判断迅速制定应对方案，并且要依据不断变化的灾害情景动态调整或修正应对方案。

（2）支撑突发事件临机决策的信息有限并且形式各样。临机决策是一个跨学科、多领域的决策活动，比如应对超强台风灾害，除了要懂应急管理的基本知识外，还必须对历史台风灾害情况以及台风演化规律、城市规划、地理信息等有所掌握。另外，为了应对突发事件，支持临机决策的信息可能来自多个领域的部门和单位，由此导致信息结构不一，并且包含大量与事件无关的内容,这就给应急决策者甄别这些异构信息带来了严峻挑战。

(3) 突发事件临机决策高度依赖应急决策者及其决策团队。鉴于突发事件具有一系列特殊属性,应对决策的制定不存在固定模式,应急决策者必须集中专家以及其他成员的智慧,结合自己已经积累的应急知识和决策经验快速制定应对方案。

(4) 突发事件临机决策是一个循环往复的过程。由于突发事件的演化是动态变化的和不确定的,因此制定应对决策也不是一蹴而就的,需要依据灾害情景的变化动态调整或者修正应对方案。

3. 临机决策过程序贯博弈分析

从应急临机决策需求上讲,应急决策者的临机决策绝对不是随心所欲做出的,仍然需要简单的分析工具提供决策支持,而博弈论作为决策分析工具就能很好地满足这一要求[145]。从决策过程上讲,鉴于突发事件的特殊属性,应急决策者必须依据突发事件的阶段性处置结果和演化态势动态调整应急处置与救援方案,也就是说,应急决策者制定的应急处置与救援方案不是一次性完成的,而是随着对事态信息的不断收集与完善动态调整的,这种对应急方案的动态调整过程就类似于博弈论中的序贯博弈过程。

基于序贯博弈的应急决策有如下几个主要特征[340]:①突发事件是动态发展变化的,它随着应急方案的实施由一种状态向另一种状态转化;②突发事件的信息不断完善,从模糊到清晰,从不完全到完全;③在信息不完全条件下制定的应急方案能够便于在信息完全时及时调整;④应急决策者根据突发事件所处状态和阶段性的救灾成果对其信念进行修正,进而生成新的应急方案(临机决策的内在决策机理)。下面以图 7.2 为例简要描述这一过程,在此规定,序贯博弈中的 2 个局中人为突发事件和应急决策者。

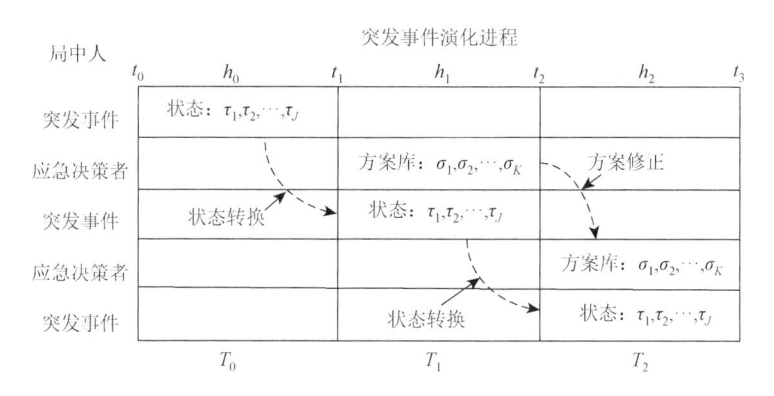

局中人	突发事件演化进程						
	t_0	h_0	t_1	h_1	t_2	h_2	t_3
突发事件	状态:$\tau_1,\tau_2,\cdots,\tau_J$						
应急决策者			方案库:$\sigma_1,\sigma_2,\cdots,\sigma_K$		方案修正		
突发事件		状态转换	状态:$\tau_1,\tau_2,\cdots,\tau_J$				
应急决策者					方案库:$\sigma_1,\sigma_2,\cdots,\sigma_K$		
突发事件				状态转换	状态:$\tau_1,\tau_2,\cdots,\tau_J$		
	T_0		T_1		T_2		

图 7.2 临机决策的序贯博弈过程模型

（1）从 $t_0 \rightarrow t_1$ 为 T_0 阶段，突发事件首先爆发并具有自己的状态，造成一定的人员伤亡和财产损失，此时突发事件的初始状态信息记为 h_0。

（2）从 $t_1 \rightarrow t_2$ 为 T_1 阶段，应急决策者在 t_1 时刻根据观察到的突发事件初始状态信息 h_0 来判断其状态的概率（先验概率）。在通常情况下，由于初始状态信息 h_0 极度缺乏，因此应急决策者利用自己以往的经验来修正突发事件所处状态的概率（后验概率），然后依据期望效用最大化原则（即风险损失最小化）选择最优的应急方案并进行处置和救灾；同时对突发事件的相关信息进行进一步的收集（此时状态记为 h_1）。

（3）在 T_1 阶段，突发事件随着应急决策者所采用应急方案的实施及其自身演化规律，从原来的状态演化为新的状态。

（4）从 $t_2 \rightarrow t_3$ 为 T_2 阶段，应急决策者对阶段性救灾成果进行评估，并根据已掌握的新的信息 h_1 和自己对突发事件所处状态的信念进行推断或修正。采用贝叶斯公式计算突发事件状态判断的后验概率，然后依据期望效用最大化原则选择新的最优应急方案进行救灾。$t_2 \rightarrow t_3$ 为新的救灾方案实施时间段；同时对突发事件的状态信息进行收集（此时状态记为 h_2）。

（5）在 T_2 阶段，随着新应急方案的实施，突发事件向另一状态演化，应急决策者又根据收集的信息 h_2 制定新的应急方案并实施，依次往复，直到突发事件得到有效控制并消除为止。

7.2 基于态势预测的非常规突发事件临机决策模型构建

态势预测[215]是指在一定的时间和空间范围内，识别、理解环境因素，并且对事物的未来发展趋势进行预测。鉴于对突发事件的信息收集和掌握是一个不断完善的过程，即从模糊到清晰、从不完全到完全的过程，本节重点构建面向信息流的突发事件态势预测模型。

7.2.1 基于态势预测的应急决策框架模型

如上所述，突发事件应急决策过程实质上是应急决策者和突发事件之间的序贯博弈过程，也是应急决策者不断收集事态信息的过程。为了研究方便，假定把突发事件按照时间序列划分为若干个阶段，每一阶段采用一个特定子事件（处于某一特定状态）进行描述，比如天津港"8·12"特大火灾爆炸事故[341]依据时间序列分可为 4 个阶段，对应的典型子事件分别为：火灾与爆炸事件（记为状态 τ_1）、环境污染事件（记为状态 τ_2）、社会稳定与城市安全事件（记为状态 τ_3）、事故调查与整改事件（记为状态 τ_4）。

基于信息流的应急决策过程如下。在进行每一阶段信息收集后，应急决策者需要做出两种决策：一是停止信息收集，以目前所获取的信息为基础预测事件演化态势并制定应对方案，此时实施该应对方案对应一个决策风险损失（方案实施风险）；二是继续进行下一阶段信息收集，而信息的收集必然会延误应急决策的制定和实施，这种因时间约束而必须付出的代价被称为信息收集成本，随后求得在期望信息量下最优应对方案的期望风险损失。本章所建的模型就是通过对决策风险损失与信息收集成本的比较来制定和评估最优应对方案，从而作为应急决策的依据，其框架模型如图 7.3 所示。在图 7.3 中，τ_j^i 表示在第 i（$i=1,2,\cdots,N$）阶段突发事件处于第 j 状态 [即为 τ_j（$j=1,2,\cdots,J$）]。

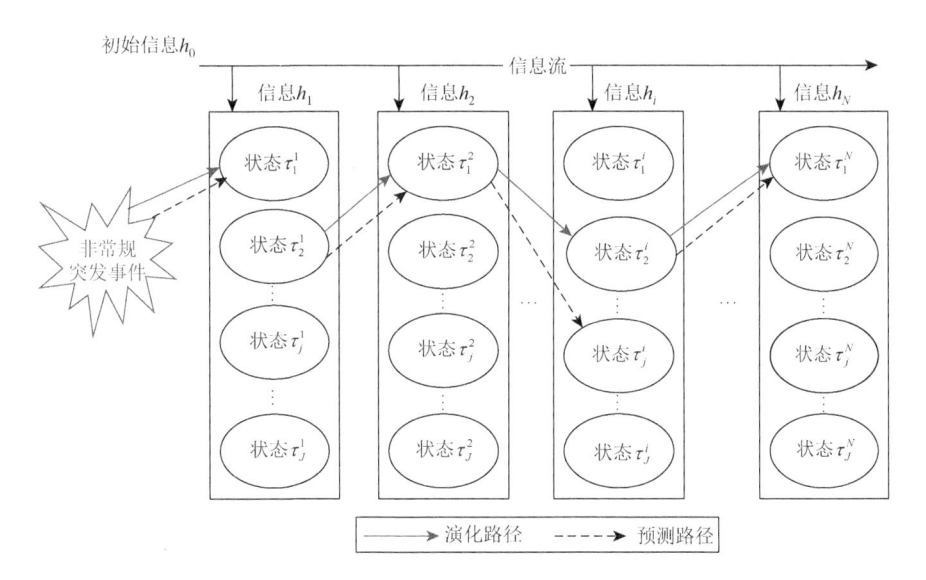

图 7.3 基于态势预测的应急决策框架模型

7.2.2 模型假设

假定突发事件在某一阶段有 J 种可能状态，把第 j 状态记为 τ_j ($j=1,2,\cdots,J$)，对应的最优应对方案记为 σ_i ($i=1,2,\cdots,J$)。令 P_{ji} 表示突发事件的实际状态为 τ_j 时，应急决策者采取应对方案 σ_i 的效用函数，该效用函数采用实施该方案所造成的风险损失（记为 B_{ji}）的相反数来度量，即

$$P = -\begin{cases} B_{ji}=0, & j=i \\ B_{ji}>0, & j\neq i \end{cases} \quad (7.6)$$

每一阶段进行信息收集所付出的代价记为 C_k（$k=1,2,\cdots,N$），信息收

集的样本空间记为 $\{I_i|i=1,2,\cdots,R\}$（R 为样本空间可取值类型），对应的样本值依次记为 $\{h_i|i=1,2,\cdots,R\}\in I$。对突发事件信息收集的目的就是要预判突发事件各种状态出现的概率。

7.2.3 基于信念修正的临机决策模型

突发事件发生后，应急决策者凭借其自身经验，一般会对突发事件的状态有一个大致的判断并制定初始应急决策，随着对突发事件状态信息的不断收集和完善，应急决策者需要对先前的判断加以修正，在此基础上制订新的应对方案并加以实施，依次往复，直到突发事件得到有效控制和消除为止。应急决策者利用当前收集到的信息对他先前的判断进行修正，通常采用贝叶斯方法[342,343]。应急决策者对突发事件状态的先期判断用概率表示，被称为先验概率，记为 $\mu(\tau_1),\mu(\tau_2),\cdots,\mu(\tau_J)$，满足 $\sum\mu(\tau_j)=1$。至于先验概率的确定有多种方法[344,345]，比较简单的方法是假定各先验概率服从平均分布（突发事件爆发初期信息极度匮乏时比较适用），比较复杂的方法有最大熵法[346]、边缘分布密度法[347]以及互信息原理[348]等。在应急决策中，突发事件状态的先验概率可根据应急决策者的经验加以确定，特别是在突发事件爆发的初期，由于收集到的信息 h_0 严重不足（一般情况下假定为空集，即 $h_0=\varphi$），此时可以假设突发事件状态的先验概率服从平均分布。随着处置工作的展开，应急决策者开始收集到突发事件的相关信息 h_1，已知条件概率 $\mu(h_1|\tau_j)$，则突发事件处于 j 状态（记为 τ_j）的后验概率可以根据如下贝叶斯公式求取：

$$\mu(\tau_j|h_1)=\frac{\mu(h_1|\tau_j)\mu(\tau_j)}{\sum_{i=1}^{J}\mu(h_1|\tau_i)\mu(\tau_i)},\quad i=1,2,\cdots,J \tag{7.7}$$

其中，$\mu(\tau_j)$ 为突发事件处于第 j 状态的先验概率。

众所周知，应急决策者对突发事件状态信息的收集不是一次性完成的，而是随着处置工作的展开不断收集和完善的过程。为了研究方便，假定把整个应急处置过程也分为 N 个阶段，当信息收集进行到第 T_k（$k=0,1,2,\cdots,N$）阶段时（此时的信息集记为 h_k），应急决策者可以把第 T_{k-1} 阶段确定的后验概率作为第 T_k 阶段的先验概率，然后按照式（7.8）确定第 T_k 阶段的后验概率，在此基础上确定最优应对方案。

$$\mu(\tau_j|h_k)=\frac{\mu(\tau_j|h_{k-1})\mu(h_k|\tau_j)}{\sum_{i=1}^{J}\mu(\tau_i|h_{k-1})\mu(h_k|\tau_i)} \tag{7.8}$$

其中，$\mu(\tau_j | h_{k-1})$ 为应急处置进入第 T_k 阶段突发事件处于状态 τ_j 的先验概率，当 $k=1$ 时即表示突发事件爆发初始阶段第一次信息收集前的先验概率（初始阶段记为 T_0 阶段，此时假定信息集为空集 $h_0 = \varphi$），则有 $\mu(\tau_j | h_0) = \mu(\tau_j | \varphi) = \mu(\tau_j)$，此时式（7.7）变成了式（7.8）的一种特殊情况。

在进行突发事件状态信息收集之前，应急决策者对下一阶段收集到的信息是无法确定的，此时需要引入样本空间概率分布的概念。假定样本空间 $\{I_i | i = 1, 2, \cdots, R\}$ 中各样本的分布概率为 $\mu(I_1), \mu(I_2), \cdots, \mu(I_R)$，通常情况下可认为各样本是平均分布的，即 $\mu(I_1) = \mu(I_2) = \cdots = \mu(I_R) = 1/R$，此时可以根据样本空间概率分布 $\mu(I_i)$ 求出下一阶段信息收集的期望后验概率。令 $\mu_e(\tau_j | h_k)$ 为第 T_k 阶段信息收集后对第 T_{k+1} 阶段进行信息收集的期望后验概率，则有

$$\mu_e(\tau_j | h_k) = \sum_{i=1}^{R} \mu(I_i) \mu(\tau_j | I_i) = \sum_{i=1}^{R} \mu(I_i) \frac{\mu(\tau_j | h_k) \mu(I_i | \tau_j)}{\sum_{c=1}^{N} \mu(\tau_c | h_k) \mu(I_i | \tau_c)} \quad (7.9)$$

7.2.4 基于风险损失最小化的应急决策

应急决策者在选择救援方案时，不仅要依据突发事件的状态来确定应对方案概率的大小，而且要考虑选择各方案时的机会成本，即从若干个应对方案中选择一个方案加以实施时，也就丧失了在该种情况下选择其他方案的机会。在应急决策中，由于突发事件的信息收集是一个不断完善的渐进过程，因此在应对方案的选择过程中存在一定程度的风险，在此规定将应急决策者选择某一方案的收益与该状态下（实际状态）选择最优方案的收益之差确定为应急决策者的决策风险损失（通过决策风险损失间接反映应急决策者所获得的效用）。根据式（7.6）界定的决策风险损失 B_{ji}，在信息收集进行了 k 次后（即应急处置进入第 T_k 阶段），假设各个状态为真的概率分别为 $\mu(\tau_1 | h_k), \mu(\tau_2 | h_k), \cdots, \mu(\tau_J | h_k)$，此时采用应对方案 σ_i 的决策风险损失（记为 $L(h_k, \sigma_i)$）可表示为

$$L(h_k, \sigma_i) = \sum_{j=1}^{J} \mu(\tau_j | h_k) B_{ji} \quad (7.10)$$

应急决策者在已收集到的信息范围内采取决策风险损失最小的方案 σ_i^*，即选择的应对方案满足：

$$L(h_k, \sigma_i^*) = \min\{L(h_k, \sigma_1), L(h_k, \sigma_2), \cdots, L(h_k, \sigma_J)\} \quad (7.11)$$

是否需要继续进行信息收集还取决于下一阶段信息收集的预期风险

损失以及对下一阶段信息收集所付出代价的估计。采用期望后验概率来界定预期决策风险损失（记为 $L_e(h_k,\sigma_i)$），即信息收集进行了 k 次后在对下一次信息收集结果进行估计的基础上采用应对方案 σ_i 的决策风险损失，显然有

$$L_e(h_k,\sigma_i)=\sum_{j=1}^{J}\mu_e(\tau_j|h_k)B_{ji},\quad i=1,2,\cdots,J \tag{7.12}$$

此时应急决策者的预期决策风险损失及其采用的应对方案 σ_i^* 满足：

$$L_e(h_k,\sigma_i^*)=\min\{L_e(h_k,\sigma_1),L_e(h_k,\sigma_2),\cdots,L_e(h_k,\sigma_J)\} \tag{7.13}$$

应急决策者的目标是通过计算当前阶段的决策风险损失（$L(h_k,\sigma_i^*)$），将其与需要下一阶段继续收集信息而做出决策的预期决策风险损失（$L_e(h_k,\sigma_i^*)$）及继续进行信息收集所付出的代价（C_{k+1}）进行比较，若满足：

$$L(h_k,\sigma_i^*)\leqslant L_e(h_k,\sigma_i^*)+C_{k+1} \tag{7.14}$$

则停止进行下一阶段的信息收集，采用当前最优应对方案 σ_i^* 进行应急处置。

7.3 实例分析

假定某沿海地区针对即将到来的台风灾害制订了四套应对方案（记为 $\sigma_1,\sigma_2,\sigma_3,\sigma_4$），分别对应台风的四种可能状态：$\tau_1$（特别重大）、$\tau_2$（重大）、$\tau_3$（较大）、$\tau_4$（一般）。假定每阶段信息收集付出的代价为 1 个单位（$C_k=1,k=1,2,\cdots,N$），样本空间为台风灾害所造成的损失程度，即 I_1（特别严重）、I_2（严重）、I_3（较重）、I_4（一般）。台风灾害各状态与各应对方案所对应的收益矩阵如表 7.1 所示，根据 $B_{ji}=\max(B_{j1},B_{j2},\cdots,B_{jJ})-B_{ji}$（$j,i=1,2,\cdots,J$）求得决策风险损失矩阵 B_{ji} 如表 7.2 所示。

表 7.1 收益矩阵

		突发事件状态			
		τ_1	τ_2	τ_3	τ_4
应对方案	σ_1	100	−50	−100	−150
	σ_2	−200	100	−50	−100
	σ_3	−300	−200	100	−50
	σ_4	−400	−300	−200	100

第 7 章 基于态势演化的非常规突发事件临机决策模型构建

表 7.2 决策风险损失矩阵

		突发事件状态			
		τ_1	τ_2	τ_3	τ_4
应对方案	σ_1	0	150	200	250
	σ_2	300	0	150	200
	σ_3	400	300	0	150
	σ_4	500	400	300	0

根据以往台风资料统计给出如下判断。

①如果台风状态为 τ_1（特别重大），所造成灾害损失严重程度的概率分别为

$$\mu(I_1|\tau_1)=0.6，\mu(I_2|\tau_1)=0.2，\mu(I_3|\tau_1)=0.15，\mu(I_4|\tau_1)=0.05$$

②如果台风状态为 τ_2（重大），所造成灾害损失严重程度的概率分别为

$$\mu(I_1|\tau_2)=0.2，\mu(I_2|\tau_2)=0.6，\mu(I_3|\tau_2)=0.15，\mu(I_4|\tau_2)=0.05$$

③如果台风状态为 τ_3（较大），所造成灾害损失严重程度的概率分别为

$$\mu(I_1|\tau_3)=0.05，\mu(I_2|\tau_3)=0.15，\mu(I_3|\tau_3)=0.6，\mu(I_4|\tau_3)=0.2$$

④如果台风状态为 τ_4（一般），所造成灾害损失严重程度的概率分别为

$$\mu(I_1|\tau_4)=0.05，\mu(I_2|\tau_4)=0.15，\mu(I_3|\tau_4)=0.2，\mu(I_4|\tau_4)=0.6$$

利用所建立的模型进行应急决策，分析过程如下。

（1）初始阶段，假定应急决策者没有收集到台风灾害的任何信息（$h_0=\varphi$）而进行直接决策。

此时，首先假定台风的初始状态为等概率分布，即 $\mu(\tau_1|\varphi)=0.25$，$\mu(\tau_2|\varphi)=0.25$，$\mu(\tau_3|\varphi)=0.25$，$\mu(\tau_4|\varphi)=0.25$，采用各应对方案（$\sigma_1,\sigma_2,\sigma_3,\sigma_4$）的风险损失计算如下。

①当采用应对方案 σ_1 时，其风险损失为

$$L(h_0,\sigma_1)=L(\varphi,\sigma_1)=B_{11}\mu(\tau_1|\varphi)+B_{12}\mu(\tau_2|\varphi)+B_{13}\mu(\tau_3|\varphi)+B_{14}\mu(\tau_4|\varphi)$$
$$=0\times0.25+150\times0.25+200\times0.25+250\times0.25=150$$

②当采用应对方案 σ_2 时，其风险损失为 $L(h_0,\sigma_2)=L(\varphi,\sigma_2)=162.5$

③当采用应对方案 σ_3 时，其风险损失为 $L(h_0,\sigma_3)=L(\varphi,\sigma_3)=212.5$

④当采用应对方案 σ_4 时，其风险损失为 $L(h_0,\sigma_4)=L(\varphi,\sigma_4)=300$

从上述计算可知：$L(h_0,\sigma_i^*)=\min\{L(h_0,\sigma_1),L(h_0,\sigma_2),L(h_0,\sigma_3),L(h_0,\sigma_4)\}$ $=L(h_0,\sigma_1)=150$，此时应急决策者最好采用应对方案 σ_1。

（2）进行第一阶段的灾害信息收集（h_1）。

此时也假定各灾害造成的损失程度是等概率的，即 $\mu(I_1) = \mu(I_2) = \mu(I_3) = \mu(I_4) = 0.25$，则各自的期望后验概率为

$$\mu_e(\tau_1|h_1)$$
$$= \sum_{i=1}^{4} \mu(I_i) \frac{\mu(\tau_1|h_0)\mu(I_i|\tau_1)}{\mu(\tau_1|h_0)\mu(I_i|\tau_1) + \mu(\tau_2|h_0)\mu(I_i|\tau_2) + \mu(\tau_3|h_0)\mu(I_i|\tau_3) + \mu(\tau_4|h_0)\mu(I_i|\tau_4)}$$
$$= 0.261$$

$\mu_e(\tau_2|h_1) = 0.241$，$\mu_e(\tau_3|h_1) = 0.240$，$\mu_e(\tau_4|h_1) = 0.258$

此时采用各应对方案（$\sigma_1, \sigma_2, \sigma_3, \sigma_4$）的期望风险损失计算如下。

①当采用应对方案 σ_1 时，其期望风险损失为

$$L_e(h_1, \sigma_1) = B_{11}\mu_e(\tau_1|h_1) + B_{12}\mu_e(\tau_2|h_1) + B_{13}\mu_e(\tau_3|h_1) + B_{14}\mu_e(\tau_4|h_1)$$
$$= 0 \times 0.261 + 150 \times 0.241 + 200 \times 0.240 + 250 \times 0.258 = 148.65$$

②当采用应对方案 σ_2 时，其期望风险损失为 $L_e(h_1, \sigma_2) = 165.9$

③当采用应对方案 σ_3 时，其期望风险损失为 $L_e(h_1, \sigma_3) = 215.4$

④当采用应对方案 σ_4 时，其期望风险损失为 $L_e(h_1, \sigma_4) = 298.9$

$$L_e(h_1, \sigma_i^*) = \min\{L_e(h_1, \sigma_1), L_e(h_1, \sigma_2), L_e(h_1, \sigma_3), L_e(h_1, \sigma_4)\}$$
$$= L_e(h_1, \sigma_1) = 148.65$$

（3）由于 $L(h_0, \sigma_1) = 150 > L_e(h_1, \sigma_1) + C_1 = 148.65 + 1 = 149.65$，即应急决策者不收集信息而直接采用应对方案 σ_1 所造成的风险损失要比进行第一阶段信息收集再采用 σ_1 所造成的期望风险损失要大，故应急决策者应该进行第一阶段的信息收集，这说明应急决策者所拥有的事态信息不足，可能导致决策的准确性偏低。

（4）假设第一阶段收到的灾害损失结果为 I_1（信息收集 h_1 的结果表明灾害特别严重）时，这时实际的后验概率为

$$\mu(\tau_1|I_1) = \frac{\mu(\tau_1)\mu(I_1|\tau_1)}{\sum_{i=1}^{4}\mu(\tau_i)\mu(I_1|\tau_i)} = 0.667，\quad \mu(\tau_2|I_1) = 0.223$$

$$\mu(\tau_3|I_1) = 0.055，\quad \mu(\tau_4|I_1) = 0.055$$

$$L(h_1, \sigma_i^*) = L(h_1, \sigma_1) = 58.2$$

（5）假设进行第二阶段的灾害信息收集（h_2），期望后验概率为

$$\mu_e(\tau_1|h_2) = \sum_{i=1}^{4} \mu(I_i) \frac{\mu(\tau_1|h_1)\mu(I_i|\tau_1)}{\sum_{j=1}^{4}\mu(\tau_j|h_1)\mu(I_i|\tau_j)} = 0.269$$

$\mu_e(\tau_2|h_2) = 0.232$，$\mu_e(\tau_3|h_2) = 0.227$，$\mu_e(\tau_4|h_2) = 0.272$

$$L_e(h_2,\sigma_i^*) = \min\{L_e(h_2,\sigma_1), L_e(h_2,\sigma_2), L_e(h_2,\sigma_3), L_e(h_2,\sigma_4)\}$$
$$= L_e(h_2,\sigma_1) = 148.2$$

由于 $L(h_1,\sigma_1) = 58.2 < L_e(h_2,\sigma_1) + C_2 = 148.2 + 1 = 149.2$，故应急决策者不需要进行第二阶段的信息收集而直接进行决策选择，这也说明过度的信息收集会延误决策，由此会导致更大的灾害损失。

综上分析，应急决策者的应急决策过程为：当台风灾害来临时，应急决策者根据以往台风资料统计和自身经验判断，可以直接启动应对方案 σ_1，此时的风险损失最小；然后应急决策者进行第一阶段的信息收集，如果此时收到的灾害信息 h_1 表明灾害特别严重（I_1），则可以预测此次台风灾害的态势为特别重大（τ_1），继续采用应对方案 σ_1 进行应急处置和救援，此时应急决策者的效用最大，处置效果最好。

7.4 小　　结

非常规突发事件具有突发性、复杂性、动态性、不可预测性、深度危害性等一系列特殊属性，这就要求应急决策者必须在环境复杂、时间紧迫、信息缺失和压力巨大的特殊背景下快速制定应对方案并加以实施，然而现实情况不允许应急决策者随心所欲地随便决策（责任追究），需要在简单分析工具的支持下制定科学合理的应对方案。博弈论作为一种简单的决策分析工具，为该问题的解决提供了新的途径。本章首先阐述应急决策过程实质上是一个应急决策者和突发事件间的序贯博弈过程，随后从序贯博弈的视角构建了基于信息流的突发事件临机决策模型，该模型充分体现了决策者依据事件态势的变化进行临场决策、及时生成适应新情况的应急处置与救援方案的过程。最后的算例分析说明了危机情景下应急决策的质量依赖于应急决策者对事态信息收集和掌握的程度。过度的信息收集会延误决策，而信息收集不足又会影响决策的精确性，二者势必都会造成更大的灾害损失，因此应急决策者对信息收集要掌握适度原则。另外，算例分析也验证了所建模型的有效性和可行性。

第8章 基于情感因子弱化的应急决策效果评估方法

据相关资料统计[349]，各类突发事件给我国造成经济损失超过6000亿元，死亡人数超过20万人，伤残超过200万人。在突发事件应对过程中，政府部门虽然制定了比较详尽的应急预案，并动用了大量的人力、物力和财力，但没有取得良好效果的例子比比皆是。比如，"威马逊"超强台风灾害、天津"8·12"特大火灾爆炸事故等都给我们留下了惨痛而深刻的教训，也促使我们进一步去思考为什么政府采取的应对措施没有取得预期的成效，甚至再次出现应对措施失效或失误？深究其主要原因，还是与决策者的决策习惯密切相关，大多数决策者比较重视应急决策的制定和实施这两个环节，对决策实施后的评价环节则关注甚少。而应急决策是否会达到预期的效果，则取决于决策实施成效的客观评价，在此基础上才能进一步总结经验和完善应急预案。因此，应急决策效果评估是在整个突发事件应对过程中必不可少的环节，应该给予高度重视。

8.1 应急决策效果评估研究现状及其不足

目前，国内外针对决策效果评价的研究成果较多[350-358]，而专门针对应急决策效果评价的研究尚不多见，不过也有学者进行了尝试性研究。比如，Hamzah[359]对"埃克森·瓦尔迪兹"号油轮漏油事故的应急预案效果进行了评价分析。Larsson等[360]采用不精确评估法对突发事件响应策略的效果进行了评估。Bagolong等[361]采用描述性评价方法对达沃市应急预案和预警系统的效果进行了评估。刘力玮[362]结合现有理论基础，以"情景-应对"为基础对非常规突发事件展开研究，着重讨论与分析非常规突发事件应急方案与效果评估两个部分。焦宇等[363]指出在界定救灾决策者的责任时，不仅要评价救灾决策实施效果，而且要判断在当时仅能掌握部分灾情的条件下，决策者是否选择了相对较优的救援方案。樊自甫等[364]参考国内外相关标准，提取评价指标，运用网络分析法确定指标权重，通过模糊综合评价法对应急通信预案的实施效果进行评估。张英菊[365, 366]采用灰色多层次评价方法及其改进方法，建立了应急预案实施效果评价模型，根据模型计算结果，可以针对性地对应急预案进行改进，提升其实施效果。徐峻等[367]基于区域质量模型建立了重污染应急控制措施效果的快速评估方法。王先文等[368]在总结电力施工基本特点的基础上采用模糊综合评价法对电力施工应急演练效果进行了评估。

上述研究从不同领域、采用不同方法对应急决策效果进行了评估，丰富了应急管理理论，但也存在一个共同的缺陷，即忽略了评判者主观因素对应急决策效果的影响，因为不同的评判者由于知识、经验、判断能力、直觉敏感性等方面存在差异，即使对同一决策的实施效果进行评价，其评判结果往往也可能出现不一致。本章试图弥补这一缺陷，首先构建基于情感因子弱化的应急决策效果评估指标体系及模型；随后重点是通过循环优化评判者的权重，逐渐弱化评判者情感因子对评价指标值的影响，从而使评估值不断接近它的客观实际值；最后通过实例分析验证该方法的可行性和有效性。

8.2 应急决策效果评估指标体系构建

我国《突发事件应对法》虽然把突发事件分为自然灾害、事故灾难、公共卫生事件和社会安全事件四大类，但是每一类突发事件都包含许多不同性质的突发事件，由此决定了其应急处置与救援方式各不相同，比如台风灾害和大雪灾害虽然都属于自然灾害，可应急处置与救援方式显然存在很大差异。因此，对它们的应急决策效果评估指标的设定也就不一样。在参考相关决策评估研究成果[362, 369, 370]的基础上，选取了对应急决策效果评估影响显著的 4 个方面的评价要素，即人员伤亡与财产损失、社会影响、生态环境影响和应急能力。这 4 个方面的评价要素既包含了突发事件所造成的客观损失，也包含了突发事件的严重程度以及生态环境的恢复状态，还包含民众对突发事件处置的主观反映和对政府应急能力的客观评判，其总体评价结果都与应急决策效果直接相关。依据所选评价要素的内涵，又确定了 15 个细化评级指标，由此构成应急决策效果评估指标体系框架（图 8.1）。图 8.1 为两层指标体系，第一层为主要因素集，第二层为细化指标集。

应急决策效果评估指标体系：

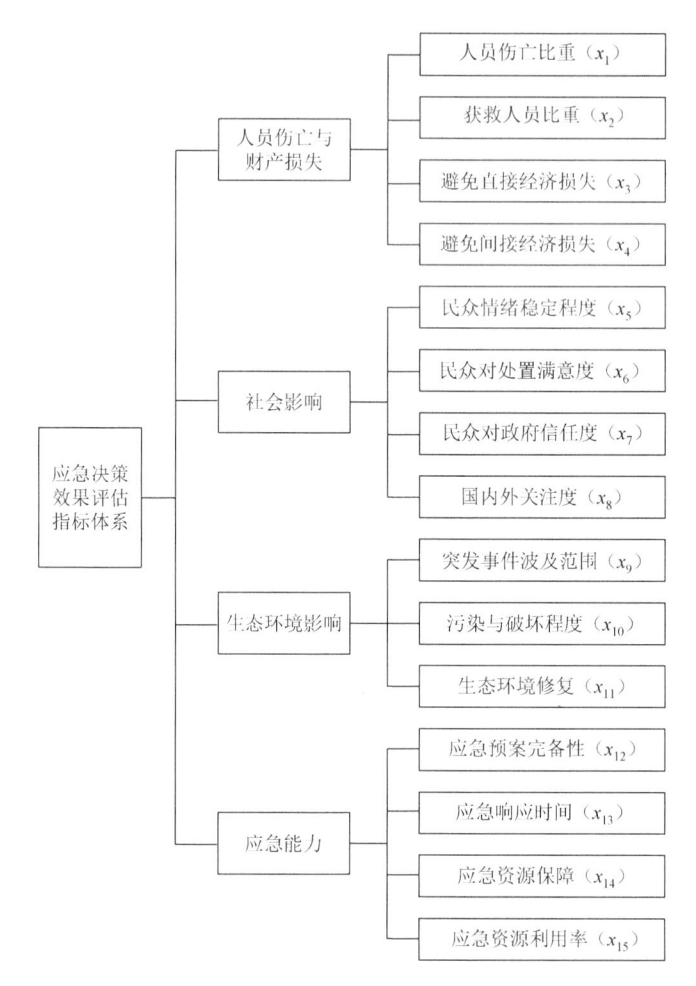

- 人员伤亡与财产损失
  - 人员伤亡比重（x_1）
  - 获救人员比重（x_2）
  - 避免直接经济损失（x_3）
  - 避免间接经济损失（x_4）
- 社会影响
  - 民众情绪稳定程度（x_5）
  - 民众对处置满意度（x_6）
  - 民众对政府信任度（x_7）
  - 国内外关注度（x_8）
- 生态环境影响
  - 突发事件波及范围（x_9）
  - 污染与破坏程度（x_{10}）
  - 生态环境修复（x_{11}）
- 应急能力
  - 应急预案完备性（x_{12}）
  - 应急响应时间（x_{13}）
  - 应急资源保障（x_{14}）
  - 应急资源利用率（x_{15}）

图 8.1 应急决策效果评估指标体系框架

8.3 基于情感因子弱化的应急决策效果评估模型构建

8.3.1 模型假设

参与应急决策效果评估的评判者满足"经济人"假设，即追求自身利益最大化准则。在评价过程中，除受个人心情因素和主观偏好因素影响外，评判者的利益因素会对评价结果产生重要影响。根据评判者与应急决策制定者的关系，将评判者分为三类：第一类是利益相关者（比如评判者本身就是该项应急决策的制定者）；第二类为利益无关者（比如第三方评估专家）；第三类为利益冲突者（比如评判者与该项应急决策的制定者存在矛盾）。这样不同类型的评判者参与应急决策效果评估，他们的情感因素势必会对评价结果产生影响，从而使评价结果的客观性难以保障。为了解决这一问题，首先对影响应急决策效果评估的评判者情感因素进行抽象（将影响应急决策效果评估的各类主观因素统称为情感因子），并进一步作如下假设。

（1）具有完备的信息平台，评判者掌握应急决策处置结果的相关信息并具备参与评价的能力。

（2）应急决策效果评估的每一项指标属性都存在客观虚拟值。

（3）对于第一类评判者，为了追求自身利益最大化，会给评价指标赋予最优值。

（4）对于第二类评判者，因不存在利益关系，会客观公正地给评价指标赋值。

（5）对于第三类评判者，因存在利益冲突，会给评价指标赋予最差值。

8.3.2 基于情感因子弱化的评估模型

假设对一项应急决策效果进行评估的 n 个评价指标记为 $X=\{x_1,x_2,\cdots,x_n\}$，其客观虚拟值记为 $X^*=\{x_1^*,x_2^*,\cdots,x_n^*\}$，参与评价的 $m(m\geq 2)$ 个评判者记为 $E=\{e_1,e_2,\cdots,e_m\}$，各专家对指标 i 的权重向量记为 $\lambda_i=\{\lambda_i^1,\lambda_i^2,\cdots,\lambda_i^m\}$，各指标对整体评价效果的重要程度记为 $\omega=\{\omega_1,\omega_2,\cdots,\omega_n\}$。

对应急决策效果进行评估比较传统的评价方法有如下两种。

方法 1：将各评判者对某一指标的评价值进行简单平均，取各评判者评价值的平均值作为某一指标的评价值 x_i，然后依据给定的权重确定应急决策效果评估的整体评价值 X，其计算公式如下：

$$x_i = \frac{1}{m}\sum_{j=1}^{m} x_i^j, \quad j=1,2,\cdots,m \tag{8.1}$$

$$X = \sum_{i=1}^{n} \omega_i x_i, \quad i=1,2,\cdots,n \tag{8.2}$$

方法 2：在各评判者对某一指标的评价值中去掉一个最低评价值和一个最高评价值，将剩余评判者的评价值取平均数作为某一评价指标的最终评价值 x_i [按式（8.3）计算]，然后依据给定的权重确定应急决策效果评估的整体评价值 X [按式（8.2）计算]。

$$x_i = \frac{1}{m-2}\left(\sum_{j=1}^{m} x_i^j - \min\{x_i^j\} - \max\{x_i^j\}\right), \quad j=1,2,\cdots,m \tag{8.3}$$

上述两种方法都没有考虑评判者的主观因素对评价结果的影响，因此评价结果有可能不准确或者严重失真，需要采取新的评价方法削弱评判者主观因素对评价结果的影响。为此，提出了基于评判者情感因子弱化的应急决策效果评估模型，为该类问题的解决提供一种新的途径。

下面给出情感因子弱化模型的相关因素与数学表达式。

1. 评价值的归一化处理

由于评价指标的属性各不相同，得出的评价值量纲也会各异，因此需要进行归一化处理，将不同量纲的评价值规范化到相同的区间 $[x_0^-, x_0^+]$，从而使不同的评价值具有可比性，其规范化处理公式为

$$x_i^{j\#} = x_0^- + (x_0^+ - x_0^-)\frac{x_i^j - \min\{x_i^j\}}{\max\{x_i^j\} - \min\{x_i^j\}}, \quad j=1,2,\cdots,m; \ i=1,2,\cdots,n \quad (8.4)$$

其中，x_i^j 为评判者 j 对应急决策效果评估的第 i 个指标的评价值。

2. 确定距离偏差（d_i^j）

$$d_i^j = x_i^{j\#} - x_i^*, \quad j=1,2,\cdots,m; \ i=1,2,\cdots,n \quad (8.5)$$

其中，d_i^j 为评判者 j 对第 i 个指标的评价值与其客观虚拟值之差；$x_i^* \in [x_0^-, x_0^+]$ 为第 i 个指标评价值的客观虚拟值。

3. 确定评价权重（λ_i^j）

评判者 j 对应急决策效果评估的第 i 个指标的评价权重 λ_i^j 按式(8.6)确定。

$$\lambda_i^j = \frac{\ln(\delta_i |d_i^j| + \beta_i)}{\sum_{j=1}^{m} \ln(\delta_i |d_i^j| + \beta_i)} \quad (8.6)$$

其中，$\lambda_i^j \in (0,1)$ 且 $\sum_{j=1}^{m} \lambda_i^j = 1$；$\delta_i$ 和 β_i 为待定变量，与评价对象有关，满足 $\delta_i < 0$，$\beta_i > 1 - \delta_i \max\{d_i^j\}$。对于应急决策效果评估的待定指标客观虚拟值，通过循环优化使其趋近于应急决策效果评估的指标客观值，因此针对应急决策效果评估的第 i 个评价指标值，评判者 j 给出的评价值与其客观虚拟值的偏差绝对值 $|d_i^j|$ 越大，说明评判者的情感因子对应急决策效果评估的影响越大。为了弱化评判者 j 情感因子的影响，必然使其权重越小越好，即要满足 λ_i^j 是 $|d_i^j|$ 的递减函数，故规定 $\delta_i < 0$；为了满足评判者权重 $\lambda_i^j \in (0,1)$，要求 $\delta_i |d_i^j| + \beta_i > 1$ 即 $\beta_i > 1 - \delta_i \max\{d_i^j\}$。

4. 确定总体评价值（$x_i^\&$）

$$x_i^\& = \sum_{j=1}^{m} \lambda_i^j x_i^{j\#}, \quad j=1,2,\cdots,m \quad (8.7)$$

其中，$x_i^\&$ 为全体评判者确定的第 i 个指标的总体评价值；$x_i^{j\#}$ 为评判者 j 对第 i 个指标的评价归一化值；λ_i^j 为评判者 j 对第 i 个指标的评价权重。

5. 确定贴近度（η）

某一评价指标的总体评价值与其相应的客观虚拟值之间的贴近度采用海明贴近度公式计算，即

$$\eta_i = 1 - \left|x_i^\& - x_i^*\right| = 1 - \left|\sum_{j=1}^m \lambda_i^j x_i^{j\#} - x_i^*\right|, \quad j=1,2,\cdots,m \tag{8.8}$$

6. 确定目标函数

基于应急决策效果评估的第 i 个指标总体评价值与其客观虚拟值贴近度最大化的思想，给出确定第 i 个指标评价值的非线性规划模型：

$$\max \quad \eta_i = 1 - \left|x_i^\& - x_i^*\right| = 1 - \left|\sum_{j=1}^m \lambda_i^j x_i^{j\#} - x_i^*\right| \tag{8.9}$$

$$\text{s.t.} \begin{cases} x_i^\& = \sum_{j=1}^m \lambda_i^j x_i^{j\#}, \quad j=1,2,\cdots,m \\ \lambda_i^j = \dfrac{\ln(\delta_i |d_i^j| + \beta_i)}{\sum_{j=1}^m \ln(\delta_i |d_i^j| + \beta_i)} \\ \delta_i < 0, \quad \beta_i > 1 - \delta_i \max\{d_i^j\} \\ x_i^* \in [0,1], \quad i=1,2,\cdots,n \end{cases} \tag{8.10}$$

7. 评价指标值修正

如前所述，在应急决策效果评估过程中，由于评判者的情感因子会影响评价结果，为此采用循环弱化情感因子的方式减轻评判者主观因素对评价结果的影响，其主要思路为：根据评判者对应急决策效果评估指标的总体评价值与其客观虚拟值的偏差确定评判者在该评价指标上的情感影响因子，随后利用评判者的情感影响因子对其评价值进行修正，实现情感因子对评价指标影响的弱化。

定义 8.1 对于应急决策效果评估的第 i 个评价指标，称

$$\theta_i^j = \frac{d_i^j}{\sum_{j=1}^m |d_i^j|}, \quad i=1,2,\cdots,n; \quad j=1,2,\cdots,m \tag{8.11}$$

为评判者 j 在应急决策效果评估中对第 i 个指标评价值的情感影响因子（简称"情感因子"），且满足 $\theta_i^j \in [0,1]$，$\sum_{j=1}^m \theta_i^j = 1$。

利用情感因子弱化评判者对评价指标的影响,有必要对评价值进行修正,修正规则如下。

①若 $d_i^j \leq 0$,则修正值 $\widehat{x_i^j}$ 为

$$\widehat{x_i^j} = x_i^{j\#}(1+\theta_i^j), \quad i=1,2,\cdots,n; \quad j=1,2,\cdots,m \tag{8.12}$$

②若 $d_i^j > 0$,则修正值 $\widehat{x_i^j}$ 为

$$\widehat{x_i^j} = x_i^{j\#}(1-\theta_i^j), \quad i=1,2,\cdots,n; \quad j=1,2,\cdots,m \tag{8.13}$$

8. 基于情感因子弱化的评价指标值修正过程

图 8.2 给出了采用情感因子循环优化应急决策效果评估中各指标评价值的具体过程,其主要步骤详细说明如下。

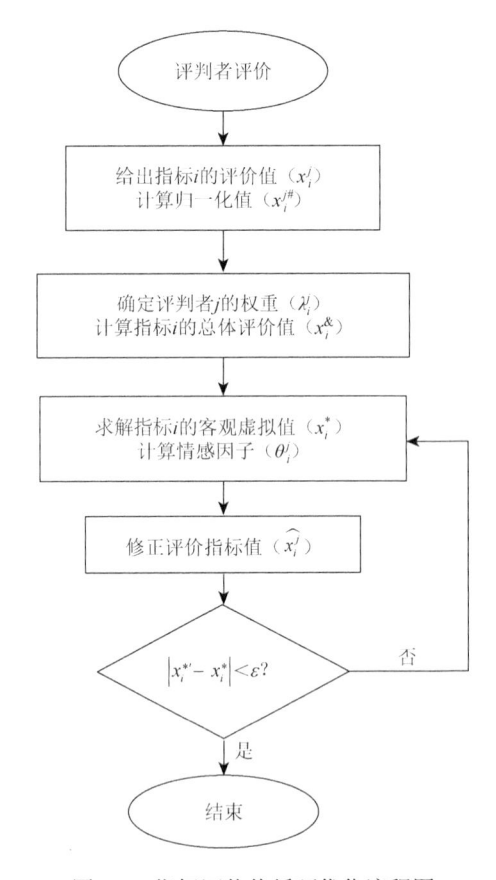

图 8.2 指标评价值循环优化流程图

第 1 步:评判者 j 对应急决策效果评估的第 i 个指标进行评判赋值(x_i^j),然后按照式(8.4)进行归一化处理。

第 2 步：对于第 i 个指标，给定其待定的客观虚拟值 x_i^*，按照式（8.5）和式（8.6）确定各评判者对第 i 个指标的评价权重 λ_i^j，随后依据式（8.7）计算第 i 个指标的总体评价值 $x_i^{\&}$。

第 3 步：利用非线性规划模型（8.9）确定第 i 个指标的客观虚拟值 x_i^*，在此基础上依据式（8.11）计算评判者 j 对第 i 个指标评价的情感影响因子 θ_i^j。

第 4 步：依据第 3 步求得的情感因子 θ_i^j，按照修正规则①[参见式（8.12）]或者②[参见式（8.13）]修正第 i 个指标的评价值 $\widehat{x_i^j}$。

第 5 步：针对修正后的评价值 $\widehat{x_i^j}$，重新给定第 i 个指标的客观虚拟值 x_i^*，重复第 2 步和第 3 步，确定第 i 个指标修正后的客观虚拟值 $x_i^{*'}$。

第 6 步：给定任意小的正数 ε（比如 $\varepsilon = 0.1$），如果有 $|x_i^{*'} - x_i^*| < \varepsilon$，则优化结束，第 i 个指标的最终评价值为 $x_i^{*'}$；否则令 $x_i^* = x_i^{*'}$，转入第 4 步重新进行循环优化。

确定应急决策效果评估中各评判者的权重向量 $\lambda_i = \{\lambda_i^1, \lambda_i^2, \cdots, \lambda_i^m\}$ 后，确定第 i 个指标最终评价值：

$$x_i^{\&} = \sum_{j=1}^{m} \lambda_i^j \widehat{x_i^j}, \quad j = 1, 2, \cdots, m \quad (8.14)$$

在各指标的权重 $\omega = \{\omega_1, \omega_2, \cdots, \omega_n\}$ 事先给定的条件下，确定一项应急决策效果评估的整体评价值：

$$X = \sum_{i=1}^{n} \omega_i x_i^{\&}, \quad i = 1, 2, \cdots, n \quad (8.15)$$

8.4 案 例 分 析

以 2014 年登陆我国的"威马逊"超强台风为例，对政府应对决策的处置效果进行评估。为了简要说明问题，选取 5 个指标进行决策效果评价：①伤亡情况（x_1）；②经济损失（x_2）；③民众对政府的信任度（x_3）；④灾后恢复（x_4）；⑤应急响应能力（x_5）。4 位评判者（记为 e_1, e_2, e_3, e_4）参与该项应急决策效果评估，其评判标准如下。

（1）对效益型指标的评价为很好/很高（9 分）、好/高（7 分）、一般（5 分）、差/低（3 分）、很差/很低（1 分）。比如，民众对政府的信任度评价集为{很高, 高, 一般, 低, 很低}，对应的评价值为{9,7,5,3,1}。

（2）对成本型指标的评价为特别严重（1 分）、严重（3 分）、一般（5 分）、轻（7 分）、很轻（9 分）。比如，伤亡情况评价集为{特别严重, 严重, 一般, 轻, 很轻}，其对应的评价值为{1,3,5,7,9}。

（3）评价值为 2 分、4 分、6 分、8 分的含义分别介于 1 分、3 分、5 分、7 分、9 分之间。

（4）效果评价集设定为{较差：1~3（不含 3）；一般：3~5（不含 5）；较成功：5~7（不含 7）；非常成功：7~9}

4 位评判者对各指标的评价值如表 8.1 所示。

表 8.1 评判者对各指标的评价值

评判者	伤亡情况（x_1）	经济损失（x_2）	民众对政府的信任度（x_3）	灾后恢复（x_4）	应急响应能力（x_5）
专家 1（e_1）	5	6	8	7	6
专家 2（e_2）	7	8	8	9	9
专家 3（e_3）	2	3	1	2	2
专家 4（e_4）	9	8	9	8	9

8.4.1 过程分析

在"威马逊"超强台风灾害中，上述 5 个指标值是客观存在的，但无法知道其确定值，因此在循环优化开始之前，采用随机数生成这 5 个评价指标的虚拟值。在区间 $[x_0^-, x_0^+]$ 生成随机数的公式如下：

$$x = \text{rand}^* (x_0^+ - x_0^-) + x_0^- \qquad (8.16)$$

在此，设定区间为[1, 9]，根据式（8.16）生成一组上述 5 个评价指标的虚拟值为(5, 6, 8, 7, 6)。另外，为了简化研究，假定 5 个指标的权重为 $\omega = \{0.2, 0.2, 0.2, 0.2, 0.2\}$。

（1）按照评判者情感因子弱化模型对应急决策效果进行评价。

将表 8.1 中的原始评价数据按照式（8.4）进行归一化处理，归一化后的评价数据如表 8.2 所示。

表 8.2 归一化后的评价数据

评判者	伤亡情况（x_1）	经济损失（x_2）	民众对政府的信任度（x_3）	灾后恢复（x_4）	应急响应能力（x_5）
专家 1（e_1）	4.4286	5.8000	8	6.7143	5.5714
专家 2（e_2）	6.7143	9	8	9	9
专家 3（e_3）	1	1	1	1	1
专家 4（e_4）	9	9	9	7.8571	9

将表 8.2 中的数据代入所建立的非线性规划模型进行循环优化，获得经过评判者情感因子弱化的应急决策效果评估的评价值，如表 8.3 所示。

表 8.3 循环优化后的评价值（$\varepsilon = 0.1$）

项目者	伤亡情况（x_1）	经济损失（x_2）	民众对政府的信任度（x_3）	灾后恢复（x_4）	应急响应能力（x_5）
专家 1（e_1）	5.21	6.60	7.31	6.66	6.60
专家 2（e_2）	5.21	6.60	7.31	6.52	6.57
专家 3（e_3）	2.50	2.72	3.30	3.08	2.62
专家 4（e_4）	5.21	6.58	7.31	6.56	6.57

经过循环优化后，各评判者对 5 个评价指标的权重与最终评价值如表 8.4 所示。

表 8.4 各评判专家的权重及最终评价值

项目	伤亡情况（x_1）λ_1^j	经济损失（x_2）λ_2^j	民众对政府的信任度（x_3）λ_3^j	灾后恢复（x_4）λ_4^j	应急响应能力（x_5）λ_5^j
专家 1（e_1）	0.3	0.3	0.3	0.3	0.3
专家 2（e_2）	0.3	0.3	0.3	0.3	0.3
专家 3（e_3）	0.1	0.1	0.1	0.1	0.1
专家 4（e_4）	0.3	0.3	0.3	0.3	0.3
δ_i	\multicolumn{5}{c}{−0.25}
β_i	\multicolumn{5}{c}{6}
x^*	5.1	6.3	6.9	6.3	6.2
$x_i^\&$	4.94	6.21	6.91	6.23	6.18

按照式（8.15）求得该项应急决策效果的最终评价值（记为 X_1）为

$$X_1 = \sum_{i=1}^{5} \omega_i x_i^\& = 6.09$$

该项应急决策效果评估各指标的客观虚拟值为 $x^* = \{5.1, 6.3, 6.9, 6.3, 6.2\}$，可知该项应急决策效果评估的总体客观虚拟值（记为 X^*）为

$$X^* = 6.16$$

（2）按照传统方法 1，即采用所有评判者评价值的均值作为该项应急决策处置效果的评价结果。

将表 8.2 中各指标按照式（8.1）进行计算，其结果如表 8.5 所示。

表 8.5 采用方法 1 求得的结果

评判者	伤亡情况（$\overline{x_1}$）	经济损失（$\overline{x_2}$）	民众对政府的信任度（$\overline{x_3}$）	灾后恢复（$\overline{x_4}$）	应急响应能力（$\overline{x_5}$）
专家 1（e_1）	5.29	6.20	6.50	6.14	6.14
专家 2（e_2）					
专家 3（e_3）					
专家 4（e_4）					

注：$\overline{x_i}$ 表示平均值

按照式（8.2）求得该项应急决策效果的最终评价值（记为 X_2）为

$$X_2 = \omega_1 \overline{x_1} + \omega_2 \overline{x_2} + \omega_3 \overline{x_3} + \omega_4 \overline{x_4} + \omega_5 \overline{x_5} = 6.05$$

（3）按照传统方法 2，即将在每项指标的评价值中去掉一个最高值和一个最低值后再求得的均值作为该项应急决策处置效果的评价结果。

将表 8.2 中各指标按照式（8.3）进行计算，其结果如表 8.6 所示。

表 8.6 采用方法 2 求得的结果

评判者	伤亡情况（$\overline{x_1}$）	财产损失（$\overline{x_2}$）	民众对政府的信任度（$\overline{x_3}$）	灾后恢复（$\overline{x_4}$）	应急响应能力（$\overline{x_5}$）
专家 1（e_1）	5.57	7.40	8.00	7.29	7.29
专家 2（e_2）					
专家 3（e_3）					
专家 4（e_4）					

按照式（8.2）求得该项应急决策效果的最终评价值（记为 X_3）：

$$X_3 = 7.11$$

8.4.2 结果对比分析

三种方法求得的结果如下：

$$\begin{cases} X_1 = 6.09 \\ X_2 = 6.05 \\ X_3 = 7.11 \end{cases} \tag{8.17}$$

根据给定的评价集{较差：1~3；一般：3~5；比较成功：5~7；非常成功：7~9}可知，采用基于评判者情感因子弱化的评估方法和传统方法1求得的结果可判定该项应急决策的处置效果是比较成功的，采用传统方法2评判该项应急决策的处置效果是非常成功的，而根据客观虚拟值$X^* = 6.16$，可知该项应急决策处置效果是比较成功的。实际情况也的确如此，在"威马逊"超强台风应对过程中，国家启动了二级应急响应，广东、广西和海南分别启动了一级应急响应，这也说明各级政府高度重视并采取了较为完善的应对措施，但是由于此次超强台风本身具有巨大的破坏性、地方政府应急能力的局限性以及民众危机意识的薄弱性等客观因素的存在，此次超强台风还是造成了62人死亡和21人失踪，其直接经济损失超过380亿元，这些足以说明政府应对"威马逊"超强台风的措施还有改善的余地，因此只能算是比较成功的，即整个应急处置与救援方案是成功的，而不是完美无缺的非常成功。可是，按照传统方法2对此项应急决策的处置效果进行评估出现了偏差，与客观事实不太相符。

现将上述三种评估方法的优劣进行比较，此处采用绝对误差σ和相对误差ξ来评判。

（1）采用评判者情感因子弱化方法计算的绝对误差和相对误差分别为

$$\sigma_1 = |X^* - X_1| = |6.16 - 6.09| = 0.07$$

$$\xi_1 = \frac{0.07}{6.16} \times 100\% = 1.14\%$$

（2）采用传统方法1计算的绝对误差和相对误差分别为

$$\sigma_2 = |X^* - X_2| = |6.16 - 6.05| = 0.11$$

$$\xi_2 = \frac{0.11}{6.16} \times 100\% = 1.79\%$$

（3）采用传统方法2计算的绝对误差和相对误差分别为

$$\sigma_3 = |X^* - X_3| = |6.16 - 7.11| = 0.95$$

$$\xi_3 = \frac{0.95}{6.16} \times 100\% = 15.42\%$$

由$\xi_1 < \xi_2 < \xi_3$可知，采用本章建立的基于评判者情感因子弱化的评估方法对该项应急决策的处置效果进行评估最为精确，其次为传统方法1即

按照所有评判者评判值的均值，最差的是传统方法 2 即在所有评判值中除去一个最高值和一个最低值后加总再求平均值。

8.5 小　　结

通过上述三种方法比较可知，采用传统方法对应急决策处置效果进行评估虽然具有简单直观的特点，但是其评估精度不够高，并且有可能出现明显的失真，而本章设计的评估方法具有明显的优点即评估结果能够客观地反映评估对象的实际情况，其根本原因在于基于评判者情感因子弱化的评价模型通过循环优化不断弱化评判者情感因子对评估结果的影响，从而使评判者所给的评判值逐渐接近客观值，因此该方法既保证了评价结果的客观性，又保证了评价结果具有较高的精度。另外，由于应急决策仍属于决策理论范畴，故该评估方法通过适当修改评价指标体系，可以推广到对一般决策效果的评价。

鉴于应急决策实施效果的客观评估有助于总结经验和完善应急预案，本章提出以下建议。第一，对《突发事件应对法》进一步完善，特别是在事后恢复与重建章节中加入突发事件应急决策处置效果评估，从法律、制度上彻底改变决策者过去重视应急决策制定和实施而忽视事后评估与经验总结的状况。第二，为了保证评估结果的客观性，评估专家的选取尤为重要。本章提出的方法虽然能够降低评估专家情感因素对应急决策实施效果评估的影响，但始终无法完全消除。因此在选取评估专家时，尽量选取和应急决策制定与实施不相关的第三方评估人员，改变政府在突发事件应对过程中既当"运动员"又当"裁判员"的局面，从而保证评估结果的客观公正性。第三，评估方法的选取会对评估结果产生重要影响。从本章的结果可知，不同的评估方法即使是对同一应急决策的实施效果进行评估，其结果都可能会不一致，甚至出现违背事实的评估结果。因此，在对应急决策效果进行评估时，需要结合突发事件处置的具体情况，尽量采用科学的评估方法，保证评估结果的准确性和可利用性。

第9章 非常规突发事件态势感知大数据平台理论框架设计及其原型系统开发

我国人口众多，气象条件复杂，生态环境整体脆弱，是世界上遭受各类重大自然灾害影响最严重的国家之一。频发的各类重大自然灾害不仅给公共安全造成重大威胁，而且每年造成巨大的财产损失。以极端气象灾害事件为例设计的非常规突发事件态势感知大数据平台系统能够提前感知重大灾害的发展态势及其灾害的严重程度，政府应急管理人员借助该系统可以采取具有针对性的应急措施，从而减少灾害财产损失和人员伤亡，避免重大灾害事件在政治上、经济上和文化上产生深远的影响。

9.1 非常规突发事件应急管理流程

9.1.1 基于极端气象灾害的非常规突发事件机理特征分析

极端气象灾害事件属于一类特殊的非常规突发事件[371]，除了具有一般突发事件的突然性、不可预测性等特征外，还有其独特的本质属性。

（1）深度的危害性。一般情况下，极端气象灾害事件由若干灾害子事件组成，形成一个灾害链，比如，超强台风灾害事件的灾害链：大风大雨灾害（原生灾害）—洪涝灾害（次生灾害）—瘟疫事件（衍生灾害）等。极端气象灾害事件形成的多重灾害叠加就决定了其巨大的破坏性和深度的危害性，它不仅会造成难以估量的经济损失，还会造成重大的人员伤亡甚至出现人道主义危机。比如，2005 年美国的"卡特里娜"飓风，不仅造成了 2000 多亿美元的经济损失，而且造成至少 1833 人死亡，导致在新奥尔良市出现了混乱局面。

（2）时间的紧迫性。极端气象灾害事件一旦发生，就有快速扩张的态势，因其深度的破坏性而迅速成为社会关注的焦点，如果政府相关部门不迅速地采取有效的应对措施，灾害会进一步扩大升级，这样会导致民众对政府产生不满情绪，政府形象自然会严重受损。面对高度不确定而又存在深度破坏性的极端气象灾害事件，政府相关部门必须在资源有限、时间紧迫、压力巨大的条件下迅速制定应急处置与救援方案并立刻付诸实施,这样才能把灾害损失和人员伤亡控制在社会可接受的范围之内。

(3)信息的高度缺失性。极端气象灾害事件一般发生的概率比较小,属于"黑天鹅"事件,比如龙卷风灾害、超强台风灾害等。因此,人们对这类事件的发生、发展、演化规律及其次生、衍生灾害等都了解得比较少,对于出现什么样的事件状态、出现这种状态的可能性及其危害程度等缺乏足够的信息和知识。鉴于极端气象灾害事件的信息高度缺失,一方面,很难对这类事件进行事先预测和预警,应急管理中的"关口前移"很难奏效;另一方面,极端气象灾害事件发生后,即使有应急预案的支持,在最初阶段也很难采取及时有效的应急处置与救援措施。

(4)灾害的易变性。极端气象灾害事件演化的灾害链极其复杂,飞速发展的大数据技术、人工智能技术等数字技术虽然为极端气象灾害事件的应对提供了诸多帮助,但毕竟无法准确预测极端气象灾害事件的演化路径。因此,极端气象灾害事件体现出多变性、易变性的特征,比如不同的超强台风或者同一级别的超强台风在不同的地方登陆所形成的灾害链可能完全不一样,因而采取的应对措施也会大相径庭。

9.1.2 极端气象灾害事件应急管理体系运行机制

极端气象灾害事件应急管理体系中各个组成部分可能来自政府的不同组织部门,比如在超强台风灾害这样的突发事件应对过程中,应急组织体系由气象部门、消防部门、卫生部门、民政部门等组成,虽然各部门执行的任务可能不相同,但它们在应急管理中的最终目的却都是一样的,即使灾害造成的损失和人员伤亡尽量最小化。为了使救援工作得到有序开展,各部门统一指挥、协调作战就显得尤为重要。这就需要一套完备的运行机制来保障。图 9.1 给出了极端气象灾害事件应急管理体系运行机制,把极端气象灾害事件应急管理的运行过程分为 4 个阶段,即应急准备与预防、监测与预警、处置与救援、恢复与重建。

在日常情况下,应急管理体系处于一般运行状态,主要处理一些基本的管理任务,比如开展区域内的灾害风险排查、制定极端气象灾害应急预案与应急演练、储备应急救援物资等。此外,还负责监控区域内相关气象指标。当某一些气象指标超出警戒值时,就需要发出预警信号,并依据预警信号的级别调整应急管理体系的运行状态。当极端气象灾害来临时,应急决策者依据收到的灾害信息并借助专家的判断对灾害的性质和级别进行迅速地识别,同时启动相应的应急预案。应急指挥中心结合灾害态势的实

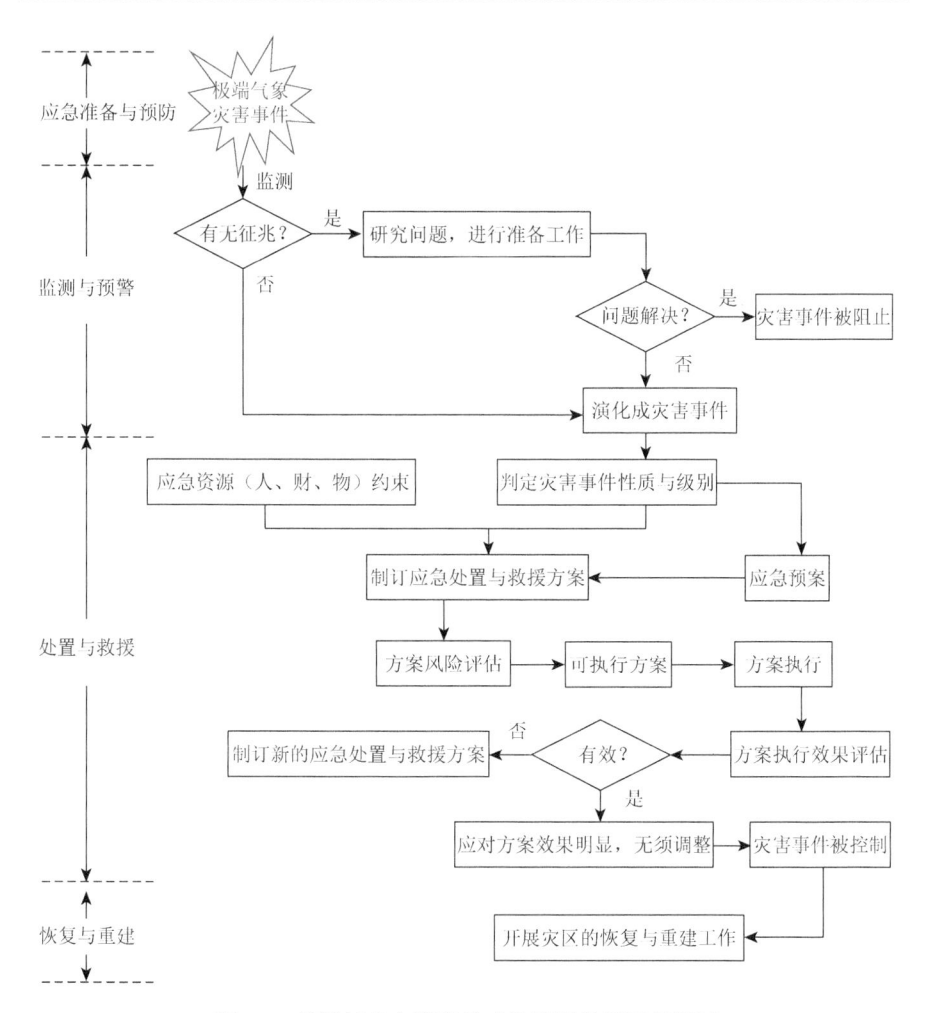

图 9.1 极端气象灾害事件应急管理体系运行机制

际情况制订应急处置与救援方案，并进行可行性评估，在此基础上组织相关部门实施应对方案，对灾害实施控制。如果方案实施后，极端气象灾害得不到有效控制，并且事态有进一步恶化升级的趋势，经过综合评估后重新界定极端气象灾害的级别。此时，应急管理体系运行状态需要提高到相应级别状态，同时需要将应急指挥权向上移交。同样，当实施救援的应急资源（人、财、物）不能满足灾区内需求时，需要向上一级部门寻求帮助以获取更多的救援力量，直到灾害事件得到有效控制。随后进入灾区的恢复与重建工作。当极端气象灾害事件得到彻底消除后，应急管理体系恢复到日常运行状态，做好应急资源的采购、补充和维护等工作。同时进行经验与教训总结，修补和完善应急预案。

9.2 目前气象灾害应急管理平台存在的主要问题

党的十九大报告中提出要"健全公共安全体系""提升防灾减灾救灾能力"[①]。为此,2020年由中国气象局牵头,依托气象基础设施云平台和大数据云平台,建成了对全国气象防灾减灾业务从发生、发展到结束全过程及各环节实施监控管理的平台——全国气象防灾减灾监控管理平台。该平台集成各省区市自动气象站数据、多普勒雷达数据、气象卫星数据和数值预报数据等,提供气象综合态势监测、气象灾害监测、突发事件监测、预警设施状态监测、涉灾单位监测等功能,对全国气象防灾减灾监控信息、重点涉灾单位、预警发布设施状态、灾害责任人等要素进行全面监测,可随时查看各省区市气象信息,全面展现气象运行发展态势"一本账",辅助管理者提高气象灾害预警、响应、防治效能。

如上所述,中国气象局在气象灾害监测预警方面建立了全国性平台,在减少灾害损失和人员伤亡方面具有重要的现实意义。不过,全国气象防灾减灾监控管理平台也存在一些不足:第一,相对于整个气象灾害应急管理过程而言,该平台只涵盖了应急管理的第二个阶段即监测与预警阶段,而且该平台仅具有灾害信息发布和灾害预警的功能;第二,该平台在全国虽然实现了灾害信息的共享,但应急处置与救援、恢复与重建等方面几乎没有涉及,尤其缺乏中央和各地方应急协同方面的技术支撑;第三,目前运行的全国气象防灾减灾监控管理平台主要是面向普通气象灾害需求设计开发的,缺乏极端气象灾害应急管理的特殊性需求设计。因此,该平台还不能满足气象灾害特别是极端气象灾害应急管理工作的需要,有待进一步充实和完善。

9.3 非常规突发事件态势感知大数据平台设计

通过梳理极端气象灾害事件应急管理流程和分析当前气象灾害应急管理平台的不足,本章拟从应急准备与预防、监测与预警、处置与救援、恢复与重建四个阶段构建非常规突发事件态势感知大数据平台理论框架(图9.2)。从图9.2可知,平台主要由三层架构组成,即数据层、模型算法层和应用

---

① 《习近平:决胜全面建成小康社会 夺取新时代中国特色社会主义伟大胜利——在中国共产党第十九次全国代表大会上的报告》, https://www.gov.cn/zhuanti/2017-10/27/content_5234876.htm[2017-10-27]。

第 9 章　非常规突发事件态势感知大数据平台理论框架设计及其原型系统开发　117

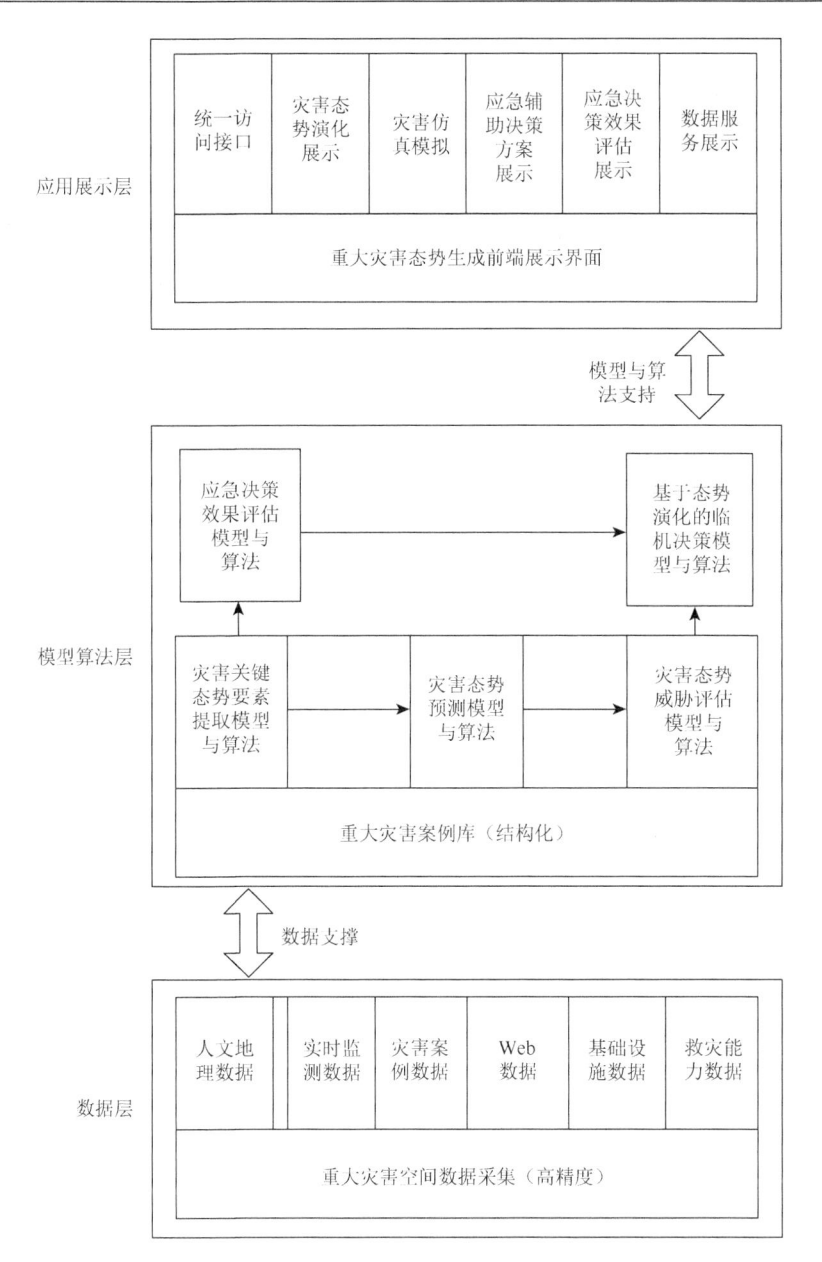

图 9.2　非常规突发事件态势感知大数据平台理论框架

展示层。该平台的主要功能有两个方面：一方面，建立我国沿海极端气象灾害案例（重点以超强台风灾害为例）相关的结构化重大灾害案例库，并通过使用这些灾害数据优化模型算法层中的模型参数和各项评估指标；另一方面，旨在极端气象灾害来临前，根据气象部门预报的极端气象灾害数据和收集到的相关灾害信息，进行极端气象灾害态势预测、态势威胁评估，并模拟灾情场景,然后依据不同的灾情场景,结合应急决策的经验和专家的判断生成应急决策方案(临机决策),为灾区内的救灾工作提供决策指导。

1. 数据层

数据层是整个非常规突发事件态势感知大数据平台的基础,重大灾害空间数据主要从致灾体、承灾体和救灾体等三个方面进行采集和获取,具体包括人文地理数据(地理信息数据、人口信息数据、经济信息数据)、实时监测数据、灾害案例数据、Web 数据、基础设施数据和救灾能力数据等;其构成形式复杂多样,有结构化数据、半结构化数据和非结构化数据。这些多源异构数据需要借助大数据技术进行快速地采集、存储、挖掘、融合和分析,其对应模块分别为大数据采集模块、大数据存储模块、大数据挖掘与融合模块、大数据分析模块。

2. 模型算法层

模型[372]是对客观世界中真实事物的概括和抽象,它是通过描述事物的本质和属性的某种形式来揭示事物的功能、行为和变化规律。模型算法层的本质是提供极端气象灾害事件应急辅助决策所需要的各种支撑,它需要数据层提供数据支持,在后台执行自然语言处理算法,实现"数据-模型"之间的交互操作。模型算法层主要从态势感知的视角,依据重大灾害态势演化和应对流程进行设计,包括灾害关键态势要素提取模型与算法、灾害态势预测模型与算法、灾害态势威胁评估模型与算法、基于态势演化的临机决策模型与算法、应急决策效果评估模型与算法等。上述模型与算法已经在不同章节中有所体现并进行了可行性和可靠性验证,但是要将这些模型集成还面临不少困难,主要表现在两个方面:①模型之间本身存在较大差异,并且不同模型的数据交互规则不完全一样;②模型参数的动态匹配比较困难。鉴于重大灾害态势演化的高度易变性,这就要求不同灾害场景下模型参数需要各自动态调整并在相互之间完成自动匹配。

3. 应用展示层

应用展示层根据提供的各种服务需求调用模型算法层的相关模型与算法,包含了关键业务逻辑,实现非常规突发事件态势感知大数据平台服务功能的组织和功能访问接口的封装。应用展示层除了提供标准的统一访问接口外,还包括业务功能,主要有灾害态势演化展示(基于隐马尔可夫链改进的重大灾害态势预测)、灾害仿真模拟(基于案例匹配的重大灾害态势威胁评估)、应急辅助决策方案展示(基于态势演化的重大灾害事件临机决策)、应急决策效果评估展示(基于情感因子弱化的应急决策效果评估)以及数据展示服务(灾害数据共享)等功能。

9.4 非常规突发事件态势感知大数据平台关键技术

非常规突发事件态势感知大数据平台涉及的关键核心技术有监测监控技术、关键态势要素提取技术、态势预测技术、态势威胁评估技术等,分别简述如下。

1. 监测监控技术

重大灾害通常会呈现复杂的易变性和深度的破坏性,因而需要从源头上对引发重大灾害事件的各种风险要素进行全过程、全周期的监测与监控,以便将形成灾害事件的各种风险消灭在萌芽状态,落实重大灾害应急管理"关口前移"工作,防患于未然。另外,通过实时监测监控重大灾害演化态势获取灾害数据,为后续的关键态势要素提取、态势预测和态势威胁评估等提供数据支撑。在气象灾害监测监控方面,近些年,飞速发展的大数据、云计算和人工智能等先进数字技术被广泛应用到气象灾害监测监控中,并取得了良好的防灾减灾效果,比如中国地质环境监测院牵头开发的地质灾害监测预警信息系统[373]、北京数字冰雹信息技术有限公司开发的全国气象防灾减灾可视化监控管理平台[374]等。总之,各类气象监测技术在大数据、云计算、人工智能等数字技术推动下获得了飞速发展,但目前仍然缺乏针对极端气象灾害监测监控的专有技术。随着物联网与智能技术的快速发展,基于智能物联和平台集成化的监测监控系统将成为未来的发展趋势。

2. 关键态势要素提取技术

重大灾害通常会引发多重灾害事件,从而形成高度不确定的灾害事件链,相应的由灾害事件链产生的数据具有多源、异构和海量等特征,这些海量的、影响灾害态势演化的数据需要经过过滤、降维等技术处理,从而实现对影响重大灾害态势演化的关键态势要素的提取,为下一步的重大灾害态势预测和态势威胁评估提供数据支持。因此,重大灾害关键态势要素提取就成为整个重大灾害态势感知研究中的前提和基础。目前针对态势要素提取技术的研究主要集中在网络安全领域[375-377]和军事领域[378-380],在极端气象灾害关键态势要素提取方面的研究还鲜有涉及。本书将影响极端气象灾害态势演化的诸多要素分为三大类,即致灾体要素、承灾体要素、救灾体要素,随后构建了极端气象灾害态势要素提取框架模型。在此基础上,采用大数据分析中常用的主成分分析法设计极端气象灾害关键态势要素提取技术。

3. 态势预测技术

重大灾害的态势演化过程具有高度的动态性和复杂的不确定性，因此需要对其态势演化过程进行分析、计算和预测，以便为重大灾害应急处置与救援提供应急指导，这是重大灾害态势应对的核心。由于造成重大灾害的影响因素复杂多样，并且来源各异，其数据结构形式呈现结构化、半结构化和非结构化，因而存在多模态数据融合和量化分析等困难。目前，利用大数据、云计算等先进数字技术已成为必然趋势，可通过对复杂海量的灾害数据进行大规模快速计算和模拟，实现重大灾害态势智能预测。本书鉴于重大灾害态势演化过程类似于一个隐马尔可夫链过程（随机过程），在关键态势要素提取的基础上，设计了基于隐马尔可夫链改进的重大灾害态势预测技术，以便实现对灾害态势的精准感知。

4. 态势威胁评估技术

重大灾害态势威胁评估就是在某一灾害场景下对受影响区域被造成的危害程度的评估，也就是在态势预测的基础上，依据致灾体的强度、承载体的脆弱性和救灾体的应急能力，以量化形式对极端气象灾害威胁程度做出估计和分析。关于态势威胁评估技术的研究也主要集中在网络安全领域[381-383]和军事领域[384-386]，在气象灾害领域特别是极端气象灾害领域很少有人涉及。本书首先依据灾害态势预测的结果，采用多属性效用匹配的方法在重大灾害案例库中检索与当前事件相似的案例，然后对所检索到的相似案例从受灾人口、死亡人口、受灾面积、房屋毁损和直接经济损失等五个方面进行综合灾情指数评估，并以该综合灾情指数作为参考判断当前极端气象灾害的威胁状态。

9.5 极端气象灾害态势生成可视化原型系统开发

9.5.1 原型系统开发所需主要支持软件介绍

依据非常规突发事件态势感知大数据平台框架模型，以极端气象灾害为对象，构建基于大数据驱动的极端气象灾害态势生成可视化原型系统。完整的极端气象灾害态势生成可视化原型系统包括的主要功能有：重大灾害案例库、关键态势要素提取、态势预测、态势威胁评估、临机决策、决策效果评估、展示服务等，可以为应急决策者提供极端气象灾害应对决策支持。该原型系统具有功能复杂、模型耦合性强等特征，因此，该原型系统需要如表 9.1 所示的多种专业软件支持。

表 9.1　态势生成可视化原型系统开发所需支持软件列表

软件类型	支持软件	功能模块
数据库	Access	重大灾害案例库构建
数据统计分析	SPSS	极端灾害数据统计与分析
数值计算、优化与仿真	MATLAB	关键态势要素提取、态势预测、态势威胁评估、临机决策、决策效果评估等模型和算法的测试、仿真
GIS	SuperMap	极端气象灾害空间位置数据获取、存储、分析和展示等
文本处理	Microsoft Office Word	灾害文本数据处理

主要支持软件说明如下。

（1）Access 软件。Microsoft Office Access[387, 388]（以下简称 Access）是微软把数据库引擎的图形用户界面和软件开发工具结合在一起制作的一个数据库管理系统。Access 的用途体现在两个方面：①用来进行数据分析。Access 有强大的数据处理、统计分析能力，利用 Access 的查询功能，可以方便地进行各类汇总、平均等统计；并可灵活设置统计的条件。比如在统计分析上万条记录、十几万条记录及以上的数据时速度快且操作方便，这一点是 Excel 无法与之相比的。②用来开发软件。Access 可用来开发软件，比如生产管理、销售管理、库存管理等各类企业管理软件，其最大的优点是易学。非计算机专业的人员也能学会（Visual Basic、.NET、C 语言等开发工具对于非计算机专业人员来说太难了，而 Access 则很容易）。在本平台系统中应用 Access 作为系统数据库，对数据层中的相关数据（人文地理数据、灾害案例数据、灾害演化数据等）进行采集、分析、存储和管理。

（2）SPSS 软件。SPSS（Statistical Product and Service Solutions）[389, 390] 名为"统计产品与服务解决方案"软件，是一种广泛使用在社会科学、自然科学领域的统计分析软件包，是世界上流行的统计软件。SPSS 是一个组合软件包，具备数据整理和数据分析功能，用户可以根据实际需要和计算机的功能选择模块，以降低对系统硬盘容量的要求。另外，SPSS 还具有强大的图形功能，可以将分析到的数字结果进行直观、清晰的图形显示，并给出相应的描述和说明。在本平台系统中，一方面，利用 SPSS 软件对大量的灾害数据进行归类、汇总等处理；另一方面，利用 SPSS 提供的相关分析、因子分析、主成分分析、回归分析等功能，对影响极端气象灾害态势演化的诸要素进行分析并完成关键态势要素提取。

（3）MATLAB 软件。MATLAB 软件[391,392]是美国 MathWorks 公司出品的商业数学软件，它将高性能的数值计算、符号计算和可视化集成在一起，并提供大量的内置函数。MATLAB 软件的突出特点表现为[393,394]：①高效的数值计算及符号计算功能，能使用户从复杂的数学运算分析中解脱出来；②具有完备的图形处理功能，实现计算结果和编程的可视化；③友好的用户界面及接近数学表达式的自然化语言，使学者容易学习和掌握；④功能丰富的应用工具箱，为用户提供了大量方便实用的处理工具。目前，MATLAB 软件已广泛应用于数值计算、无线通信、深度学习、图像处理与计算机视觉、信号处理、量化金融与风险管理、机器人、控制系统等领域中。MATLAB 软件在本平台系统中主要用于模型算法层中关键态势要素提取、态势预测、态势威胁评估、临机决策、决策效果评估等模型的参数优化、可靠性测试以及可视化呈现。

（4）SuperMap 软件。SuperMap 软件[395]是由北京超图软件股份有限公司开发的国产 GIS 软件平台。在技术方面，SuperMap 以组件式构架为基础，在开放性、可扩展性、实用性和灵活性方面有着先天的优势，其系列产品在数据模型的一致性更好，在 WebGIS 与海量空间数据管理方面有很大的优势，如在基于关系数据库管理海量空间数据方面，可以支持 Oracle、SQL Server、Sybase 和国产的达梦（DM）数据库，是目前世界上对 Sybase 管理空间数据支持最好的 GIS 软件。SuperMap 软件已被广泛应用于数字城市、国土、水利、海洋、环保、农业、林业、应急等行业，并形成数千个大型成功案例。SuperMap 软件在本平台系统中主要完成受灾区域内地理信息数据、人文数据、灾害数据等的采集、存储、分析和展示等功能，并给模型算法层提供相关数据支持。

（5）Visual Studio 软件。Visual Studio 软件[396,397]是美国微软公司的开发工具包系列产品，也是当前最流行的 Windows 平台应用程序开发软件之一。截至 2024 年 7 月，已经开发到 Visual Studio 2022 版本，基于.NET Framework 4.5.2。Visual Studio 可以用来创建 Windows 平台下的 Windows 应用程序和网络应用程序，也可以用来创建网络服务、智能设备应用程序和 Office 插件。

9.5.2　基于 MATLAB 的极端气象灾害临机决策原型子系统开发

如前所述，非常规突发事件态势感知大数据平台由数据层、模型算法层和应用展示层构成,在整个原型系统构建中,数据层是基础,模型算法层是关键,应用展示层是表象。现就采用 MATLAB 软件开发的模型算法层原型子系统进行简要介绍。

模型算法层的核心作用是针对具体的极端气象灾害事件快速地提供解决办法,以供应急决策者参考。子系统中提供了人机交互的功能,主要将专家知识和决策者自身经验引入应急决策中,从而实现基于态势演化、专家知识和应急决策者经验等共同交互的极端气象灾害临机决策模式,子系统框架如图 9.3 所示。重大灾害案例库为模型算法层中的相关模型与算法提供数据支持;模型算法层中各模型的具体逻辑是:灾害关键态势要素提取模型与算法模块为上层模块灾害态势预测模型与算法提供影响灾害态势演化的关键要素;灾害态势预测模型与算法模块依据这些关键态势要素并结合新的灾害数据进行灾害态势预测,随后将灾害态势预测的结果传给灾害态势威胁评估模型与算法模块进行灾害威胁评估并将评估结果传给极端气象灾害临机决策模型与算法模块;此时,临机决策模型与算法模块与应急决策者(应急专家)进行人机交互并给出一组应急处置措施;应急决策效果评估模型与算法模块对这组应急处置措施进行效果评估并给出最佳处置措施供应急决策者选择。

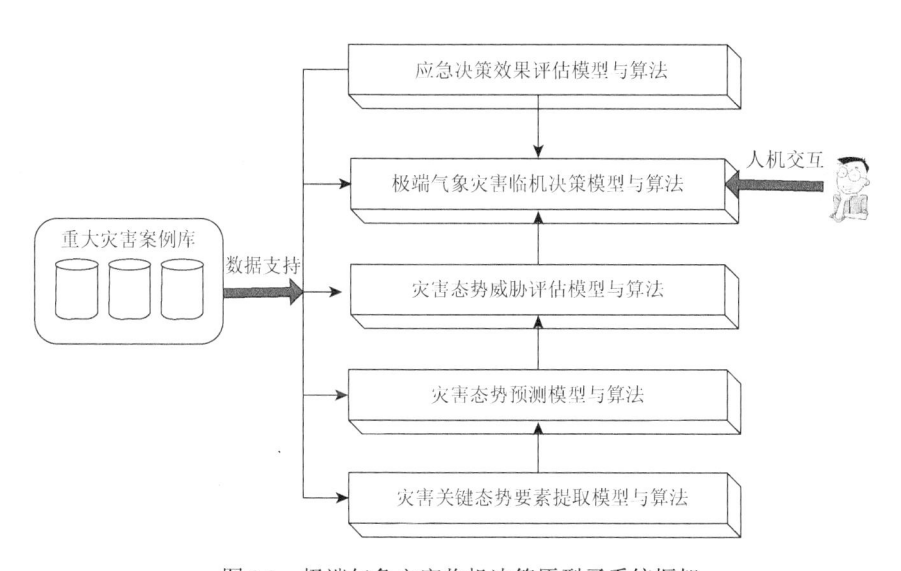

图9.3 极端气象灾害临机决策原型子系统框架

采用 MATLAB R2022a 软件对图 9.3 中的一系列模型进行编程和调试(详细开发程序请参见电脑软件),并运行可执行文件 emergencysimu01.m,

获得如图 9.4 所示的带人机交互的应急决策（临机决策）仿真系统界面。为了简要地说明问题，在该仿真系统中，假定灾害事件状态只有两种状态即严重和一般（分别记为 τ_1 和 τ_2），灾害事件严重程度由应急决策者凭借自己的经验赋值（系统中灾害事件的状态可以根据需要进行扩展）；两位应急专家提供决策咨询（别记为 e_1 和 e_2，其权重分别用 w_1 和 w_2 表示，同样专家人数可以拓展），分别给出灾害事件状态的判断；信息集是反映影响区域灾害严重程度的信息的集合，与灾害状态相对应（分别记为 T_1 和 T_2）。在图 9.4 的空白方框中依据灾害状态情况（灾情信息）、应急决策的经验判断以及专家的意见输入数据，然后点击"运行"按钮，仿真系统就会给出相应的应急决策方案。

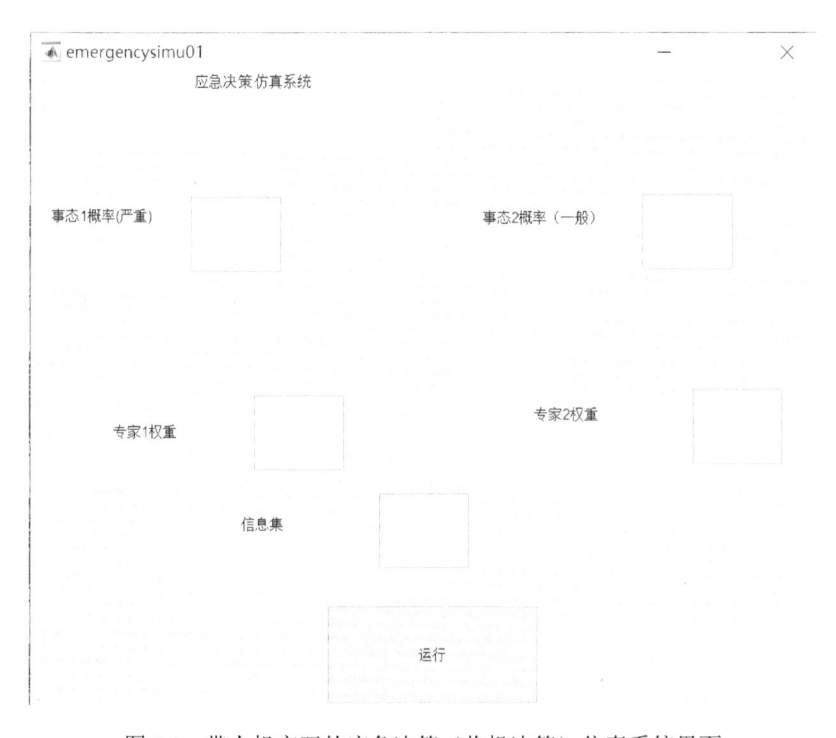

图9.4 带人机交互的应急决策（临机决策）仿真系统界面

9.5.3 基于大数据驱动的极端气象灾害态势生成可视化原型系统开发

1. 态势生成原型系统架构设计

依据实际需要，将极端气象灾害态势生成可视化原型系统从逻辑上设计为 5 层，即大数据层、模型层、平台层、应用展示层和用户层（即增加了平台层和用户层），其整体架构如图 9.5 所示。

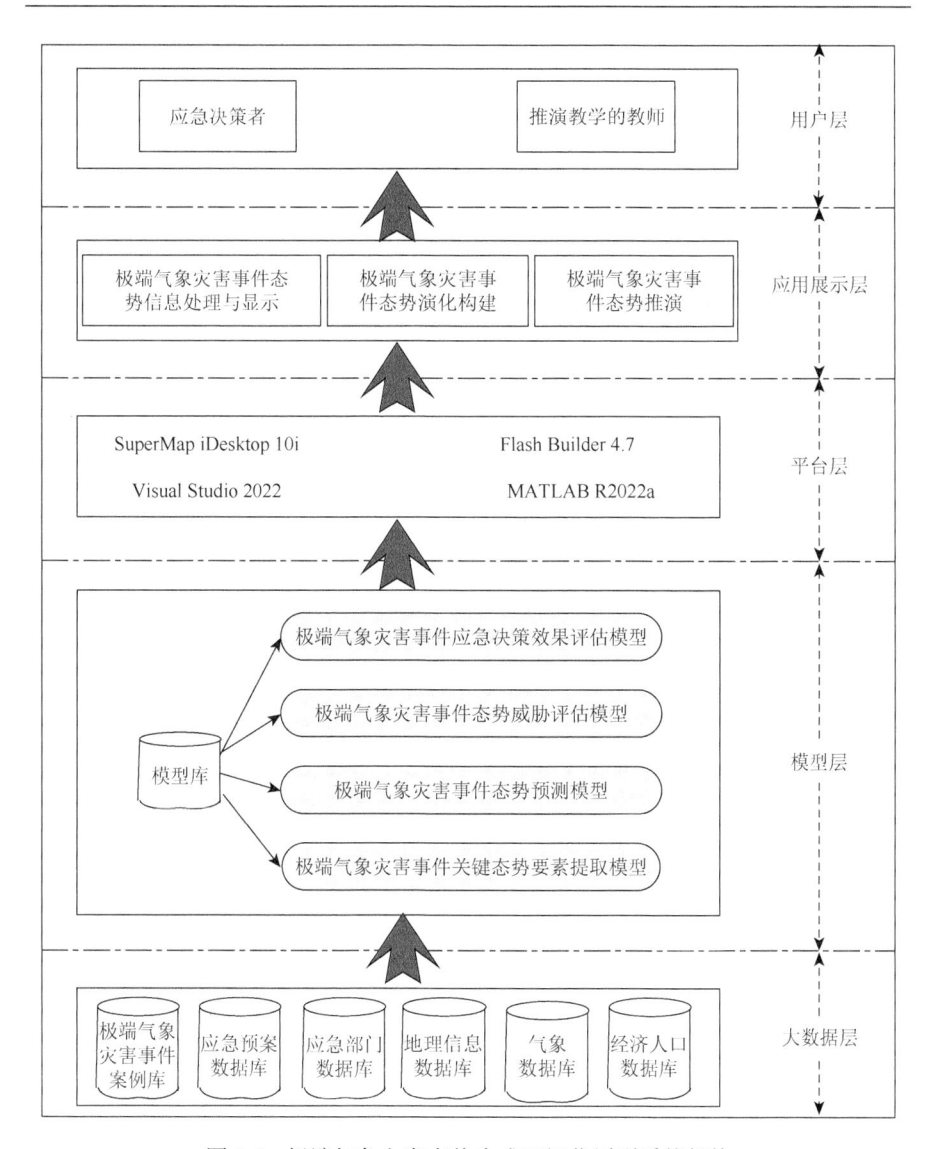

第 9 章　非常规突发事件态势感知大数据平台理论框架设计及其原型系统开发　125

图 9.5　极端气象灾害态势生成可视化原型系统架构

2. 态势生成原型系统各层主要功能

（1）大数据层。数据层为极端气象灾害态势生成可视化原型系统提供数据支持，也是整个系统的基础。它主要包括历年发生的极端气象灾害事件数据、应急预案数据、应急部门数据、地理信息数据、气象数据、经济人口数据等。另外，以"威马逊"超强台风灾害为典型案例的极端气象灾害事件分析表明，极端气象灾害事件包括事件监测预警、医疗救护、道路交通、市政管理、消防救援、新闻舆论等多个社会维度；并且极端气象灾害事件及其应对具有多主体、多目标、动态性和不确定性等特征。总之，极端气象灾害事件的大数据既包括事件本身的性质与状态数据（即观测数据），还包括各社会部门和组织、机构的社会数据。观测数据属于标准的结构化数据，而社会数据由于来源繁杂，实质上属于多源异构数据。因此需要对极端气象灾害事件大数据进行结构化处理，本书采用"三三制"框架模型（详细内容请参见第3章）对极端气象灾害事件案例进行结构表示，从而形成结构化的重大灾害案例库。

（2）模型层。模型层是极端气象灾害态势生成可视化原型系统的中枢与核心，模型的精度直接决定了极端气象灾害态势生成可视化原型系统的优劣程度。模型层主要包括基于大数据的极端气象灾害事件关键态势要素提取模型、基于隐马尔可夫链改进的极端气象灾害事件态势预测模型、基于案例匹配的极端气象灾害事件态势威胁评估模型和基于情感因子弱化的极端气象灾害事件应急决策效果评估模型等。这些模型在前面章节中均做过可行性和有效性测试，取得了比较令人满意的效果。

（3）平台层。平台层是连接模型层和应用展示层的关键技术平台，起到中间连接件的作用。平台层以各类软件和服务为核心，是极端气象灾害态势生成可视化原型系统开发所依赖的平台。首先将结构化的极端气象灾害大数据经过 MATLAB R2022a 软件采用相关算法（比如聚类算法）进行计算，随后将计算结果传给 SuperMap iDesktop 10i 进行数据处理和转化，再由 Flash Builder 4.7 进行极端气象灾害态势的可视化，最后在 Visual Studio 2022 上完成基于大数据驱动的极端气象灾害态势生成可视化原型的集成开发和展示。

（4）应用展示层。应用展示层包含两个功能即应用功能和展示功能。开发极端气象灾害态势生成可视化原型系统的核心是对灾害态势演化趋势进行展示和应用，为应急决策者的科学决策提供理论和技术支持。应用展示层[398]主要包括极端气象灾害事件态势信息处理与显示、极端气象灾害事件态势演化构建、极端气象灾害事件态势推演。上述功能的信息来源于大数据层，所用方法来源于模型层，通过平台层对结构化的极端气象灾害大数据进行统一调度应用。

（5）用户层。用户层主要满足不同用户的需求，进行具体的权限设计，此处仅设计两类用户，即应对极端气象灾害的应急决策者和用于突发事件案例推演教学的教师。应急决策者借助极端气象灾害态势生成可视化原型系统对灾害态势进行客观展示并制定具有针对性的应对方案，从而增强了应急决策的科学性和有效性。突发事件案例推演教学是目前应急管理教学中相当流行的教学方式，也是学生/学员乐意接受的教学模式，其突出特点是直观性和实证性。

3. 态势生成原型系统工作流程

极端气象灾害态势生成可视化原型系统开发完成后，用户可以依据自己的角色进行登录。现以应急决策者为登录用户说明系统工作流程（图9.6）。在该系统中，按照灾害事件态势的整体性和局部性（即事件整体态势和

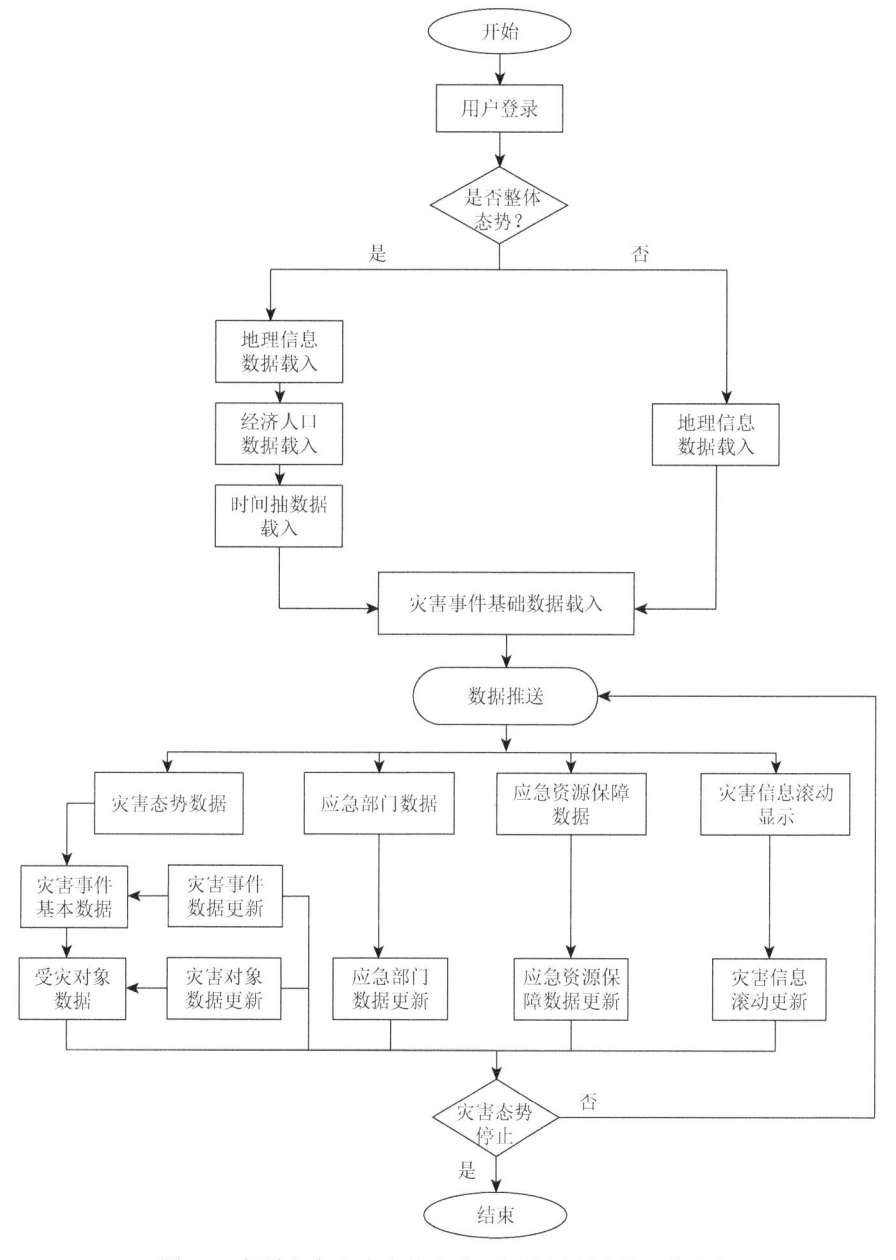

图 9.6　极端气象灾害态势生成可视化原型系统工作流程

事件局部态势），将应急决策者分为整体事件应对决策者（应急总指挥）和局部事件应对决策者（一般为部门决策者）。灾害事件整体态势包含全部的态势数据和时间轴数据，应急总指挥及专家顾问等人员能够观看事件整体态势。灾害事件局部态势是事件整体态势的一部分，各应急部门决策者只能看见本部门负责处置的节点事件态势。应急决策者登录完毕后，系统首先需要将相关灾害数据进行分类处理，包括灾害事件基本数据、受灾对象数据、应急部门数据、应急资源保障数据、灾害信息滚动显示等。灾害事件基本数据是进行灾害态势构建的基础，需要提取灾害态势的关键要素。灾害态势构建包括初始态势和演化状态两个方面的构建。灾害态势初始状态构建包括灾害类型、灾害影响范围和应急资源状况等数据；灾害态势演化状态构建包括环境因素（比如风雨状况）、事件严重程度、灾害损失、事态发展方向和应对方案干预状况等数据。由于在应急管理中我国政府奉行"生命至上"的指导原则，因此受灾对象数据是应急决策者最为关心的数据。在该系统中，将受灾对象数据分为4种情况：①由正常状态转为受灾状态；②由受灾状态转为局部正常状态；③由受灾状态转为完全正常状态；④灾害处置失败，受灾状态持续恶化。应急部门数据主要涉及灾害应对过程中的政府部门和社会组织，随着灾害状态向不同的方向演化，涉及部门也会有所变化即应急部门数据更新。应急资源保障数据主要包括可调度的应急资源类型和数量、灾区需要的应急资源种类和数量、应急资源调度工具及调度路况等数据，这些是对灾害事件展开快速高效处置与救援的关键。灾害信息滚动显示是对灾害演化状态进行实时可视化和态势图呈现与管理，主要包括灾害地图控制、灾害态势标绘图、灾害态势渲染图等功能。

4. 可视化原型系统运行实例分析

以2021年7月我国北方X市遭受特大暴雨灾害为例，对流经X市的一条大河（该河是唯一贯穿X市的一条大河）洪水态势进行展示。暴雨灾害数据主要来源于《热带气旋年鉴2021》、《中国气象灾害年鉴（2021）》、《中国统计年鉴2021》、中国气象数据网、中国统计信息网、应急管理部灾害统计数据库和X市气象数据网。当时气象资料显示，X市从2021年7月8日18时全市普降大雨，7月20日8时至17时转为大暴雨，局部出现特大暴雨；7月20日20时为特大暴雨；7月21日6时左右暴雨基本停止。

现将暴雨灾害数据、城市地图数据和相关气象数据导入极端气象灾害态势生成可视化原型系统，重点展示X市内河洪灾态势演化图（图9.7）。

第 9 章　非常规突发事件态势感知大数据平台理论框架设计及其原型系统开发　129

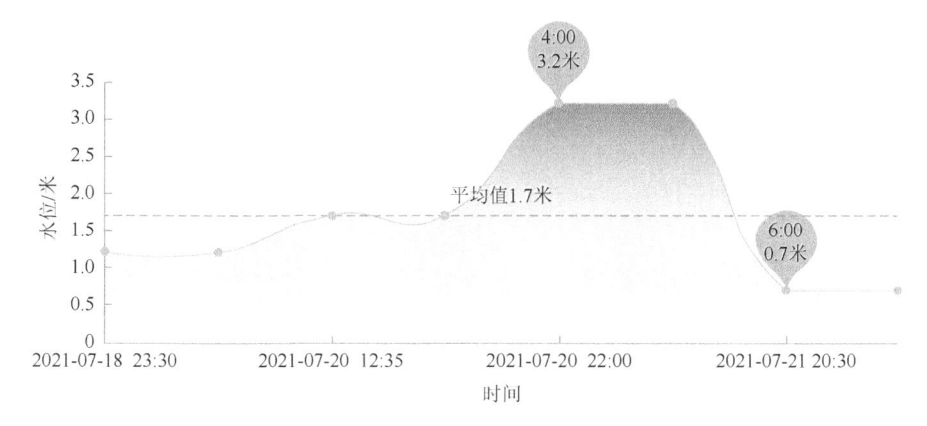

图 9.7　X 市内河洪灾态势演化图

从图 9.7 可知，该可视化原型系统所生成的洪灾态势演化图与当时的实际情况基本相符。7 月 18 日晚上该市开始普降大雨，河水开始缓慢上涨，到 7 月 20 日中 12 时左右洪水超过警戒线，这应该是由于当天早上 8 时左右转为大暴雨的缘故，大量的雨水流入大河，在没有及时采取相关措施的情况下，必然会导致洪水水位超过警戒线。随后洪灾态势演化图中出现了水位短暂下降阶段，这是由于 X 市政府应急管理部门采取了紧急泄洪措施所致，下游堤坝开闸放水，故导致水位有所下降。但不久洪水水位又急剧上升，最高时已超过警戒线 1.6 米，致使整个城市陷入一片汪洋，这是由于 7 月 20 日 20 时左右降雨级别升为特大暴雨的缘故，加上 X 市部分河道排水系统年久失修和执行下游开闸泄洪以及挖掘堤坝泄洪等措施不及时（X 市应急决策部门等到洪水已经严重超过警戒线时才执行下游开闸泄洪和挖掘堤坝泄洪等措施。当然也存在客观原因：据调查发现，在此次暴雨之前，X 市在 5 月、6 月几乎没有下过雨，一直处于干旱状态。在这一背景下，X 市相关领导对是否提前采取下游开闸泄洪、挖掘堤坝泄洪等措施存在比较严重的分歧，故错过了最佳泄洪时机），因而导致大量的城市积水无法快速地向城外排出，开启"看海"模式就不足为怪了。之后特大暴雨虽然还没有停止，但随着整个城市"看海"模式的开启，洪水水位不会明显增加，因而在态势图中呈现出了比较平稳的态势。在 7 月 21 日早上 6 时左右，由于暴雨基本完全停止，洪水水位开始迅速下降，直到恢复正常水位为止。当然，该系统也存在明显不足，比如系统洪灾态势演化图显示，7 月 21 日早上 6 时暴雨停止后，该河洪水仅经过 10 个多小时的时间即在 7 月 21 日 20 时左右就恢复到正常水位，这与实际情况明显不相符，因为整个城市的洪水在 7 月 22 日 13 时左右才彻底退去，这就意味着该河河水恢复到正常水位应该至少在 7 月 22 日 13 时之后。

9.6 小　　结

本章通过梳理非常规突发事件应急管理流程和分析当前气象灾害应急管理平台的不足，从灾害数据层、模型算法层和应用展示层等三个层面构建非常规突发事件态势感知大数据平台理论框架模型，并对其关键技术进行了归纳与分析。随后，利用可视化平台，开发面向大数据驱动的极端气象灾害态势生成可视化原型系统并以 X 市内河洪涝灾害为例利用该系统进行洪水灾害态势生成展示。

第 10 章　基于态势响应的非常规突发事件应对新模式探索

由于非常规突发事件中致灾体具有高度的不确定性和巨大的破坏性、承灾体脆弱性大型数据库尚未建立、救灾体应急能力与灾情匹配常常错位等方面的限制，在紧急情况下，政府应急管理者无法及时清楚地掌握灾害态势演化规律，从而不能快速制定科学合理的应对策略，进而错过非常规突发事件应急处置的最佳窗口期。为此，本章首先对极端气象灾害态势演化的规律进行分析和总结；在此基础上，构建基于态势响应的极端气象灾害态势应对策略；最后，从组织流程再造的角度，探索面向极端气象灾害态势应对任务的自适应组织设计方法。

10.1　极端气象灾害态势演化规律分析

正如第 5 章所述，极端气象灾害事件属于一类特殊的非常规突发事件，其态势演化也具有高度的不确定性，类似于一个隐马尔可夫链过程（随机过程），但它仍然符合著名危机管理专家史蒂文·芬克（Steven Fink）[399]提出的危机演化四阶段理论，即征兆期、发作期、延续期、痊愈期，具体分析如下。

（1）征兆期。这是极端气象灾害事件所处的第一阶段，也称潜伏期。征兆期就是导致灾害事件发生的各类诱发因素逐渐积累的过程。在此阶段，极端气象灾害事件尚未发生，但是通过一些极端气象现象表现出一些灾害的征兆（比如风速增强、雨水增多）。随着大数据、人工智能等先进数字技术在气象灾害领域的广泛应用，越来越多的极端气象灾害征兆能够被准确分析和把握（比如超强台风的风速、中心气压等），但要准确掌握极端气象灾害的所有征兆还是相当困难的（比如超强台风登陆的准确位置难以确定）。因此，政府相关部门应该对各类极端气象灾害给予高度重视，认真做好预防与应急准备工作，这也是应急管理工作中"关口前移"的必然要求。

（2）发作期。这是极端气象灾害事件所处的第二阶段，也称爆发期。在此阶段，危机从量变演化成质变，受影响区域的正常经济与社会活动遭受破坏，需要政府应急决策者在时间紧迫、信息缺失、资源有限和精神压力巨大的条件下快速采取行动，将灾害控制在有限的范围之内（比如超强台风登陆之前，对登陆中心区域的民众实施快速撤离；对周边受影响区域及时发布台风灾害预警，做好防范准备）。否则，极端气象灾害会进一步升级扩大，从而对社会和谐稳定发展造成严重的负面影响。

（3）延续期。这是极端气象灾害事件所处的第三阶段，也称持续期。一般情况下，极端气象灾害事件延续期是最长的一个阶段，也是核心阶段，事关整个救灾工作的成败。极端气象灾害事件延续的时间长短和危害程度除了与极端气象灾害事件本身（致灾体）和灾区脆弱性（承灾体）相关外，主要还取决于政府应急管理（救灾体救灾能力）的有效性和完备性。政府相关部门在此阶段应该准确决策、快速应对，力争将灾害财产损失和人员伤亡最小化。

（4）痊愈期。这是极端气象灾害事件所处的第四阶段，也称恢复期。在此阶段，极端气象灾害事件已经得到有效控制，政府相关部门所面临的救灾压力已经逐步减弱，受灾区域民众的生产生活逐渐回归正常状态。在这一阶段，政府相关部门应该从此次灾害事件中总结经验和教训，进一步完善应急预案，为下一次危机应对做好充分准备。

10.2　面向极端气象灾害态势响应的应对策略构建

10.2.1　强化气象灾害风险管理和增强公民风险意识

近些年来，"桑美"（2006年）、"威马逊"（2014年）、"利奇马"（2019年）等超强台风灾害对我国造成的影响极其深远，其教训也十分深刻，启示着政府相关部门和人民群众。在极端气象灾害防灾减灾工作中，一方面，政府工作人员需要彻底转变极端气象灾害应对工作模式，即从"应急处置模式"转向"风险预防模式"，也就是说政府工作人员要牢固树立灾害风险预防是代价最小、效果最好的应急管理模式，其核心是强调平时就把辖区内的灾害风险进行排查并制定相应的措施以降低风险发生的可能性。比如，在易遭受台风袭击的地区，政府工作人员首先需要调查清楚容易发生泥石流和山体滑坡的风险区域，在台风来临之前迅速转移该区域的民众并树立醒目的警示牌，这样就可以避免因发生泥石流或山体滑坡造成群死群伤的惨剧（2019年因"利奇马"超强台风造成浙江温州永嘉县山早村山体滑坡，致使23人死亡、9人失踪）。另一方面，增强公民的风险防范意识是有效应对极端气象灾害事件的基础，而目前民众对极端气象灾害风险的防范意识普遍还比较薄弱,并且对极端气象灾害预警信息也不太敏感。造成上述状况的主要原因:一是民众对政府应急管理的现状缺乏了解;二是民众对极端气象灾害的相关知识掌握不充分,自救互救和逃生等技能缺乏;三是民众特别是乡村民众参加灾害知识科普、防灾减灾演练的机会严重不足。为了改变这一现状,加大防灾减灾科普宣传和教育的力度是不二选择。一方面,继续深入开展防灾减灾知识"六进"宣传活动(进学校、进社区、进企业、进机关、进农村、进家庭),普及灾害知识,提高全民风险防范意识,筑牢防灾减灾的人民防线;另一方面,经常性地在学校和社区开展防灾减灾应急演练,提高民众应对灾害的各种自救互救技能。

10.2.2 建立全国性的极端气象灾害态势感知大数据平台

2020年建立的全国气象防灾减灾可视化监控管理平台,对防范与减少由气象灾害造成的经济财产损失和人员伤亡起到了积极作用。但如第8章所述,该平台也存在诸多不足,其最大不足就是该平台仅仅提供正在或即将发生气象灾害事件的监控信息,至于气象灾害事件特别是极端气象灾害事件演化态势如何(极端气象灾害事件比常规气象灾害事件演化规律更复杂)、威胁程度怎么样、影响范围有多大等关键部分没有涉及,这样势必使该平台在气象灾害预测预警、处置救援等方面受到限制。为此,建立面向应急管理全过程、全周期的极端气象灾害态势感知大数据平台具有重大现实意义。极端气象灾害态势感知大数据平台充分利用大数据、人工智能等先进数字技术对极端气象灾害进行灾害大数据采集、处理和分析,在此基础上提供监测预警、态势预测、威胁评估、数据服务等功能,并设置专门的基于人机交互的应急决策模块,该模块在灾害态势预测模块、灾害态势威胁评估模块和决策效果评估模块等功能模块的支持下,结合应急管理专家的知识和应急决策者的经验形成灾害态势应对的最佳策略,为应急决策者提供决策参考。

10.2.3 构建完善的极端气象灾害信息传播体系

构建完善的极端气象灾害信息传播体系是极端气象灾害应对的基础性工作,其重要作用不言而喻。构建全国性的极端气象灾害态势感知大数据平台的主要目的是利用飞速发展的大数据、人工智能等数字技术实现灾害数据和信息的快速传播与共享,从而为应急决策的制定和随时调整提供数据支撑。另外,如何快速地将极端气象灾害信息准确地传递给受影响区域的民众是减少灾害损失和人员伤亡的有效途径。灾害信息的传播涉及极端气象灾害事件应急管理全过程、全周期,不仅事前需要向公众发布预警信息,事发、事中和事后也要发布相应的灾害信息，这样才使公众做到心中有数，遇事不会恐慌，同时也能够积极主动地配合政府的救灾行动。当今社会，要充分利用广播、电视、网站、手机短信、微信、微博、电子显示屏等多种传播手段，将极端气象灾害信息第一时间传播给受影响区域的每一位民众，有助于形成纵向到底、横向到边的全方位极端气象灾害信息传播体系。

10.2.4 建立基于动态联盟的自适应性应急组织体系

极端气象灾害种类繁多，包括超强台风、特大洪涝、特大干旱、特大暴雨山洪、特大低温雨雪冰冻等重特大灾害，并且每一类极端气象灾害的应急处置与救援往往都会涉及政府十多个相关部门（通常涉及应急、气象、公安、卫生、民政、交通运输、住房城乡建设、电力通信、水利、国土、农业、林业、海洋等部门），因此，针对每一类极端气象灾害建立一个特定的应急组织既不科学也不现实。为了高效应对各类极端气象灾害，设计具有高度灵活性和敏捷性的应急组织至关重要。为此，应借助企业管理中的虚拟企业或动态联盟理论构建基于动态联盟的自适应性应急组织体系，即依据不同类型的极端气象灾害，由牵头单位负责召集相关单位或部门组建相应的应急组织，以此作为应急指挥机构对灾害实施快速处置与救援；当灾害类型变化时，自动切换牵头单位并根据实际需要增加或剔除相关部门，重新组建应急组织；当救灾任务完成时，此组织即可自行解散。这种基于动态联盟的自适应性应急组织体系设计既能很好地满足极端气象灾害快速响应的需要，实现应急组织机构的快速重构，达成应急物资、救援力量、灾害信息等多方面的共享，同时也可防止应急组织过度僵化而错过极端气象灾害应对的最佳窗口期。

10.3 基于灾害态势驱动的非常规突发事件态势应对策略优化——以应急资源保障为例

应急资源保障是非常规突发事件态势应对的基础和前提。一旦应急资源保障不足或缺位，不仅严重影响救灾进程，而且会对公众生命财产安全和社会和谐稳定造成严重威胁。一方面，若应急资源缺乏，救援工作人员会因"巧妇难为无米之炊"而陷入被动，致使灾害损失无法得到有效遏制，严重影响救灾效果；另一方面，若生活必需品等物资保障不到位或不及时，必然会在灾区造成比较严重的社会恐慌，从而加重非常规突发事件处理的难度。本节在分析应急资源保障特点的基础上,从"态势场景-防控任务-应急资源"的角度设计了应急资源协同保障模型;随后以应急资源到达不同灾害态势场景的保障率和时效性为约束条件,将应急资源保障效用最大化设定为目标函数,构建基于灾害态势驱动的应急资源协同保障策略优化方法。实例分析表明,运用该优化方法对灾害态势进行分析后得出的应急资源保障策略既提升了应急资源的利用效率,又避免了应急资源的浪费。

10.3.1 应急资源保障的特点

应急资源保障[400]是指政府应急管理体系为有效开展应急活动,保障体系正常运行所提供的人力、物力、财力、信息、技术等各类资源的总和。应急资源保障就是为有效应对非常规突发事件而对灾区提供的最低资源保障;最低资源保障是指在成功应对非常规突发事件的条件下各类应急资源的最小需求量,即在给定事件下,成功应对非常规突发事件而提供的各类应急资源的最小需求量。应急资源保障具有如下几个重要特点。

1. 应急资源保障的不确定性

由于非常规突发事件具有一系列独特的属性,如突然性、不可预测性和巨大破坏性等,应急决策者无法及时、准确地掌握灾区应急资源的需求状况(包括应急资源的结构、种类和数量等),因此应急资源保障过程中存在极大的不确定性。

2. 应急资源保障的多样性

应急资源保障的多样性主要表现在:①非常规突发事件的有效应对涉及诸多类型的应急资源,比如处置与救援类应急资源、医疗防疫类应急资源、基础保障类应急资源和灾民安置类应急资源等;②应对不同类型的非常规突发事件所需要的应急资源(无论种类和数量)存在诸多差别,因而也导致应急资源保障的侧重点有所不同;③即使同一类非常规突发事件,发生的时间、地点、严重程度等不一样,导致的应急资源保障也是有差别的;④非常规突发事件所处应急阶段与应急环节不同,对应急资源保障的要求也不尽相同。

3. 应急资源保障的层次性

马斯洛需求层次理论[401]指出人的需求是分层次的,即从低级的生理需求到高级的自我实现需求等五个层次。同样,在非常规突发事件应对过程中,灾区对应急资源的需求也具有层次性;在非常规突发事件处置的不同阶段和环节，对应急资源的需求也是动态变化的，需要随时进行调整，这都决定了应急资源保障具有层次性。

4. 应急资源保障的时效性

应急资源保障具有时效性的典型特征即应急资源在需要的时候可以得到及时准确地提供。此时，应急资源就发挥出了最大的保障效能。在非常规突发事件应对的不同阶段和环节，不仅在应急资源结构、种类和数量等需求上存在不同，而且对各类应急资源需求的紧迫程度也存在巨大差异。在当前应急资源有限、运输能力受约束的前提下，对应急资源需求的紧迫性进行分级，按照轻重缓急的级别进行应急资源保障就显得尤为重要。

10.3.2 灾害态势驱动下应急资源保障模型构建

应急资源保障的根本任务是满足非常规突发事件态势应对任务所需要的各类应急资源，因此，从"态势场景-防控任务-应急资源"的角度构建应急资源协同保障框架（图10.1）。首先，依据以往发生的非常规突发事件设定不同灾害态势场景（依据灾害的类型、级别、受灾范围等确定具体的

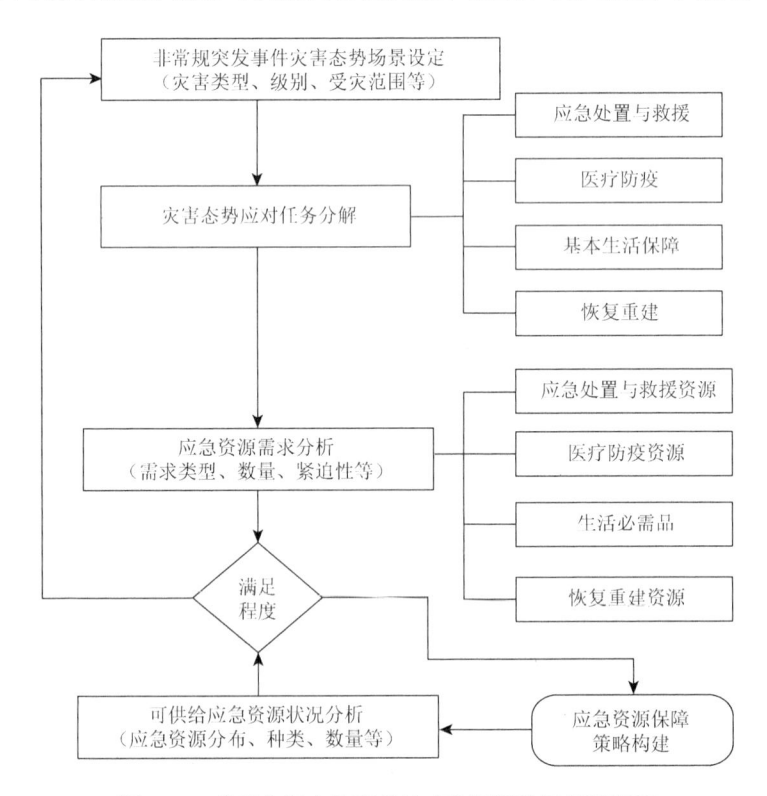

图 10.1 基于灾害态势驱动的应急资源协同保障框架

灾害态势场景，比如超强台风灾害造成的灾害态势场景通常有城市内涝、山体滑坡、泥石流、水库溃坝等)，灾害态势场景的设定是为了界定特定的应急任务。其次，按照非常规突发事件生命周期理论对设定的灾害态势场景进行防控任务分解。在同一灾害态势场景下，应急任务具有大致的相似性，即包括应急处置与救援、医疗防疫、基本生活保障和恢复重建等基本任务。当然不同类型的非常规突发事件，其防控任务的侧重点是有所不同的，比如自然灾害类突发事件和公共卫生类突发事件在核心处置任务分解上存在一定的差异性。最后，依据每一项应急任务确定所需要的应急资源类型、数量及其紧迫性，按照实际应急资源分布与储备状况，确定能够供应的应急资源种类和数量。在此基础上，提出应急资源保障率和应急资源损失效用的概念，进而以整体应急资源效用最大化为目标函数建立应急资源协同保障模型，以此确定最佳应急资源保障策略。

基于灾害态势驱动的应急资源协同保障模型设计如下。

1. 确定应急资源需求量 D

对典型非常规突发事件历史数据进行统计分析，确定某一典型非常规突发事件可能形成的灾害态势场景，比如超强台风灾害可能出现的灾害态势场景有城市内涝、山体滑坡、泥石流、水库溃坝等。不同的灾害态势场景导致的应急任务和应急资源需求量往往是不相同的。不过，一旦明确了灾害态势场景，其对应的应急任务和应急资源需求量也就比较容易确定了。在此设定：针对灾害态势场景 $k(k=1,2,\cdots,K)$，可分解出 $i(i=1,2,\cdots,N)$ 项任务，而完成每一项任务需要的第 $j(j=1,2,\cdots,J)$ 种应急资源记为 d_{ij}^k，则完成应急任务需要的第 j 种应急资源需求量为

$$D_{ij}^k = (d_{1j}^k, d_{2j}^k, \cdots, d_{ij}^k, \cdots, d_{Nj}^k) \tag{10.1}$$

其中，$k \in K, i \in N, j \in J$。则完成所有应急任务所需第 j 种应急资源总需求量为

$$D_j^k = \sum_{i=1}^{N} d_{ij}^k \tag{10.2}$$

发生灾害态势场景 k 时，所需各类应急资源需求量可表示为

$$D^K = (D_1^k, D_2^k, \cdots, D_j^k, \cdots, D_J^k) \tag{10.3}$$

现在的问题是，非常规突发事件究竟造成哪一个具体的灾害态势场景出现是不确定的，只能通过该类非常规突发事件的统计数据进行概率设定。在此假定灾害态势场景的出现服从正态分布，而灾害态势场景与应急资源需求量存在线性关系，为了研究方便，亦可转化应急资源需求量 D_j^k 服从均

值为 μ_j^k、方差为 δ_j^k 的正态分布,即 $D_j^k \sim N(\mu_j^k, \delta_j^k)$。此时,出现不同灾害态势场景时第 i 种应急资源的需求量可表示为

$$D_j^k = \begin{cases} D_j^1 \sim N(\mu_j^1, \delta_j^1) \\ D_j^2 \sim N(\mu_j^2, \delta_j^2) \\ \vdots \\ D_j^K \sim N(\mu_j^K, \delta_j^K) \end{cases} \quad (10.4)$$

2. 确定应急资源供给量 S

实际应急资源供给量分为两部分:一部分是各级政府提供的应急资源;另一部分是个人、企业和社会组织等捐赠的应急资源。为了研究方便,对二者不进行单独区分,统称为应急资源,具有相同的保障功能。因此,应急资源的实际供给量为二者之和,用如下公式表示:

$$S^k = (s_1^k, s_2^k, \cdots, s_j^k, \cdots s_J^k) \quad (10.5)$$

其中,s_j^k 为在灾害态势场景 k 下可提供的第 j 种应急资源量。

3. 确定应急资源保障率 σ

为了描述某一应急资源的供给与需求二者之间的关系,本章采用应急资源保障率来量度。应急资源保障率是指在灾害态势场景 k 下特定应急资源的供给量与需求量之间的比值,记为 σ_j^k,则可以用如下公式表示:

$$\sigma_j^k = \frac{s_j^k}{D_j^k} \quad (10.6)$$

4. 确定应急资源保障偏差率 θ

应急资源保障偏差率是应急资源需求量与应急资源供给量的差值和应急资源需求量的比值,则第 i 种应急资源的保障偏差率为

$$\theta_j^k = \frac{\left| D_j^k - s_j^k \right|}{D_j^k} = \left| 1 - \sigma_j^k \right| \quad (10.7)$$

在实际应急供给过程中,可能出现两种情况:①欠保障,即 $D_j^k > s_j^k$;②过保障,即 $D_j^k < s_j^k$。为了保证 $\theta_j \geqslant 0$,因此取绝对值。依据历史资料和专家的判断确定应急资源保障偏差率的评判标准如表 10.1 所示。

表 10.1 应急资源保障偏差率评判标准

指标	很好	好	一般	差	很差
偏差率	$0 \leqslant \theta_j \leqslant 0.1$	$0.1 < \theta_j \leqslant 0.2$	$0.2 < \theta_j \leqslant 0.3$	$0.3 < \theta_j \leqslant 0.4$	$0.4 < \theta_j \leqslant 1$

5. 应急资源失效时间 T

应急资源失效时间 T_j^k 是指在灾害态势场景 k 下，应急资源 j 在要求的时间内没有配送到灾害现场而造成的损失，即应急资源送达时间超过时，应急资源就会失去减少损失的功能。为了简化分析，此处只考虑两种无法减少损失的情况，即实际供给时间 $t_j^k > T_j^k$ 和没有该类应急资源供给的情况。这样，应急资源失效时间 T_j^k 就间接反映了应急资源需求的紧迫程度。

6. 应急资源保障效用 U

应急资源保障效用表示在灾害态势场景 k 下，应急资源 j 在 t_j^k 内配送到灾害现场可以减少的灾害损失量。此处，定义如下应急资源保障效用函数：

$$U_j^k = \begin{cases} \dfrac{\pi_j(T_j^k - t_j^k)}{\theta_j^k}, & t_j^k \leq T_j^k \\ -\zeta, & t_j^k > T_j^k \end{cases} \quad (10.8)$$

其中，π_j 为应急资源 j 的效用系数，是指所提供的应急资源 j 在单位有效救援时间内能减少的灾害损失，取值在 0 至 1 之间。当 $t_j^k > T_j^k$ 时，说明应急资源 j 不能按时送达灾区现场，致使应急处置和救援无法展开，此时应急资源的效用记为一个较大的负数（$-\zeta$）。

7. 设定目标函数

应急资源保障的目标是在对突发事件所造成的多重灾害态势场景提供应急资源保障的前提下实现应急资源整体效用最大化，其目标函数定义如下：

$$f(U) = \max \sum_{k=1}^{K} \sum_{j=1}^{J} U_j^k \quad (10.9)$$

10.3.3 模型求解算法设计

因上述模型为一个典型的非线性模型，采用传统求解方法求解比较困难，而且求解效率也比较低下，不能满足灾害态势场景快速变化的需要，故寻求高效的智能求解算法就显得非常重要。深度强化学习[402]（deep reinforcement learning，DRL）算法是将深度学习的感知能力和强化学习的决策能力相结合的一种新型人工智能算法，使二者实现了优势互补，对非线性问题具有优良的求解性能。因此，本章采用深度强化学习算法对该模型进行求解。在该算法中，强化学习是把状态、动作、奖励、策略进行分析计算，从而根据累计的奖励值，选择出累计奖励值最高的策略组合作为算法的输出，得出策略的最优组合；而深度学习以神经网络为代表，通过多次的模型训练，得出最优解。深度强化学习以强化学习的状态、动作、奖励、策略作为神经网络的训练内容，完成训练后，得出目标网络。然后使用该目标网络，以状态作为输入，通过动作的选择到达的奖励值，选出最大奖励值，最后输出该情况下的最优动作组合即策略。深度强化学习中最经典的算法为DQN（deep Q-network，深度Q网络）算法，下面采用DQN算法对所构建的应急资源协同保障模型进行优化求解。

1. 算法设计

（1）状态：状态ST代表灾害态势场景，其中包含6个特征信息元，用$ST_j^k = (\mu_j^k, \delta_j^k, t_j^k, T_j^k, s_j^k, \pi_j)$表示；其中，$\mu_j^k$表示在灾害态势场景$k$中，所需第$j$种应急资源数量的平均值；$\delta_j^k$表示在灾害态势场景$k$中，所需第$j$种应急资源数量的标准差；$t_j^k$表示在灾害态势场景$k$中，第$j$种应急资源的实际到达时间；$T_j^k$表示在灾害态势场景$k$中，第$j$种应急资源的失效时间；$s_j^k$表示在灾害态势场景$k$中，第$j$种应急资源的供给量；$\pi_j$表示第$j$种应急资源的效用系数。例如，$ST_2^1 = (100, 0.08, 3.5, 6, 11, 0.95)$，代表在灾害态势场景1中，应急资源2的需求量服从以100个单位为平均值、0.08个单位为标准差的正态分布，而且应急资源2的实际到达时间为3.5个单位时间，失效时间为6个单位时间，该资源的供给量为11个单位，其效用系数为0.95。

（2）动作：在深度强化学习算法中，动作是指智能体能执行的所有行动组合。在本模型中共有三个动作：一是调度某一特定应急资源，表示此时该应急资源在该灾害态势场景中实现了效用最大化，故做出调度决策。二是调整某一特定应急资源的供给量，表示此时该应急资源在该灾害态势场景中的效用还没有达到最大，可能出现保障不足或者保障过度的情形，需要做出调整供给量的决策；一旦达到最大效用，应停止该应急资源调度。三是调整某一特定应急资源到达灾害现场的实际时间，若该应急资源在该灾害态势场景中的实际到达时间大于失效时间，则该应急资源呈现无效状态（该应急资源的效用值为负无穷大），此时需要缩短实际到达时间而使效用最大化。将状态中的特征数据代入目标函数中，如果效用达到最大值，则执行调度该应急资源的动作；在实际到达时间小于或等于失效时间的情况下，该应急资源未达到最大效用，则执行调整应急资源供给量动作；如果实际到达时间大于失效时间，根据效用公式，该应急资源无效，在程序上赋值为-9999。为编程方便，现将动作取值设定为0、1、2，其中，0代表调度该应急资源，1代表调整该应急资源的供给量后再进行调度，2代表缩短该应急资源的实际调度时间。

（3）奖励：在深度强化学习中，奖励是对当前动作的一个评分值。在本模型中，先根据式（10.8）确定某一种应急资源的效用值，然后依据式（10.10）对该动作进行奖励判定。

$$R_j^k = \begin{cases} 2, & U_j^k = \max U_j^k 且 t_j^k \leqslant T_j^k \\ 0, & U_j^k \geqslant 0 且 U_j^k \neq \max U_j^k 且 t_j^k \leqslant T_j^k \\ -2, & t_j^k > T_j^k \end{cases} \quad (10.10)$$

依据式（10.10）设定可知，在灾害态势场景 k 中，如果第 j 种应急资源的实际到达时间小于或等于失效时间，且其资源效用值等于其最大效用值，则奖励值为 2；如果第 j 种应急资源的实际到达时间小于或等于失效时间，而其效用值没有达到最大效用值（且 $U_j^k \geqslant 0$），则奖励值为 0；如果第 j 种应急资源的实际到达时间大于失效时间，表示第 j 种应急资源无法在失效时间内到达灾害现场而失去了应急资源的价值，其效用值为负无穷大，此时奖励值为-2。

2. 算法参数设定

本模型用 DQN 作为 Q 函数的逼近器，以此确定某一灾害态势场景中特定应急资源的最大效用。本模型中 DQN 的输入是状态特征值，把每一个状态与动作组合的效用值作为网络的输出。

本算法的核心是针对某一灾害态势场景将特定应急资源的状态特征作为输入，利用 DQN 和该场景下的应急资源特征值，计算该应急资源在该场景中的最大期望累计奖励，即最大效用。在进行多次训练后，得出模型 DQN 的参数 θ_q。针对不同的灾害态势场景，采用训练后的网络计算出某一应急资源在特定灾害态势场景中的最大效用值，从而得出该种应急资源最佳的保障策略。此算法基于 Python 进行编写和仿真。在求解算法中，相关参数的设定如表 10.2 所示。

表 10.2　算法参数设定表

参数名称	参数值
训练次数	1500
经验池规模	512
网络层数	3
隐含层激活函数	Relu
学习率	0.001
折扣因子	0.8

3. 经验回放机制

在训练模型时,需要建立用于存储训练出来的经验的回放池。经验以 $(ST_t, A_t, R_t, ST_{t+1})$ 表示,如经验 ((100, 0.08, 3.5, 6, 11, 0.95), 1, 0, (100, 0.08, 3.5, 6, 3, 0.95)) 代表在灾害态势场景 k 中,效用系数为 0.95 的第 j 种应急资源的需求量服从以 100 个单位为平均值、0.08 个单位为标准差的正态分布,且该应急资源的供给量为 11 个单位,其实际到达时间为 3.5 个单位时间,失效时间为 6 个单位时间,在执行该应急资源供给量后,获得的效用值为 2.375,由于该效用值没有达到最大效用值,因此获得奖励值为 0。状态将由 (100, 0.08, 3.5, 6, 11, 0.95) 转到下一状态 (100, 0.08, 3.5, 6, 3, 0.95)。

4. 损失函数

损失函数在统计学上用于评估模型与实际结果的差异。在本算法中,用于标识目标值 Q 和真实值 Q' 的差值。在每次训练 DQN 时,首先用损失函数来测量目标值 Q 和真实值 Q' 的差距,然后最小化其差值。本章采用均方误差(mean square error,MSE)函数作为该算法中的损失函数,均方误差函数公式如下:

$$\text{MSE}(Q, Q') = \frac{\sum_{k=1}^{K}(Q-Q')}{n} \quad (10.11)$$

5. 算法有效性分析

图 10.2 是损失值和训练次数对应图。从图 10.2 中可知,在第 250 次训练前,损失值下降得很快。在 250 次训练后,开始慢慢平稳。在第 1000 次

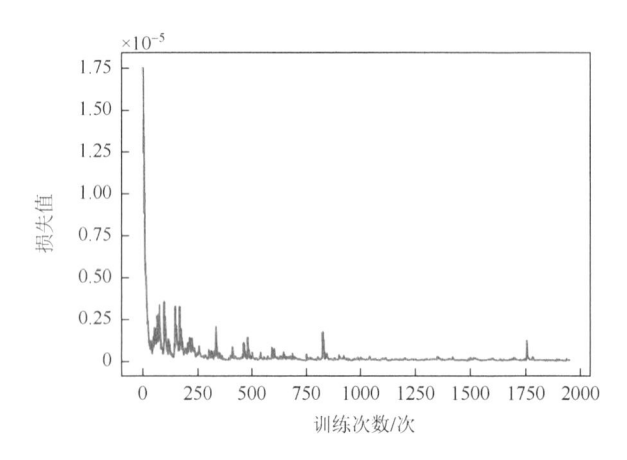

图 10.2 损失值与训练次数对应图

到第1750次训练中,损失值比较平稳,这说明在训练次数1000次到1750次区间内该算法收敛,体现了算法的有效性。

10.3.4 实例分析

1. 实例描述

非常规突发事件态势应对过程,可以分为救援、生活保障和重建3个阶段。假设在这3个阶段中,都需要用到帐篷、绳索、消毒水等3类应急资源。现假定某一次超强台风灾害可能形成4种灾害态势,即城市内涝、特大洪水、山体滑坡和水库溃坝。为了方便编程与分析,给多个可能发生的灾害态势场景进行编号:1代表城市内涝;2代表特大洪水;3代表山体滑坡;4代表水库溃坝。对于上述灾害态势场景,需要的应急资源有帐篷、绳索和消毒水,同样给应急资源进行编码:1代表帐篷;2代表绳索;3代表消毒水。

2. 模型求解

假设城市内涝、特大洪水、山体滑坡、水库溃坝等4个灾害态势场景中应急物资需求量均值和方差如表10.3所示,均服从正态分布;另外,各灾害态势场景中应急资源的供给量、实际达到时间、失效时间、效用系数如表10.4所示;经过模型优化后,得出如表10.5所示的调度优化策略。

表10.3 灾害态势场景应急资源需求量均值和方差表

灾害态势场景	帐篷		绳索		消毒水	
	均值	方差	均值	方差	均值	方差
城市内涝	200	0.10	200	0.10	50	0.20
特大洪水	50	0.20	10	0.50	125	0.40
山体滑坡	500	0.10	250	0.20	80	0.25
水库溃坝	80	0.10	90	0.40	120	0.20

表10.4 灾害态势场景应急资源数据表

灾害态势场景	帐篷				绳索				消毒水			
	供应量	实际到达时间	失效时间	效用系数	供应量	实际到达时间	失效时间	效用系数	供应量	实际到达时间	失效时间	效用系数
城市内涝	50	6	10	0.9	45	3	10	0.9	30	2	10	0.9
特大洪水	80	6	10	0.9	100	5	10	0.9	50	3	10	0.9

续表

灾害态势场景	帐篷				绳索				消毒水			
	供应量	实际到达时间	失效时间	效用系数	供应量	实际到达时间	失效时间	效用系数	供应量	实际到达时间	失效时间	效用系数
山体滑坡	35	6	10	0.9	20	6	10	0.9	50	9	10	0.9
水库溃坝	65	3.5	10	0.9	30	1	10	0.9	20	5	10	0.9

表 10.5 灾害态势场景应急资源调度优化表

灾害态势场景	帐篷				绳索				消毒水			
	优化前		优化后		优化前		优化后		优化前		优化后	
	效用	调度数量	效用	调度数量	效用	调度数量	效用	调度数量	效用	调度数量	效用	调度数量
城市内涝	2.40	50	72.00	21	5.04	45	126.00	21	1.80	50	72.00	11
特大洪水	0.90	80	63.00	11	0.24	100	22.50	6	7.88	80	315.00	49
山体滑坡	21.00	35	315.00	49	6.00	20	180.00	49	0.60	35	18.00	19
水库溃坝	0.82	65	46.80	7	48.60	30	291.60	37	27.00	65	108.00	25
合计		230		88		195		113		230		104

3. 结果分析

（1）从上面 3 种应急资源的调度优化结果来看（表 10.5），经过优化后 3 种应急资源都大大减少了调度数量，既节约了应急资源调度成本，又避免了应急资源因过度保障而造成应急资源浪费的情形。其中，帐篷优化后的调度数量为 88 个单位，减少了 142 个单位的调度数量；绳索优化后的调度数量为 113 个单位，减少了 82 个单位的调度数量；消毒水优化后的调度数量为 104 个单位，减少了 126 个单位的调度数量。

（2）从应急资源效用来看，按照所建立的优化模型制定的应急资源保障方案，其应急资源总体效用获得了大幅度提升，即从优化前的 122.28 增加到优化后的 1629.9，说明应急资源得到了充分利用，实现了整体应急资源效用的最大化。

（3）通过实例分析表明，该方法针对不同灾害态势场景进行分析，并依据各灾害态势场景的应急资源保障率和时效性要求，制定出最佳应急资源调度策略，以实现应急资源整体效用最大化。因此，该方法有比较好的实用性，可以为不同的灾害态势场景提供高效的应急资源保障决策支持。

10.4 面向极端气象灾害态势应对任务的自适应性应急组织设计

由于极端气象灾害的种类繁多，而且每一极端气象灾害事件的演化具有高度的不确定性，因而不存在固定不变的极端气象灾害应急组织结构。频繁变结构的应急组织对机动性、灵活性、及时性等方面的要求较高，而鲁棒性强，即稳定性强的应急组织结构，在极端情况下其性能会下降甚至变得无效。为了应对各种极端气象灾害，设计与极端气象灾害应急响应相匹配的自适应组织结构显得尤为重要。在此利用 Levchuk 等[403]提出的三阶段组织设计理论构建面向极端气象灾害应急响应任务的自适应性组织设计方法，其目标就是设计具有相对稳定性的应急组织结构，即在一定范围内应急组织具有一定的鲁棒性；当灾害态势场景变化时，采取自动匹配策略，使应急组织自动调整以适应灾害应急响应任务所需要的组织结构。这种自适应性应急组织的突出特点就是既有一定的稳定结构，又能实现组织结构自动切换，以满足高度不确定性的极端气象灾害应对需要。

10.4.1 基于三阶段的应急组织设计

进行极端气象灾害应急组织设计首先需要确定组织内部各实体之间的关系，比如，谁做决策？谁发布命令？谁负责处置工作？谁负责对外发布信息？谁与谁在任务上进行协作？等等。而极端气象灾害应急组织涉及政府众多部门和种类繁多的应急资源与救援力量，其关系异常复杂，因此一次性完整地构建应急组织就比较困难。在此利用 Levchuk 等[403]提出的组织设计理论构建了三阶段应急组织设计方案（图 10.3）。三阶段应急组织设计方案中的实体包括应急任务、应急资源平台和应急决策主体等三个部分。应急任务主要是分解极端气象灾害应急管理使命得到的子使命（任务），每一子使命都是与灾害事件链中某一具体的灾害事件相互对应的，从而形成任务关系图谱，也就是说应急管理的使命是通过一系列互相关联的任务来反映的。比如，超强台风灾害应急管理使命由大风大雨灾害（应对任务）、城市内涝灾害（应对任务）、山体滑坡灾害（应对任务）、公共卫生灾害（应对任务）等构成。应急资源平台是应急组织中的资源载体（人、财、物等），是直接进行应急处置和救援任务的应急力量，包括专业救援力量、大型救灾设备、生活必需品等。应急决策主体是应急组织中负责制定应急处置与救援方案、指挥与控制、沟通与协调等事务的实体。应急决策主体掌握一定的应急资源平台，并利用指挥和控制应急资源平台的能力完成组织所承担的应急处置与救援任务，当自身掌握的应急资源平台无法完成当前的应急任务时，应急决策主体需要运用决策能力、指挥能力和沟通能力与上一级的应急决策主体进行协调与沟通，以便获得完成应急任务所需要的应急资源平台。

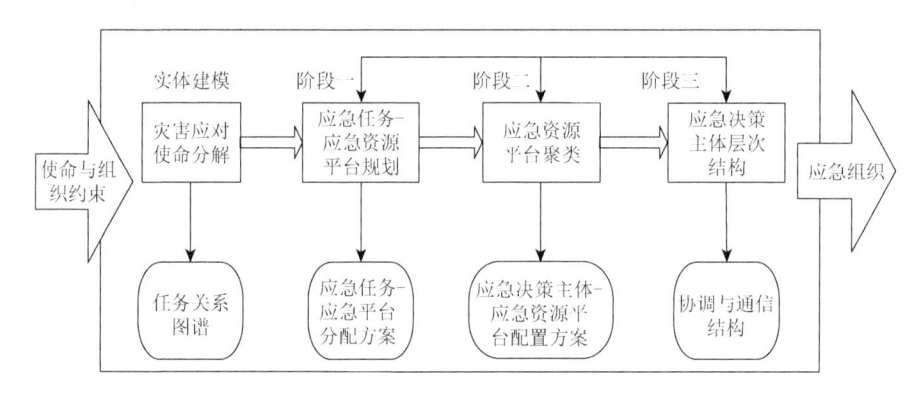

图10.3 三阶段应急组织设计方案

应急组织存在的意义就是完成应急处置与救援使命，最大限度地减少经济财产损失和人员伤亡。因此，三阶段应急组织设计方案中的第一阶段就是进行应急任务-应急资源平台规划，也就是为各个应急任务合理地分配应急资源平台；第二阶段是根据第一阶段制定好的应急任务-应急平台分配方案，设计应急决策主体与应急资源平台之间的隶属关系，从而获得应急决策主体-应急资源平台配置方案；第三阶段就是依据应急决策主体-应急资源平台配置方案，确定应急决策主体之间的等级层次结构。

10.4.2 面向任务的应急组织动态调整

极端气象灾害态势演化的高度不确定性要求应急组织具有根据灾害态势场景变化动态调整其组织结构的能力，使应急组织与特定的灾害态势场景相匹配（图10.4），有利于更高效地开展灾害处置与救援工作。此处，以降低灾害损失间接反映应急组织调整后所获得的收益。调整后的应急组织虽然能够很好地适应当前的灾害态势场景（任务），但在组织调整的过程中，应急组织将会付出一定的性能代价(比如各应急主体之间需要重新磨合,应急资源平台需要重新设置等)。因此应急组织结构的动态调整需要在应急组织所得的收益与所付出的代价之间进行权衡,权衡的结果是调整后的应急组织结构往往不一定是应对当前灾害态势场景的最佳组织结构,但一定会是一个比较合理的组织结构。此处借用 Levchuk 等[404]提出的方法对应急组织进行动态调整,其步骤如下。

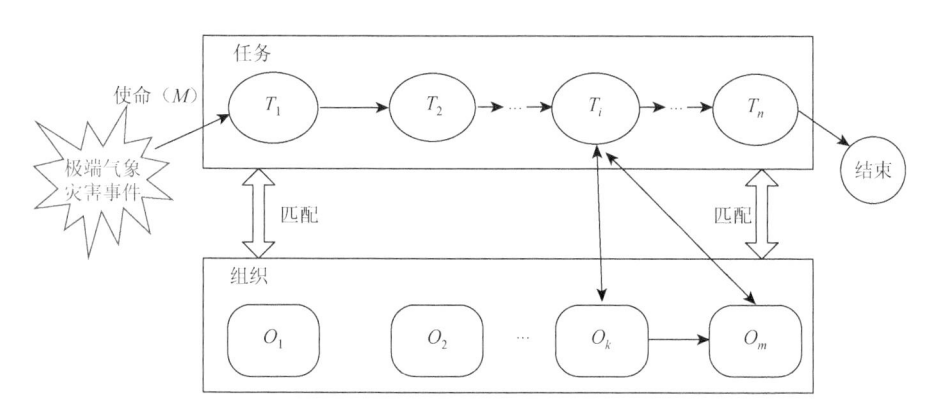

图 10.4 应急任务-应急组织匹配模型

(1)假定当前极端气象灾害应急管理的使命为 M,其对应的应急任务为 T_1,而应急任务 T_1 可能随着灾害态势场景的不断变化而发生改变(改变后的应急任务记为 T_2),以此类推,将这一动态演化过程记为$\{T_1, T_2, \cdots, T_i, \cdots, T_n\} \in M$。根据三阶段应急组织设计方案,需要预先设定一些可供随时调整的应急组织结构,记为$\{O_1, O_2, \cdots, O_k, \cdots, O_m\} \in O$。

(2)确定应急任务 T_i 与应急组织 O_k 的匹配度 P_{ik},随后计算应急组织结构从 O_k 调整到 O_m 时应急组织所要付出的性能代价 C_{km},最后依据匹配程度 P_{ik} 和性能代价 C_{km} 采用维特比算法[405]确定应急组织调整的最佳结构变化路径。

10.5 小　　结

本章在对极端气象灾害态势演化规律进行分析和总结的基础上,对极端气象灾害态势应对问题提出了一些对策建议,以便为政府应急决策者更好地应对极端气象灾害事件提供支持。

(1)强化气象灾害风险管理和增强公民风险意识。这是非常规突发事件应急管理工作中"关口前移"的基本要求，也是进一步完善应急管理体系的必然结果。

（2）建立全国性的极端气象灾害态势感知大数据平台，为政府相关部门科学合理地应对极端气象灾害事件提供技术支持。

（3）构建完善的极端气象灾害信息传播体系。一方面，有助于政府制定应急处置与救援措施时获得广泛的信息支持；另一方面，有助于消除受灾民众的心理恐慌和减少灾害损失。

（4）建立面向极端气象灾害态势应对任务的自适应性应急组织。对应急组织进行柔性设计除了有助于实现各类应急资源（人、财、物）的共享，也有利于快速形成适合某一类极端气象灾害事件应对的应急组织体系。

（5）以应急资源保障为例，提出了基于灾害态势驱动的非常规突发事件态势应对策略优化方法。

第 11 章 总结与展望

11.1 研 究 总 结

面临各类非常规突发事件越来越严峻的形势,包括中国在内的许多国家都开始建立和完善国家突发事件应急管理体制,以便科学合理地应对各类突发事件。因此非常规突发事件应急决策问题就成为各国政府和广大学者关注的热点和重点问题。本书研究总体上采用层层深入的框架,即按照"发现问题—抽象问题—分析问题—解决问题"的思路,以大数据为主要分析工具,从态势感知的视角系统地对非常规突发事件应急决策问题进行了深入研究,达到了预期的研究目的。本书研究内容和研究方法的创新程度、突出特色和主要建树体现在以下几个方面。

(1) 内容研究的创新性。本书在非常规突发事件态势感知问题上进行了尝试性探索。本着这一目的,重点进行了八个方面的深入研究。①基于"三三制"框架模型的应急案例结构化表示方法。随着互联网、大数据时代来临,非常规突发事件案例数据来源、类型均复杂多样,有结构化、半结构化和非结构化的数据。为了便于基于大数据的非常规突发事件态势特征要素的提取,需要将这些来源各异、类型不同的多模态数据进行结构化表示,形成结构化的重大灾害案例库。本书依据公共安全"三角形"理论设计了突发事件案例数据结构化表示的"三三制"框架模型,即以"情景-事件-管理"三个维度为导向的"维度-属性-特征"案例结构化表示框架,对典型极端气象灾害事件案例数据进行结构化表示,从而形成结构化的重大灾害案例库,为后续研究提供数据支撑。②基于大数据的非常规突发事件关键态势要素提取模型构建与优化。影响非常规突发事件态势的要素有很多,而这些要素哪些更为重要、更具影响力是态势要素提取中需要解决的核心问题。非常规突发事件态势要素提取是态势预测和态势威胁评估的前提和基础,因此对快速高效提取非常规突发事件态势要素方法的探索具有重要的理论和现实意义。本书首先以极端气象灾害中的超强台风灾害为例设计了灾害态势要素提取框架模型;其次采用大数据分析中最常用的主成分分析法对影响超强台风灾害态势的诸多要素进行降维提取。鉴于主成分分析法在主成分权重确定上具有明显的缺陷,为此引入合作博弈的思想,将所确定的各主成分映射为合作博弈中的局中人,并以态势要素权重误差平方和最小作为合作博弈目标函数构建态势要素权重优化模型,并采用Shapley值法对模型求解。在此基础上通过实证分析说明该方法的解释力和可行性,进而为灾害态势威胁评估指标体系构建提供科学依据。③基于隐马尔可夫链改进的非常规突发事件态势预测模型构建。非常规突发事件态势演化问题是应急决策者关心的首要问题,因为它是制定应急处置与救援措施的前提。鉴于整个非常规突发事件态势演化过程类似于一个隐马尔可夫状态转移过程,为此首先以极端气象灾害事件为对象设计了非常规突发事件态势演化框架模型,在此基础上构建基于隐马尔可夫状态转移的非常规突发事件态势预测模型及其求解算法,实现对突发事件的态势进行实时精准预测,以便为应急决策者提供决策支持。鉴于非常规突发事件相关信息的不完全性致使非常规突发事件态势预测模型中部分参数的初始值选择存在不足的问题,引入贝叶斯方法对其进行修正,很好地克服了上述问题。最后通过实例分析说明该方法的应用过程和实际意义。此外,该方法也为非常规突发事件态势演化规律的探索提供了新的思路和途径。④基于案例匹配的非常规突发事件态势威胁评估方法。对非常规突发事件当前状态以及未来发展状态进行实时快速的评估是采取有效应对措施的依据。首先以证据理论为主要工具,构建基于多属性效用匹配的应急案例检索模型和求解算法,以便在重大灾害案例库中检索到与当前所发生的非常规突发事件相似的案例;其次对检索到的灾害案例从受灾人口、死亡人口、受灾面积、房屋毁损和直接经济损失五个方面进行综合灾情指数评估,并以该综合灾情指数为参考判断当前非常规突发事件的威胁状态。⑤基于态势演化的非常规突发事件临机决策模型构建。由于非常规突发事件相关信息的高度缺失和灾害的深度危害性,应急决策者必须在案例提示与态势预测的基础上,结合自己的经验和专家的判断,迅速制定应对方案并展开救援,这是减少由灾害造成的人员伤亡和财产损失的有效途径。这一决策过程与最近在应急管理中悄然兴起的临机决策模式可谓异曲同工,成功的临机决策不是应急决策者随意的"拍脑袋"决策,而是建立在应急决策者自身知识积累、专家判断以及事件态势预测等基础之上。因此本书从应急决策所面临的特殊背景即环境复杂、时间紧迫、信息匮乏、资源有限、心理压力巨大出发,以序贯博弈理论为分析工具,构建了基于态势演化的非常规突发事件临机决策模型,为探索非常规突发事件态势演化规律提供新方法,同时也为应急决策者的临机决策提供更为准确、科学的决策支持。⑥基于情感因子弱化的应急决策效果评估方法。针对应急决策效果评估过程中评判者的主观因素可能会对评估结果产生影响的情况，构建了基于评判者情感因子弱化的应急决策效果评估模型，通过循环优化不断削弱评判者情感因子对评估结果的影响。随后采用三种评估方法对同一实例进行比较与分析，结果表明，采用基于评判者情感因子弱化的评估方法明显优于传统评估方法，同时也验证了所提方法的可行性和有效性。⑦非常规突发事件态势感知大数据平台理论框架设计及其原型系统开发。以典型超强台风灾害为例从态势感知的视角梳理非常规突发事件应急管理流程，随后从灾害数据层、模型算法层和应用展示层等三个层面构建非常规突发事件态势感知大数据平台理论框架模型，并对其关键技术进行归纳分析。在此基础上，开发基于大数据的非常规突发事件态势生成可视化原型系统。⑧基于态势响应的非常规突发事件应对新模式探索。本书对经过检验和修正的非常规突发事件态势生成可视化原型系统输入典型超强台风灾害大数据，进行阶段性态势模拟，并对每阶段所生成的态势寻求应对可行解，在此基础上构建整体最佳应对策略。另外，依据非常规突发事件整个态势应对过程，实施应对组织流程再造，以便重建与态势感知相联动的自适应性态势应对组织流程。

（2）问题研究的系统性。本书从大数据的视角深入系统地研究了面向应急决策的非常规突发事件态势感知问题。选择超强台风灾害事件为研究对象，通过对典型超强台风灾害事件大数据的分析与解构，建立基于大数据的突发事件关键态势要素提取模型，以便获取突发事件关键态势要素。随后，以非常规突发事件关键态势要素为输入变量，构建基于隐马尔可夫链改进的非常规突发事件态势预测模型，为揭示非常规突发事件态势演化规律提供支持。接着，采用基于案例匹配的方法对非常规突发事件态势进行威胁评估，构建基于态势演化的非常规突发事件临机决策模型并进行决策效果评估，在此基础上设计非常规突发事件态势感知大数据平台及其原型系统。最后利用所开发的原型系统对典型非常规突发事件进行态势分析，并探索基于灾害态势驱动的非常规突发事件应对策略优化方法，为应急决策提供理论支持。

（3）研究方法的综合性。非常规突发事件应急决策具有许多与普通决策不同的特点，它属于特殊情景下的非常规决策，其制约条件颇多，突出表现在事态发展的不确定性、信息的高度缺失性、决策时间的紧迫性、应急资源的有限性、决策者精神上的高度紧张性；再加上非常规突发事件自身具有的巨大破坏性和不可重复性，这就导致所制定的救援方案不能采用试验法验证其有效性。因此，本书采用理论分析与实验仿真相结合的综合集成研究方法，在定性分析的基础上构建一系列定量模型，从态势感知的视角对非常规突发事件应急决策问题展开深入研究。另外，在理论分析过程中又采用多学科（如灾害学、信息科学、系统科学等）的理论（如应急管理理论、预警管理理论等）与方法，使得问题的研究更加深入。

总之，本书从态势感知的视角对非常规突发事件态势感知问题进行了较为深入系统的研究，丰富了应急管理的理论和方法，为非常规突发事件态势应对方案的制定提供了新的决策工具。

11.2 研究展望

非常规突发事件应急决策研究虽然面向实际问题、面向世界热点问题，但是成为管理学的研究热点还是近些年的事情。应急决策问题是整个应急管理工作的核心问题，该问题是否得到科学合理解决关系到整个应急管理工作的成败。本书从态势感知的视角对非常规突发事件应急决策问题进行了系统的研究，设计了面向应急决策的非常规突发事件态势感知相关模型和算法，但还有许多工作需要进一步深入研究。

（1）由于人力、物力和时间的限制，本书的研究对象主要为自然灾害类中的超强台风灾害事件，而对事故灾难、公共卫生、社会安全中的非常规突发事件关注甚少。因此，本书取得的研究成果是否能泛化到其他类型的非常规突发事件应急决策中还需要进一步的验证。

（2）本书虽然对所建立的模型和算法都给出了具体的实例说明，但因非常规突发事件的巨大破坏性和不可重复性，再加上部分灾害数据的敏感性和不完整性，实证研究中还存在诸多不足，有待进一步深入研究和完善。

（3）非常规突发事件态势感知大数据平台理论框架已初步成形，但有待进行进一步具体的技术实现。随着大数据、人工智能等技术和方法的快速发展与不断完善，对基于大数据驱动的非常规突发事件态势生成可视化原型系统进行具体的技术实现将成为作者未来的主要研究方向和中心任务。

参 考 文 献

[1] 于锋，孙杰. 汶川大地震：从震撼到崛起[M]. 成都：四川文艺出版社，2009.
[2] 李娟，钮凤林. 3·11日本东北特大地震[J]. 城市与减灾，2011，(5)：5-8.
[3] 高荣伟. 细数五起国际关注的突发公共卫生事件[J]. 生命与灾害，2021，(2)：10-13.
[4] 江苏响水致78死特大爆炸案一审宣判[J]. 消防界（电子版），2020，6（23）：50-51.
[5] 河南郑州"7·20"特大暴雨灾害调查报告[J]. 中国安全生产，2022，17（2）：52-53.
[6] 湖南长沙"4·29"特别重大居民自建房倒塌事故[J]. 中国安全生产，2023，18（6）：52-53.
[7] 内蒙古阿拉善新井煤业有限公司露天煤矿"2·22"特别重大坍塌事故调查报告公布[N]. 人民日报，2023-08-30（7）.
[8] 杨继君,吴启迪,许维胜,等. 面向非常规突发事件的应急资源合作博弈调度[J]. 系统工程，2008，26（9）：21-25.
[9] 韩传峰,王兴广,孔静静. 非常规突发事件应急决策系统动态作用机理[J]. 软科学，2009，23（8）：50-53.
[10] 李涛. 基于突发公共事件的现代城市商业安全研究[D]. 武汉：华中科技大学，2010.
[11] 姜少伟，贺贤达，陆金花，等. 基于事件特征的城市公共安全管理应急决策指挥平台框架设计[J]. 科技资讯，2017，15（15）：14-18.
[12] 李臣，张瑞. 不确定条件下消费者的购房选择[J]. 山东工商学院学报，2011，25（3）：49-52.
[13] Savage L J. The theory of statistical decision[J]. Journal of the American Statistical Association，1951，46（253）：55-67.
[14] Quiggin J. A theory of anticipated utility[J]. Journal of Economic Behavior & Organization，1982，3（4）：323-343.
[15] Shetty R S. An event driven single game solution for resource allocation in a multi-crisis environment[D]. Tampa：University of South Florida，2004.
[16] Gupta U. Multi-event crisis management using non-cooperative repeated games[D]. Tampa：University of South Florida，2004.
[17] Mendonça D，Beroggi G E G，van Gent D，et al. Designing gaming simulations for the assessment of group decision support systems in emergency response[J]. Safety Science，2006，44（6）：523-535.
[18] Yang J J，Xu C H. Emergency decision engineering model based on sequential games[J]. Systems Engineering Procedia，2012，5：276-282.
[19] Ranganathan N，Gupta U，Shetty R，et al. An automated decision support system based

on game theoretic optimization for emergency management in urban environments[J]. Journal of Homeland Security and Emergency Management, 2007, 4 (2): 1-27.

[20] 杨继君, 吴启迪, 程艳, 等. 面向非常规突发事件的应对方案序贯决策[J]. 同济大学学报（自然科学版）, 2010, 38 (4): 619-624.

[21] 罗景峰, 许开立. 应急决策指挥方案优选的灰局势决策[J]. 中国公共安全（学术版）, 2010, (2): 69-71.

[22] 姜艳萍, 樊治平, 苏明明. 应急决策方案的动态调整方法研究[J]. 中国管理科学, 2011, 19 (5): 104-108.

[23] 瞿斌, 王雪芳. 基于效用的应急决策方案动态调整方法[J]. 统计与决策, 2014, (7): 46-49.

[24] 郑晶, 王应明, 叶歆. 考虑应急方案总体优势度的决策方法[J]. 控制与决策, 2015, 30 (7): 1239-1244.

[25] 徐选华, 蔡晨光, 王佩, 等. 面向具有多部门多指标特征的复杂大群体应急决策方法[J]. 控制与决策, 2016, 31 (2): 225-232.

[26] 张婧, 申世飞, 杨锐. 基于偏好序的多事故应急资源调配博弈模型[J]. 清华大学学报（自然科学版）, 2007, 47 (12): 2172-2175.

[27] 唐伟勤, 张敏, 张隐. 大规模突发事件应急物资调度的过程模型[J]. 中国安全科学学报, 2009, 19 (1): 33-37.

[28] 田军, 马文正, 汪应洛, 等. 应急物资配送动态调度的粒子群算法[J]. 系统工程理论与实践, 2011, 31 (5): 898-906.

[29] 郭子雪, 郭亮, 张培, 等. 应急物资调度时间最小化模糊优化模型[J]. 中国安全科学学报, 2015, 25 (10): 172-176.

[30] 杨继君, 佘廉. 面向多灾点需求的应急资源调度博弈模型及优化[J]. 中国管理科学, 2016, 24 (8): 154-163.

[31] Simon H A. Administrative behavior[J]. American Journal of Nursing, 1950, 50 (2): 46-47.

[32] Simon H A. A behavioral model of rational choice[J]. The Quarterly Journal of Economics, 1955, 69 (1): 99-118.

[33] Kahneman D, Tversky A. Prospect theory: an analysis of decision under risk[J]. Econometrica, 1979, 47 (2): 263-292.

[34] 樊治平, 刘洋, 沈荣鉴. 基于前景理论的突发事件应急响应的风险决策方法[J]. 系统工程理论与实践, 2012, 32 (5): 977-984.

[35] 杨继君, 徐辰华, 韩传峰. 基于信息流的非常规群体性事件中主体决策模型及对策研究[J]. 情报杂志, 2013, 32 (4): 58-62.

[36] 王旭坪, 董莉, 陈明天. 考虑感知满意度的多受灾点应急资源分配模型[J]. 系统管理学报, 2013, 22 (2): 251-256.

[37] 王治莹, 李勇建. 行为决策对突发事件的干预机制及其预案启动策略研究[J]. 系统工程理论与实践, 2015, 35 (7): 1863-1870.

[38] 王亮, 王应明, 胡勃兴. 基于前景理论的应急方案动态调整方法[J]. 控制与决策, 2016, 31 (1): 99-104.

[39] 唐本钰. 论生态理性[J]. 济南大学学报（社会科学版）, 2004, 14 (3): 79-84, 92.

[40] Goldstein D G, Gigerenzer G. Models of ecological rationality: the recognition heuristic[J]. Psychological Review, 2002, 109 (1): 75-90.

[41] Smith J M, Price G R. The logic of animal conflict[J]. Nature, 1973, 246: 15-18.

[42] Lo S M, Huang H C, Wang P, et al. A game theory based exit selection model for evacuation[J]. Fire Safety Journal, 2006, 41 (5): 364-369.

[43] 王斌, 杨志林, 李志敏, 等. 农村群体性突发事件起因的演化博弈分析[J]. 青岛建筑工程学院学报, 2004, 25 (4): 100-103.

[44] 刘德海. 信息交流在群体性突发事件处理中作用的博弈分析[J]. 中国管理科学, 2005, 13 (3): 95-102.

[45] 刘德海. 政府不同应急管理模式下群体性突发事件的演化分析[J]. 系统工程理论与实践, 2010, 30 (11): 1968-1976.

[46] 孙康, 廖貅武. 群体性突发事件的演化博弈分析: 以辽东湾海蜇捕捞为例[J]. 系统工程, 2006, 24 (11): 59-62.

[47] 余雷, 薛惠锋. 突发公共卫生事件危机管理的进化博弈仿真[J]. 计算机仿真, 2008, 25 (4): 169-171, 178.

[48] 盛济川, 施国庆, 尚凯. 水电移民群体性突发事件的演化博弈分析[J]. 统计与决策, 2009, (13): 60-62.

[49] 谢百帅. 政府监管下群体性突发事件的演化博弈分析与研究[D]. 广州: 华南理工大学, 2013.

[50] 王治莹, 李勇建. 舆情传播与应急决策的结构化描述及其相互作用规律[J]. 系统工程理论与实践, 2015, 35 (8): 2064-2073.

[51] 宾宁, 张成科, 庄佳弟, 等. 突发事件网络舆情演变过程中的演化博弈行为分析[J]. 情报探索, 2015, (7): 15-20.

[52] 王循庆, 李勇建, 孙华丽. 基于情景推演的群体性突发事件演化博弈分析[J]. 管理科学, 2015, 28 (6): 133-143.

[53] 柯小玲, 刘正娟, 郭海湘, 等. 基于三方演化博弈的突发公共卫生事件应急响应及仿真研究[J]. 运筹学学报 (中英文), 2024, 28 (1): 57-76.

[54] Schank R C. Dynamic Memory: A Theory of Reminding and Learning in Computers and People[M]. Cambridge: Cambridge University Press, 1982.

[55] Kolodner J L. Case-Based Reasoning[M]. San Mateo: Morgan Kaufmann Publishers, 1993.

[56] Aamodt A, Plaza E. Case-based reasoning: foundational issues, methodological variations, and system approaches[J]. AI Communications, 1994, 7 (1): 39-59.

[57] Finnie G, Sun Z H. R^5 model for case-based reasoning[J]. Knowledge-Based Systems, 2003, 16 (1): 59-65.

[58] Porter B W, Bareiss E R, Holte R C. Concept learning and heuristic classification in weak-theory domains[J]. Artificial Intelligence, 1990, 45 (1/2): 229-263.

[59] Macedo L, Cardoso A. Nested graph-structured representations for cases[C]//Smyth B, Cunningham P. Advances in Case-Based Reasoning: 4th European Workshop. Berlin: Springer, 1998: 1-12.

[60] Rodriguez Martinez A F. A probabilistic exemplar based model[D]. Manchester:

University of Salford，1998.
[61] Coyle L，Doyle D，Cunningham P. Representing similarity for CBR in XML[C]//Funk P，González Calero P A. Advances in Case-Based Reasoning：7th European Conference. Berlin：Springer，2004：119-127.
[62] Brüninghaus S，Ashley K D. The role of information extraction for textual CBR[C]//Aha D W，Watson L. Proceedings of the 4th International Conference on Case-Based Reasoning：Case-Based Reasoning Research and Development. Berlin：Springer，2001：74-89.
[63] Brüninghaus S，Ashley K D. Combining case-based and model-based reasoning for predicting the outcome of legal cases[C]//Ashley K D，Bridge D G. Case-Based Reasoning and Development：5th International Conference on Case-Based Reasoning. Berlin：Springer，2003：65-79.
[64] Brüninghaus S，Ashley K D. Reasoning with textual cases[C]//Muñoz-Ávila H，Ricci F. Case-Based Reasoning and Development：6th International Conference on Case-Based Reasoning. Berlin：Springer，2005：137-151.
[65] Yang S Y，Liao P C，Ho C S. An ontology-supported case-based reasoning technique for FAQ proxy service[EB/OL]. [2023-01-18]. https://www.researchgate.net/publication/221390722_An_Ontology-Supported_Case-Based_Reasoning_Technique_for_FAQ_Proxy_Service.
[66] 曾文，黄玉基. 基于案例推理技术在刑法定罪量刑系统中的应用研究[J]. 广西师范大学学报（自然科学版），2003，21（1）：73-78.
[67] 刘芳，姚莉，王长缨，等. 基于语义 Web 的案例表示和 CBR 系统结构研究[J]. 计算机应用，2004，24（1）：17-19.
[68] 周凯波，金斌，周剑岚，等. 基于 XML 的面向对象案例表示方法[J]. 武汉理工大学学报（信息与管理工程版），2005，27（3）：86-89.
[69] 吴丽华，罗云锋，王恺. 基于 XML 的案例表示和自学习案例检索模型的研究[J]. 海南师范学院学报（自然科学版），2005，18（3）：218-222.
[70] 李玲娟，汤文宇，王汝传. 基于 XML 的案例表示和案例库构造方法[J]. 计算机应用研究，2007，24（11）：70-73.
[71] 王悦，范君晖，田书格. 基于案例推理专家系统中的案例表示方法[J]. 上海工程技术大学学报，2005，19（1）：42-46.
[72] 张英菊，仲秋雁，叶鑫，等. 基于案例推理的应急辅助决策方法研究[J]. 计算机应用研究，2009，26（4）：1412-1415.
[73] 邵荃，翁文国，郑雄，等. 城市火灾案例库辅助决策方法的研究[J]. 中国安全科学学报，2009，19（1）：113-117.
[74] 袁晓芳. 基于案例推理的煤矿瓦斯预警支持系统研究[D]. 西安：西安科技大学，2009.
[75] 曹茂俊，尚福华，滕雪萍. 基于描述逻辑的可扩展的案例表示及检索研究[J]. 科学技术与工程，2010，10（11）：2777-2780.
[76] 仲秋雁，郭素，叶鑫，等. 应急辅助决策中案例表示与检索方法研究[J]. 大连理工大学学报，2011，51（1）：137-142.

[77] 金保华，林青，付中举，等. 基于 SWRL 的应急案例库的知识表示及推理方法研究[J]. 科学技术与工程，2012，12（33）：9049-9055.

[78] 黄超，黄全义，申世飞，等. 突发事件案例表示方法[J]. 清华大学学报（自然科学版），2014，54（2）：149-152，158.

[79] 佘廉，张明红，黄超. 公共突发事件案例表达结构化模式探讨[J]. 华南理工大学学报（社会科学版），2015，17（6）：69-75.

[80] 张佰尚. 面向电网突发事件应对规划的集成案例推理研究[D]. 哈尔滨：哈尔滨工业大学，2017.

[81] 陈曦，熊曦，蔡芳霖，等. 开放式的突发事件案例生成研究[J]. 华南理工大学学报（社会科学版），2016，18（2）：93-97，103.

[82] 于峰，李向阳. 基于基因结构的复杂应急案例表示方法[J]. 系统工程理论与实践，2017，37（3）：677-690.

[83] 刘佳琪. 基于知识元的应急案例表示与相似度算法研究[D]. 大连：大连理工大学，2018.

[84] 谢健民，秦琴，吴文晓，等. 突发事件网络舆情案例库的本体构建研究[J]. 情报科学，2019，37（2）：65-69，82.

[85] 王琳. 面向突发事件的粮食应急案例库本体构建研究[J]. 情报杂志，2020，39（5）：162-167.

[86] 何绍华，李玲. 案例检索以及案例库建设中的若干问题[J]. 情报科学，2003，21（6）：629-631.

[87] Öcler A İ, Majumder J. A case-based decision support system for flooding crises onboard ships[J]. Quality and Reliability Engineering International，2006，22（1）：59-78.

[88] Goh Y M, Chua D K H. Case-based reasoning approach to construction safety hazard identification：adaptation and utilization[J]. Journal of Construction Engineering and Management，2010，136（2）：170-178.

[89] Chakraborty B, Ghosh D, Ranjan, et al. Knowledge management with case-based reasoning applied on fire emergency handling[R]. Osaka：8th IEEE International Conference on Industrial Informatics，2010.

[90] Lu Y, Li Q M, Xiao W J. Case-based reasoning for automated safety risk analysis on subway operation：case representation and retrieval[J]. Safety Science，2013，57：75-81.

[91] Fan Z P, Li Y H, Wang X H, et al. Hybrid similarity measure for case retrieval in CBR and its application to emergency response towards gas explosion[J]. Expert Systems with Applications，2014，41（5）：2526-2534.

[92] El-Sappagh S, Elmogy M, Riad A M. A fuzzy ontology oriented case-based reasoning framework for semantic diabetes diagnosis[J]. Artificial Intelligence in Medicine，2015，65（3）：179-208.

[93] 赵卫东，李旗号，盛昭瀚. 基于案例推理的决策问题求解研究[J]. 管理科学学报，2000，3（4）：29-36.

[94] 黄继鸿，雷战波，李欣苗. 基于遗传禁忌算法的案例检索策略[J]. 系统工程理论方

法应用, 2004, 13 (1): 10-13.
[95] 李伟明, 杨旭, 穆志纯. 冷轧建模中基于粗糙集和神经网络的案例检索[J]. 辽宁工程技术大学学报, 2005, 24 (5): 709-712.
[96] 孟妍妮, 方宗德. 一种基于 ART-2 神经网络的案例检索方法[J]. 情报学报, 2006, 25 (4): 428-432.
[97] 王东, 刘怀亮, 徐国华. 基于案例推理的故障诊断系统关联度计算[J]. 西安电子科技大学学报, 2003, 30 (2): 264-266, 276.
[98] 李锋, 周凯波, 冯珊. 基于统计特征的属性相似度计算模型[J]. 华中科技大学学报(自然科学版), 2005, 33 (6): 80-82.
[99] 李玉玲, 陈志国. 基于信息粒的信息系统设计案例推理[J]. 河南大学学报(自然科学版), 2008, 38 (2): 195-198.
[100] 李海芳, 魏晓艳, 陈俊杰. 多维优化案例推理检索算法研究[J]. 计算机工程与应用, 2008, 44 (25): 157-160.
[101] 王海棠, 顾君忠, 杨静, 等. 基于本体的相似性计算实现高性能案例推理[J]. 计算机时代, 2009, (1): 58-59, 62.
[102] 闻敬谦, 李青. 基于本体的语义相似在维修案例推理中应用[J]. 北京航空航天大学学报, 2009, 35 (2): 223-226.
[103] 王宁, 郭玮, 陈湧. 基于知识元的突发事件案例检索方法研究[J]. 情报学报, 2015, 34 (10): 1056-1066.
[104] 罗鹏志, 陈曦. 面向事件链的突发事件建模与检索技术[J]. 华中科技大学学报(自然科学版), 2015, 43 (S1): 440-444.
[105] 杨继君, 曾子轩, 佘廉. 基于多属性效用匹配的应急案例检索方法研究[J]. 计算机应用研究, 2018, 35 (2): 386-390, 395.
[106] 徐曼, 甘丹, 沈江. 基于互信息的贝叶斯-案例检索特征选择模型[J]. 工业工程与管理, 2018, 23 (5): 176-182.
[107] 张涛, 翁康年, 张倩帆, 等. 基于情境案例推理的播前收视率预测方法[J]. 管理工程学报, 2020, 34 (6): 156-164.
[108] 袁晓芳. 基于情景分析与 CBR 的非常规突发事件应急决策关键技术研究[D]. 西安: 西安科技大学, 2011.
[109] Corchado J M, Lees B. A hybrid case-based model for forecasting[J]. Applied Artificial Intelligence, 2001, 15 (2): 105-127.
[110] Golding A R, Rosenbloom P S. Improving rule-based systems through case-based reasoning[R]. Anaheim: The Ninth National Conference on Artificial Intelligence, 1991.
[111] Xu L D. An integrated rule-and case-based approach to AIDS initial assessment[J]. International Journal of Bio-Medical Computing, 1996, 40 (3): 197-207.
[112] Marling C R, Petot G J, Sterling L S. Integrating case-based and rule-based reasoning to meet multiple design constrains[J]. Computational Intelligence, 1999, 15 (3): 308-332.
[113] Prentzas J, Hatzilygeroudis I. Integrating hybrid rule-based with case-based reasoning[C]//Craw S, Preece A. Advances in Case-Based Reasoning: 6th European

Conference. Berlin：Springer，2002：336-349.
- [114] 段军，戴居丰. 案例修正方法研究[J]. 计算机工程，2006，32（6）：1-3.
- [115] 李伟明，穆志纯. 推理建模中基于 KDD 和粗糙集的案例修改[J]. 计算机仿真，2006，23（10）：141-143，159.
- [116] 侯玉梅，许成媛. 基于案例推理法研究综述[J]. 燕山大学学报（哲学社会科学版），2011，12（4）：102-108.
- [117] 欧渊，王峥，黄万荣，等. 基于案例推理病态信息修正中案例库的设计[J]. 科学技术与工程，2007，7（6）：1215-1217.
- [118] 宋东，刘飞，吴信永. CBR 故障诊断系统中的案例自修改方法研究及应用[J]. 测控技术，2008，27（5）：81-83.
- [119] 张庆军. 本体映射中的推理修正与抽取算法研究[D]. 长沙：中南大学，2009.
- [120] 张庆军，徐德智，陈建二. 基于推理的本体映射抽取算法及修正[J]. 计算机科学，2009，36（5）：229-233.
- [121] 张涛，刘厚泉. 基于案例推理中案例修正的研究[D]. 徐州：中国矿业大学，2011.
- [122] 徐圆，彭荻，朱群雄. 基于差异特征的案例可拓修改方法研究与应用[J]. 化工学报，2011，62（9）：2569-2574.
- [123] 许成媛. 基于质量与安全的生鲜农产品可追溯体系研究[D]. 秦皇岛：燕山大学，2011.
- [124] Smyth B，Keane M T. Remembering to forget：a competence-preserving case deletion policy for case-based reasoning systems[C]//Mellish C S. 14th International Joint Conference on Artificial Intelligence. New York：ACM，1995：377-382.
- [125] Leake D B，Wilson D C. Categorizing case-base maintenance：dimensions and directions[C]//Smyth B，Cunningham P. Advances in Case-Based Reasoning 4th European Workshop. Berlin：Springer，1998：196-207.
- [126] 郑大兵，黄婉，杨发明. IDSS 中的推理和学习[J]. 管理信息系统，1998，(4)：13-18.
- [127] 崔玉文，冯晓宁. 基于案例的学习方法的研究及其应用[J]. 齐齐哈尔大学学报（自然科学版），2002，18（3）：61-65.
- [128] 宋述强. 基于网络的案例学习环境设计与研究[D]. 北京：清华大学，2005.
- [129] 倪志伟，倪丽萍，叶红云，等. 基于案例库维护的案例推理分类技术[J]. 合肥工业大学学报（自然科学版），2007，30（12）：1651-1655.
- [130] 戴泉晨，朱建军. 不完全类别信息下多属性决策的案例学习方法[J]. 系统工程，2016，34（3）：129-135.
- [131] 王文俊. 基于语义网的应急临机决策关键技术研究[D]. 北京：北京大学，2006.
- [132] Mendonça D. Decision support for improvisation in response to extreme events：learning from the response to the 2001 World Trade Center attack[J]. Decision Support Systems，2007，43（3）：952-967.
- [133] Weenig M W H，Maarleveld M. The impact of time constraint on information search strategies in complex choice tasks[J]. Journal of Economic Psychology，2002，23（6）：689-702.
- [134] Malešič M，Prezelj I，Juvan J，et al. Evacuation in the event of a nuclear disaster：planned activity or improvisation？[J]. International Journal of Disaster Risk

Reduction, 2015, 12: 102-111.

[135] 王月龙. 基于语义网的应急临机决策若干关键问题研究[D]. 北京：北京大学，2006.

[136] 杨鹏. 面向事件感知的应急临机决策引擎研究[D]. 天津：天津大学，2010.

[137] 刘霞,严晓,刘世宏. 非常规突发事件临机决策初探[J]. 中国应急管理,2011,（12）: 19-23.

[138] 范星,薛耀文. 基层管理者面对突发事件的即兴决策分析[J]. 重庆理工大学学报（社会科学），2012，26（4）：47-50，79.

[139] 高珊. 基于强相关逻辑的应急临机决策计算模型[D]. 天津：天津大学，2012.

[140] 薛耀文,张国凤,黄欢. 重大突发事件情景演变中的即兴决策[J]. 山西师大学报（社会科学版），2011，38（5）：24-28.

[141] 李振华,薛耀文. 应急知识管理、组织记忆与即兴决策能力提升机理及路径研究[J]. 科技管理研究，2017，37（20）：211-218.

[142] 孟甜. 突发事件下即兴决策认知偏差分析及实证研究[D]. 太原：太原科技大学，2014.

[143] 陈璐,陈安. 提高应急管理的临机决策效率：基于天津危化品爆炸事件的分析[J]. 理论探索，2016，（1）：80-84.

[144] 孙素青. 管理者即兴决策模式、认知偏差和风险行为关系的实证研究[D]. 太原：太原科技大学，2016.

[145] 曾贲,房霄,孔德帅,等. 一种数据驱动的对抗博弈智能体建模方法[J]. 系统仿真学报，2021，33（12）：2838-2845.

[146] 陈雪龙,张钟,李悦. 临机决策视角下的非常规突发事件应急处置方案生成[J]. 中国管理科学，2024，32（10）：109-122.

[147] 陈璐,杨百寅,井润田,等. 家长式领导、冲突与高管团队战略决策效果的关系研究[J]. 南开管理评论，2010，13（5）：4-11.

[148] 张志红. 领导决策评估标准与模式[J]. 辽宁行政学院学报，2010，12（12）：93-94.

[149] 陈璐,杨百寅,井润田,等. 高层管理团队内部社会资本、团队冲突和决策效果的关系：研究综述与理论分析框架[J]. 南开管理评论，2009，12（6）：42-50.

[150] 陈璐. CEO家长式领导行为对高管团队决策效果的影响机制研究[D]. 成都：电子科技大学，2011.

[151] 赖小静. 不确定环境下实时决策及与组织结构的关系研究[D]. 成都：西南交通大学，2002.

[152] 王长生,邓梅花,陈立人. 不同逻辑背景下知识表征方式对跆拳道运动员直觉思维决策效果影响的实验研究[J]. 北京体育大学学报，2011，34（4）：115-119.

[153] 许可. 政府战略项目群体决策组织方式与效果提升研究[J]. 中央财经大学学报，2013，（1）：6-12.

[154] 王小林,杨秋林. 利用决策支持系统提高农业项目投资决策效果[J]. 中央财经大学学报，2002，（11）：77-80.

[155] 马连杰. 基于信息技术的城市政府管理决策效果分析[J]. 现代管理科学，2004，（11）：34-36.

[156] 曾建勋. 决策效果评价[J]. 科学管理研究，1987，5（4）：44-46.

[157] 傅介声. 决策树：计量决策效果的一种方法[J]. 经济管理，1981，(2)：65-69.
[158] 马连杰. 基于信息通信技术的组织决策权配置研究[D]. 武汉：华中科技大学，2004.
[159] 郭泳亨，卢兴华，刘云. 应急决策效果的模糊综合评判研究[J]. 科学技术与工程，2006，6（5）：588-592.
[160] 周晓光，张强. 基于属性测度理论的群决策效果评价[J]. 北京理工大学学报，2007，27（2）：179-183.
[161] 李翔，周诚，高肖俭，等. 我国灾害经济统计评估系统及其指标体系的研究[J]. 自然灾害学报，1993，2（1）：5-15.
[162] 邢大韦，张玉芳，粟晓玲. 陕西关中城市防灾抗灾能力评估[J]. 西北水资源与水工程学报，1997，8（3）：8-17，24.
[163] 刘艳，康仲远，赵汉章，等. 我国城市减灾管理综合评价指标体系的研究[J]. 自然灾害学报，1999，8（2）：61-66.
[164] 王绍玉. 城市灾害应急管理能力建设[J]. 城市与减灾，2003，(3)：4-6.
[165] 邓云峰，郑双忠，刘功智，等. 城市应急能力评估体系研究[J]. 中国安全生产科学技术，2005，1（6）：33-36.
[166] 铁永波，唐川，周春花. 城市灾害应急能力评价研究[J]. 灾害学，2006，21（1）：8-12.
[167] 郑双忠，邓云峰，江田汉. 城市应急能力评估体系 Kappa 分析[J]. 中国安全科学学报，2006，16（2）：69-72.
[168] 冯百侠. 城市灾害应急能力评价的基本框架[J]. 河北理工大学学报（社会科学版），2006，6（4）：210-212.
[169] 张欢. 应急管理评估[M]. 北京：中国劳动社会保障出版社，2010.
[170] 周长峰，刘燕. 非常规突发事件应急能力评价研究[J]. 信息系统工程，2011，(11)：138-139，154.
[171] 汪志红. 突发事件应急管理中的关键统计技术研究[D]. 广州：暨南大学，2011.
[172] 童文莹，张海波. 地方政府应急评估研究[J]. 华东理工大学学报（社会科学版），2012，27（4）：99-107.
[173] 张风华，谢礼立. 城市防震减灾能力评估研究[J]. 自然灾害学报，2001，10（4）：57-64.
[174] 冯志泽，陈惠云. 城市房屋抗震能力综合评定[J]. 华北地震科学，2004，22（4）：34-37.
[175] 刘传铭，王玲. 政府应急管理组织绩效评测模型研究[J]. 哈尔滨工业大学学报（社会科学版），2006，8（1）：64-68.
[176] 田依林. 城市突发公共事件综合应急能力评价研究[D]. 武汉：武汉理工大学，2008.
[177] 倪慧荟，姚晓晖，初玉，等. 集成"能力-时效-决策"的应急处置效果预评估模型[J]. 中国安全科学学报，2020，30（12）：148-156.
[178] Doug L. 3D data management：controlling data volume, velocity and variety[EB/OL]. [2023-04-29]. http://www.doc88.com/p-7465431389347.html.
[179] Bryant R，Katz R，Lazowska E. Big-data computing：creating revolutionary

breakthroughs in commerce, science and society[C]//Ghani R, Senator T E, Bradley P, et al. 19th ACM SIGKDD International Conference on Knowledge Discovery and Data Mining. New York: ACM, 2013: 1-15.

[180] Savitz E, Gartner. 10 critical tech trends for the next five years[EB/OL]. [2023-02-09]. http://www.forbes.com/sites/ericsavitz/2012/10/22/gartner-10-critical-tech-trends-for-the-next-five-years.

[181] Hilbert M, López P. The world's technological capacity to store, communicate and compute information[J]. Science, 2011, 332 (6025): 60-65.

[182] Belaud J P, Negny S, Dupros F, et al. Collaborative simulation and scientific big data analysis: illustration for sustainability in natural hazards management and chemical process engineering[J]. Computers in Industry, 2014, 65 (3): 521-535.

[183] Constantine C. Big data: an information security context[J]. Network Security, 2014, 1: 18-19.

[184] Shelton T, Poorthuis A, Graham M, et al. Mapping the data shadows of hurricane Sandy: uncovering the sociospatial dimensions of "big data" [J]. Geoforum, 2014, 52: 167-179.

[185] Compton R, Lee C, Lu T C, et al. Detecting future social unrest in unprocessed twitter data: "emerging phenomena and big data" [R]. Seattle: 2013 IEEE International Conference on Intelligence and Security Informatics, 2013.

[186] Rubin D, Lynch K, Escaravage J, et al. Harnessing data for national security[J]. SAIS Review of International Affairs, 2014, 34 (1): 121-128.

[187] Choi S, Bae B. The real-time monitoring system of social big data for disaster management[M]//Park J, Stojmenovic I, Jeong H, et al. Computer Science and Its Application. Berlin: Springer, 2015: 809-815.

[188] Moulik S, Misra S, Obaidat M S. Smart-Evac: big data-based decision making for emergency evacuation[J]. IEEE Cloud Computing, 2015, 2 (3): 58-65.

[189] Klein J, Buglak R, Blockow D, et al. A reference architecture for big data systems in the national security domain[R]. Austin: The 2nd International Workshop on BIG Data Software Engineering, 2016.

[190] Akhgar B, Saathoff G B, Arabina H R, et al. Application of Big Data for National Security: A Practitioner's Guide to Emerging Technologies[M]. Oxford: Butterworth-Heinemann, 2015.

[191] El Abdallaoui H E A, El Fazziki A, Ennaji F Z, et al. Decision support system for the analysis of traffic accident big data[R]. Las Palmas de Gran Canaria: The 14th International Conference on Signal-Image Technology & Internet-Based Systems, 2018.

[192] Sakura Y, Shou D L, Wataru K. Detection of anomaly state caused by unexpected accident using data of smart card for public transportation[R]. Los Angeles: IEEE International Conference on Big Data, 2019.

[193] 李国杰, 程学旗. 大数据研究: 未来科技及经济社会发展的重大战略领域: 大数据的研究现状与科学思考[J]. 中国科学院院刊, 2012, 27 (6): 647-657.

[194] 俞立平. 大数据与大数据经济学[J]. 中国软科学, 2013, (7): 177-183.

[195] 李丹阳. 大数据时代的中国应急管理体制改革[J]. 华南师范大学学报（社会科学版）, 2013, (6): 106-111.

[196] 张倩. 大数据在突发事件政府决策中的应用[J]. 东北农业大学学报（社会科学版）, 2013, 11 (6): 73-79.

[197] 黄国平, 武旭红, 张宏. 面向灾害大数据预警信息高速处理的规则引擎[J]. 计算机技术与发展, 2014, 24 (4): 239-242.

[198] 成桂兰. 基于大数据的地震多发区域破坏程度估计模型设计[J]. 地震工程学报, 2018, 40 (3): 604-611.

[199] 王森, 肖渝, 黄群英, 等. 基于社交大数据挖掘的城市灾害分析：纽约市桑迪飓风的案例[J]. 国际城市规划, 2018, 33 (4): 84-92.

[200] 周利敏, 童星. 灾害响应 2.0：大数据时代的灾害治理：基于"阳江经验"的个案研究[J]. 中国软科学, 2019, (10): 1-13.

[201] 易嘉伟, 王楠, 千家乐, 等. 基于大数据的极端暴雨事件下城市道路交通及人群活动时空响应[J]. 地理学报, 2020, 75 (3): 497-508.

[202] 严滢伟, 马大伟, 范红超. 自发地理信息在灾后恢复监测中的应用研究框架[J]. 热带地理, 2020, 40 (2): 184-193.

[203] 张晓辉. 基于文本大数据的地震应急的知识发现[D]. 兰州：兰州交通大学, 2020.

[204] 王逸飞, 张行, 何迪, 等. 基于大数据平台的电网防灾调度系统功能设计与系统架构[J]. 电网技术, 2016, 40 (10): 3213-3219.

[205] 吴冰, 张文琼, 马彦, 等. 基于大数据的核生化灾害信息管理研究[R]. 海口：2016 年中国环境科学学会学术年会, 2016.

[206] 汪东, 周爱民, 丛静华, 等. 基于大数据的森林防火管理系统设计[J]. 中南林业科技大学学报, 2017, 37 (11): 30-37.

[207] 曾志强, 何小东, 王颖, 等. 基于 Hadoop 和 Spark 的森林火灾混合大数据分析系统研究[J]. 世界林业研究, 2018, 31 (2): 55-59.

[208] 王亚松. 森林火灾风险评估与预警防控系统设计与开发[D]. 成都：电子科技大学, 2018.

[209] 徐磊, 李希建. 基于大数据的矿井灾害预警模型[J]. 煤矿安全, 2018, 49 (3): 98-101.

[210] 王普. 大数据分析驱动的高速铁路应急管理关键技术研究[D]. 北京：中国铁道科学研究院, 2019.

[211] 陈醉, 原珂. 基于大数据应用的城市生命线复杂风险智能预测预警[J]. 社会主义研究, 2020, (3): 93-100.

[212] 曹文洁, 刘杰, 张本龚. 大数据与人工智能技术在 COVID-19 疫情防控中的应用分析[J]. 武汉纺织大学学报, 2021, 34 (1): 10-14.

[213] 杨继君, 曾子轩, 郑琛. 大数据驱动的极端气象灾害态势要素提取模型与优化[J]. 中国人民公安大学学报（自然科学版）, 2022, 28 (4): 100-108.

[214] 李翠萍, 吴林寰, 舒畅, 等. 数据驱动的公共卫生安全[J]. 科学通报, 2024, 69 (9): 1156-1163.

[215] Endsley M R. Design and evaluation for situation awareness enhancement[J].

Proceedings of the Human Factors Society Annual Meeting, 1988, 32（2）: 97-101.
[216] 王慧强, 赖积保, 朱亮, 等. 网络态势感知系统研究综述[J]. 计算机科学, 2006, 33（10）: 5-10.
[217] Turoff M, Chumer M J, van de Walle B. The design of a dynamic emergency response management information system[J]. Journal of Information Technology Theory and Application, 2004, 5（4）: 1-36.
[218] Feng Y H, Teng T H, Tan A H. Modelling situation awareness for context-aware decision support[J]. Expert Systems with Applications, 2009, 36（1）: 455-463.
[219] Luokkala P, Virrantaus K. Developing information systems to support situational awareness and interaction in time-pressuring crisis situations[J]. Safety Science, 2014, 63: 191-203.
[220] Archie B. Tweeting situational awareness during the Sydney siege[J]. Journal of Policing, Intelligence and Counter Terrorism, 2016, 11（1）: 14-29.
[221] Botega L C, de Souza J O, Jorge F R, et al. Methodology for data and information quality assessment in the context of emergency situational awareness[J]. Universal Access in the Information Society, 2017, 16: 889-902.
[222] Botega L C, Pereira G M C, Junior V A P, et al. Assessing situation awareness on fusion-driven emergency management systems[EB/OL]. [2023-03-06]. https://ieeexplore.ieee.org/document/9011355.
[223] Danial S N, Smith J, Khan F, et al. Situation awareness modeling for emergency management on offshore platforms[J]. Human-Centric Computing and Information Sciences, 2019, 9（1）: 1-26.
[224] 赵新勇, 安实, 丛浩哲. 基于路网抗毁可靠度的交通突发事件态势分析[J]. 交通运输系统工程与信息, 2013, 13（5）: 79-85.
[225] 陈凌, 孙晓宇. 政府危机决策的态势感知研究初探[J]. 图书馆学研究, 2015,（14）: 94-97.
[226] 杨戌初. 社交网络中突发事件的态势感知算法研究与实现[D]. 北京: 北京交通大学, 2018.
[227] 杨继君, 曾子轩. 基于态势预测的非常规突发事件应急决策模型构建[J]. 统计与决策, 2018, 34（18）: 43-47.
[228] 窦珊, 张广宇, 熊智华, 等. 基于多源数据融合的化工园区危险态势感知[J]. 化工学报, 2019, 70（2）: 460-466, 789.
[229] 杨继君, 曾子轩. 信息不完全下极端气象灾害态势感知建模优化[J]. 计算机技术与发展, 2021, 31（2）: 169-174.
[230] 王施运, 李白杨, 白云, 等. 面向国家安全场景的态势感知与分析方法研究[J]. 情报理论与实践, 2021, 44（7）: 178-183.
[231] 温志韬, 夏一雪. 基于演化建模的突发事件网络舆情态势感知分析[J]. 情报杂志, 2022, 41（9）: 71-78.
[232] 杨继君, 曾子轩. 大数据智能背景下突发事件态势感知研究综述与展望[J]. 现代信息科技, 2023, 7（17）: 21-26.
[233] 王秉, 周佳胜, 史志勇. 数智赋能安全态势感知与塑造模型[J]. 图书馆论坛, 2024,

44（8）：1-7.

[234] 侯琳，杨帆，张佐，等. 重大交通突发事件中的态势评估研究[J]. 交通信息与安全，2009，27（S1）：67-69，73.

[235] 沈晓飞. 基于模糊分析的群体性突发事件态势评估[J]. 计算机光盘软件与应用，2012，15（17）：85-86.

[236] 胡俊，陆晴漪，陈磊，等. 非常规突发事件危害性评估和态势监测模型[J]. 武汉大学学报（理学版），2013，59（4）：381-387.

[237] 万俊强，张敏. 基于博弈论集对分析的空管风险态势评估[J]. 中国安全科学学报，2018，28（11）：142-148.

[238] 闫旭，彭其渊，殷勇，等. 区域铁路运输安全态势表征与评估方法[J]. 中国安全科学学报，2020，30（4）：33-40.

[239] 曾大军，曹志冬. 突发事件态势感知与决策支持的大数据解决方案[J]. 中国应急管理，2013，（11）：15-23.

[240] 董青岭. 大数据安全态势感知与冲突预测[J]. 中国社会科学，2018，（6）：172-182.

[241] Vouros G A，Andrienko G，Doulkeridis C，et al. Big Data Analytics for Time-Critical Mobility Forecasting：Event Processing for Maritime Situational Awareness[M]. Berlin：Springer，2020.

[242] 付小康. 基于社交媒体主题演化和多模态特征融合的城市暴雨灾害态势感知[D]. 武汉：武汉大学，2020.

[243] 黄超. 面向应急决策的案例提示机理研究[D]. 北京：中共中央党校（国家行政学院），2015.

[244] 佘廉，黄超. 我国突发事件案例库建设评价分析[J]. 电子科技大学学报（社科版），2015，17（6）：24-31.

[245] 汤文宇，李玲娟. CBR方法中的案例表示和案例库的构造[J]. 西安邮电大学学报，2006，11（5）：75-78.

[246] Minsky M. A framework for representing knowledge[M]//Metzing D. Frame Conceptions and Text Understanding. Berlin：De Gruyter，1979：1-25.

[247] 王凯. 基于案例推理的应急管理案例库构建方法研究[D]. 上海：上海交通大学，2009.

[248] 李雄波. 知识表示在教学领域的应用研究:《教育信息处理》的知识表示[D]. 上海：华东师范大学，2007.

[249] 曹勇. 基于案例推理的地震应急本体案例库构建及案例检索研究[D]. 北京：中国地质大学（北京），2018.

[250] 王文俊，杨鹏，董存祥. 应急案例本体模型的研究及应用[J]. 计算机应用，2009，29（5）：1437-1440，1445.

[251] Fan Z，Zlatanova S. Exploring ontology potential in emergency management[J/OL]. [2023-03-09]. https://gdmc.nl/publications/2010/Ontology_potential_emergency_management.pdf.

[252] 李文娟. 基于本体的公共危机事件案例表示研究[D]. 兰州：兰州大学，2013.

[253] 施平安，吴晞，杨世幸，等. 基于XML的海事案例信息表示初探[J]. 珠江水运，2007，（5）：43-45.

[254] 郭素. 应急辅助决策系统中案例表示与检索方法研究[D]. 大连：大连理工大学，2009.

[255] 张佰尚，李向阳，李相华. 信息不完备条件下地震应急案例结构化方法研究[J]. 运筹与管理，2015，24（2）：78-86.

[256] 高洪深. 决策支持系统（DSS）：理论·方法·案例[M]. 2版. 北京：清华大学出版社，2000.

[257] 范维澄，刘奕. 城市公共安全体系架构分析[J]. 城市管理与科技，2009，11（5）：38-41.

[258] 张明红. 基于案例的非常规突发事件情景推理方法研究[D]. 武汉：华中科技大学，2016.

[259] 张明红，佘廉，耿波. 基于情景的结构化突发事件相似度研究[J]. 中国管理科学，2017，25（1）：151-159.

[260] 杨继君. 基于案例推理与态势预测的非常规突发事件应急决策模式研究[D]. 北京：中共中央党校（国家行政学院），2016.

[261] 秦大河. 中国极端天气气候事件和灾害风险管理与适应国家评估报告[R]. 北京：科学出版社，2015.

[262] 周利敏，龙智光. 大数据时代的灾害预警创新：以阳江市突发事件预警信息发布中心为案例[J]. 武汉大学学报（哲学社会科学版），2017，70（3）：121-132.

[263] Endsley M R. Measurement of situation awareness in dynamic systems[J]. Human Factors，1995，37（1）：65-84.

[264] Saner L D，Bolstad C A，Gonzalez C，et al. Measuring and predicting shared situation awareness in teams[J]. Journal of Cognitive Engineering and Decision Making，2009，3（3）：280-308.

[265] 罗佳,黄玺瑛,高会波. 基于多重信息单元的战场态势要素构建研究[J]. 国防科技，2012，33（3）：66-70.

[266] 张晨，赵青松，陆志沣，等. 战场态势要素构成及影响关系研究[J]. 舰船电子工程，2023，43（3）：33-35，54.

[267] 吕学志，胡晓峰，吴琳，等. 战役态势认知的概念框架[J]. 火力与指挥控制，2019，44（7）：1-6.

[268] Guo W Z，Chen G L，Lin Z M，et al. PSO-FNN-based on extraction of security situation element[R]. Xiamen：2008 3rd International Conference on Intelligent System and Knowledge Engineering，2008.

[269] Lau S. The spinning cube of potential doom[J]. Communications of the ACM，2004，47（6）：25-26.

[270] Lai J B，Wang H Q，Zheng F B，et al. Network security situation element extraction method based on DSimC and EWDS[J]. Computer Science，2010，37（11）：64-69.

[271] 郭文忠，林宗明，陈国龙. 基于粒子群优化的网络安全态势要素获取[J]. 厦门大学学报（自然科学版），2009，48（2）：202-206.

[272] 赵冬梅，李红. 基于并行约简的网络安全态势要素提取方法[J]. 计算机应用，2017，37（4）：1008-1013.

[273] 寇广，王硕，张达. 基于深度堆栈编码器和反向传播算法的网络安全态势要素识

别[J]. 电子与信息学报, 2019, 41 (9): 2187-2193.

[274] Basu M, Bandyopadhyay S, Ghosh S. Post disaster situation awareness and decision support through interactive crowdsourcing[J]. Procedia Engineering, 2016, 159: 167-173.

[275] 黄伟, 黄廷城, 王立勇, 等. 基于态势感知的电网台风预警防御框架研究综述[J]. 电力系统保护与控制, 2018, 46 (11): 162-169.

[276] 王学民. 对主成分分析中综合得分方法的质疑[J]. 统计与决策, 2007, (8): 31-32.

[277] 徐永智, 华惠川. 对主成分分析三点不足的改进[J]. 科技管理研究, 2009, 29 (6): 128-130.

[278] Hotelling H. Analysis of a complex of statistical variables into principal components[J]. Journal of Educational Psychology, 1933, 24 (7): 498-520.

[279] 高晓红, 李兴奇. 主成分分析中线性无量纲化方法的比较研究[J]. 统计与决策, 2020, 36 (3): 33-36.

[280] 潘安娥, 杨青. 基于主成分分析的武汉市经济社会发展综合评价研究[J]. 中国软科学, 2005, (7): 118-121.

[281] 王一华. 中国大陆图书情报专业期刊的综合评价: 基于熵权法、主成分分析法和简单线性加权法的比较研究[J]. 情报科学, 2011, 29 (6): 943-947.

[282] 吴炯. 基于完整架构契约的企业治理权配置研究[D]. 成都: 西南交通大学, 2003.

[283] 王先甲, 刘佳. 具有外部性的合作博弈问题中的稳定的联盟结构[J]. 系统工程理论与实践, 2018, 38 (5): 1173-1182.

[284] Granot D, Granot F, Zhu W R. Characterization sets for the nucleolus[J]. International Journal of Game Theory, 1998, 27 (3): 359-374.

[285] Shapley L S. A Value for N-Person Games[M]. Princeton: Princeton University Press, 1952.

[286] 中国气象局. 热带气旋年鉴 (2006—2018) [M]. 北京: 气象出版社, 2008-2020.

[287] 自然资源部. 中国海洋灾害公报 (2006—2018) [R]. 2006-2019.

[288] 国家统计局. 中国统计年鉴 (2006—2018)[M]. 北京: 中国统计出版社, 2006-2018.

[289] 中国天气台风网[EB/OL]. [2023-03-12]. http://typhoon.weather.com.cn.

[290] 中国气象数据网.中国暴雨洪涝灾害数据集/中国热带气旋灾害数据集[EB/OL]. [2023-03-12]. http://data.cma.cn/data/cdcindex/cid/dcaa6510b4d6441b.html.

[291] 中国应急信息网[EB/OL]. [2023-03-12]. http://www.emerinfo.cn/.

[292] 中国统计信息网. 统计公报[EB/OL]. [2023-03-12]. http://www.tjcn.org.

[293] 温欣研, 刘浩. MATLAB R2018a 从入门到精通[M]. 北京: 清华大学出版社, 2019.

[294] 巩在武, 胡丽. 台风灾害评估中的影响因子分析[J]. 自然灾害学报, 2015, 24 (1): 203-213.

[295] 殷成团, 张金善, 熊梦婕, 等. 我国南海沿海台风及暴潮灾害趋势分析[J]. 热带海洋学报, 2019, 38 (1): 35-42.

[296] 饶文利, 罗年学. 台风风暴潮情景构建与时空推演[J]. 地球信息科学学报, 2020, 22 (2): 187-197.

[297] 贵州水城"7·23"特大山体滑坡灾害搜救工作结束[EB/OL]. [2023-03-12]. http://www.gov.cn/xinwen/2019-07/30/content_5416541.htm.

[298] Seppänen H, Mäkelä J, Luokkala P, et al. Developing shared situational awareness for emergency management[J]. Safety Science, 2013, 55: 1-9.
[299] 朱娜娜, 张伟男, 韩双梅, 等. 基于社会传感器的网络安全态势感知与应急管理模型研究[J]. 智能计算机与应用, 2017, 7 (6): 135-138.
[300] 盛勇, 孙庆云, 王永明. 突发事件情景演化及关键要素提取方法[J]. 中国安全生产科学技术, 2015, 11 (1): 17-21.
[301] 中华人民共和国突发事件应对法[EB/OL]. [2023-04-05]. https://www.gov.cn/ziliao/flfg/2007-08/30/content_732593.htm.
[302] Ching W K. 马尔可夫链: 模型、算法与应用[M]. 陈曦, 译. 北京: 清华大学出版社, 2015.
[303] 陈寒松. 海南省千年自然灾害史料集[M]. 海口: 海南出版社, 1995.
[304] 中国气象局. 中国气象灾害年鉴（2003—2022）[M]. 北京: 气象出版社, 2003-2022.
[305] 中国气象局. 台风年鉴（1978—1988）/热带气旋年鉴（1989—2017）[M]. 北京: 气象出版社, 1979-2019.
[306] 海口气象局信息网. 气象灾害数据库[EB/OL]. [2023-04-05]. http://www.hkqx.net/.
[307] 廖振良, 刘宴辉, 徐祖信. 基于案例推理的突发性环境污染事件应急预案系统[J]. 环境污染与防治, 2009, 31 (1): 86-89.
[308] 徐亚博, 汪彤, 王培怡, 等. 基于案例推理的地铁非常规突发事件应急决策方法研究[J]. 中国安全生产科学技术, 2013, 9 (8): 44-48.
[309] 高珊, 朱翊, 张福浩. 基于 GIS 的台风案例推理模型[J]. 测绘科学, 2013, 38 (6): 46-48.
[310] 宋英华, 李旭彦, 高维义, 等. 城市洪灾应急案例检索中的 RIMER 方法研究[J]. 中国安全科学学报, 2015, 25 (7): 153-158.
[311] 汪季玉, 王金桃. 基于案例推理的应急决策支持系统研究[J]. 管理科学, 2003, 16 (6): 46-51.
[312] 靖可, 赵希男. 基于整体优势度的应急救援案例推理决策[J]. 系统工程, 2008, 26 (9): 15-20.
[313] 张明明. 基于案例推理的深海应急辅助决策技术研究[D]. 大连: 大连海事大学, 2020.
[314] 李晶晶, 朱红亚. 基于案例推理的事故信息挖掘与应急辅助决策方法研究[C]//中国消防协会. 2019 中国消防协会科学技术年会论文集. 北京: 中国科学技术出版社, 2019: 28-32.
[315] 王宁, 黄红雨, 仲秋雁, 等. 基于知识元的应急案例检索方法[J]. 系统工程, 2014, 32 (1): 124-132.
[316] 王光源. 基于知识元和模糊认知图的应急案例推理研究[D]. 大连: 大连理工大学, 2015.
[317] 陈晓红, 胡文华, 曹裕, 等. 基于梯形模糊数的分层多目标线性规划模型在多属性不确定决策问题中的应用[J]. 管理工程学报, 2012, 26 (4): 192-198.
[318] Dempster A P. Upper and lower probabilities induced by a multivalued mapping[J]. Annals of Mathematical Statistics, 1967, 38 (2): 325-339.
[319] Shafer G. A Mathematical Theory of Evidence[M]. Princeton: Princeton University

Press，1976.

[320] 陈圣群,王应明,施海柳. 多属性匹配决策的等级置信度融合法[J]. 系统工程学报，2015，30（1）：25-33.

[321] 郑晶,王应明,叶歆. 复杂数据情形下的应急案例相似度测算方法[J]. 中国安全科学学报，2014，24（7）：153-158.

[322] 慈铁军,刘晓瑜. 基于决策者偏好的区间数多属性决策属性值规范化方法[J]. 统计与决策，2015，(3)：36-38.

[323] Yang J B. Rule and utility based evidential reasoning approach for multiattribute decision analysis under uncertainties[J]. European Journal of Operational Research，2001，131（1）：31-61.

[324] Yang J B, Xu D L. On the evidential reasoning algorithm for multiple attribute decision analysis under uncertainty[J]. IEEE Transactions on Systems，Man，and Cybernetics-Part A：Systems and Humans，2002，32（3）：289-304.

[325] Wang Y M，Elhag T M S. Evidential reasoning approach for bridge condition assessment[J]. Expert Systems with Applications，2008，34（1）：689-699.

[326] 王秀荣,王维国,马清云. 台风灾害综合等级评估模型及应用[J]. 气象，2010，36（1）：66-71.

[327] 魏章进,隋广军,唐丹玲. 基于聚类与回归方法的台风灾情统计评估[J]. 数理统计与管理，2014，33（3）：400-407.

[328] 王秀荣,张立生,李维邦. 台风灾害综合等级评判模型改进及应用分析[J]. 气象，2018，44（2）：304-312.

[329] 中国天气台风网. 2006—2020年台风专题数据库[EB/OL]. https://typhoon.weather.com.cn/hist/2020.shtml.

[330] 张维迎. 博弈论与信息经济学[M]. 上海：上海人民出版社，2004.

[331] Kreps D M，Wilson R. Sequential equilibrium[J]. Econometrica，1982，50（4）：863-894.

[332] Gerardi D，Myerson R B. Sequential equilibria in bayesian games with communication[J]. Games and Economic Behavior，2007，60（1）：104-134.

[333] 斯拉木. 面向非常规突发事件应急管理的临机决策计算模型研究[D]. 天津：天津大学，2016.

[334] 薛耀文,黄欢,张国凤,等. 基于重大突发事件的即兴决策[J]. 系统管理学报,2013，22（5）：708-714.

[335] 付娉娉,吴冲. 非常规突发事件应急决策机理研究[J]. 哈尔滨工业大学学报（社会科学版），2014，16（4）：112-117.

[336] 张驭龙. 面向兵棋推演临机规划任务的知识模型嵌入式强化学习技术[D]. 长沙：国防科技大学，2022.

[337] 陈文伟,黄金才,陈元. 决策支持系统新结构体系[J]. 管理科学学报，1998，(3)：54-58.

[338] 马世琦,杨丽,商宁,等. 面对非常规突发事件的旅游业临机决策管理能力研究初探[J]. 西部旅游，2022，(1)：13-15，18.

[339] 王磊. 论综合集成研讨厅在临机决策中的应用[J]. 智能城市，2017，3（8）：141-142.

[340] 杨继君. 应急资源调度决策与建模优化[M]. 北京：中国社会科学出版社，2013.
[341] 佘廉，黄超. 突发事件案例生成理论与方法[M]. 北京：科学出版社，2017.
[342] 叶永，刘南，詹沙磊. 基于信息更新的应急资源配置序贯决策方法[J]. 浙江大学学报（工学版），2013，47（12）：2212-2220，2242.
[343] 李建标，王鹏程，巨龙. 信息瀑布：序贯决策中行为匹配的实验研究[J]. 管理评论，2015，27（10）：84-94.
[344] Berger O J. Statistical Decision Theory and Bayesian Analysis[M]. 2nd ed. Berlin：Springer，1985.
[345] 丁岚. 基于贝叶斯方法修正的VaR(CVaR)风险度量比较[J]. 统计与决策,2014,(24)：22-24.
[346] 吴乃龙，袁素云. 最大熵方法[M]. 长沙：湖南科学技术出版社，1991.
[347] 盛骤. 概率论与数理统计[M]. 3版. 上海：上海交通大学出版社，2011.
[348] Drake R，Guha A. A mutual information-based k-sample test for discrete distributions[J]. Journal of Applied Statistics，2014，41（9）：2011-2027.
[349] 张英菊,全传军. 基于项目管理方法的突发事件应急管理驱动机制研究[J]. 理论与改革，2013，(3)：115-117.
[350] Keller K L，Staelin R. Effects of quality and quantity of information on decision effectiveness[J]. Journal of Consumer Research，1987，14（2）：200-213.
[351] Harvey N，Koehler D J，Ayton P. Judgments of decision effectiveness：actor-observer differences in overconfidence[J]. Organizational Behavior and Human Decision Processes，1997，70（3）：267-282.
[352] Araújo D，Davids K，Serpa S. An ecological approach to expertise effects in decision-making in a simulated sailing regatta[J]. Psychology of Sport and Exercise，2005，6（6）：671-692.
[353] Blank H，Diedenhofen B，Musch J. Looking back on the London Olympics：independent outcome and hindsight effects in decision evaluation[J]. British Journal of Social Psychology，2015，54（4）：798-807.
[354] 黎继子,戴行信. 多目标决策灵敏度分析对拟建集装箱码头建设的风险评估[J]. 武汉交通科技大学学报，1998，22（3）：272-276.
[355] 张乐，童星. 社会稳定风险评估之评估：过程与效果的综合指标[J]. 南京大学学报（哲学·人文科学·社会科学），2016，53（5）：49-57.
[356] 刘岩松. 智能防御优化决策与作战效果评估研究[D]. 沈阳：沈阳理工大学，2023.
[357] 赵继鸿，吴敏. 金融危机视角下货币政策决策效果评价研究[J]. 金融发展评论，2012，(11)：26-39.
[358] 安玉红，李嫄，郭然，等. 企业高管团队管理自主权对决策效果的动态影响研究[J]. 领导科学，2017，(8)：44-47.
[359] Hamzah A F. The development of an oil spill contingency planning evaluation model[D]. Seattle：University of Washington，1994.
[360] Larsson A，Ekenberg L，Danielson M. Decision evaluation of response strategies in emergency management using imprecise assessments[J]. Journal of Homeland Security and Emergency Management，2010，7（1）：1271.

[361] Bagolong S P, Jakosalem J R V, Pimentel R E. The effectiveness of early warning system and contingency plans in Davao city[EB/OL]. [2023-05-10]. https://www.studocu.com/ph/document/isabela-state-university/bsed-english/the-effectiveness-of-early-warning-syste/90705046.

[362] 刘力玮. "情景-应对"型非常规突发事件应急方案与效果评估研究[D]. 成都：电子科技大学，2012.

[363] 焦宇, 周心权, 谭国庆. 煤矿特别重大瓦斯爆炸事故应急救援及决策实施效果评价原则[J]. 煤矿安全, 2009, 40（8）：116-119.

[364] 樊自甫, 胡佳婷, 万晓榆. 基于模糊综合评价法的应急通信预案实施效果评估研究[J]. 科技管理研究, 2013, 33（22）：63-67.

[365] 张英菊. 基于灰色多层次评价方法的应急预案实施效果评价模型研究[J]. 计算机应用研究, 2012, 29（9）：3312-3315, 3319.

[366] 张英菊. 基于改进灰色多层次评价的应急预案实施效果评价模型[J]. 湘潭大学自然科学学报, 2017, 39（1）：114-118.

[367] 徐峻, 杜晓惠, 马圣冉, 等. 重污染应急控制措施效果的快速评估方法[J]. 环境工程, 2018, 36（4）：165-169.

[368] 王先文, 杨晓娟, 王文珍, 等. 基于模糊综合评价法的电力施工应急演练效果评估技术研究[J]. 安全, 2020, 41（5）：15-19, 25.

[369] 陈一帆, 胡象明. 大数据驱动型的公共决策过程创新及效果评估：基于SSCI和SCI的文献研究[J]. 电子政务, 2019, (8)：14-27.

[370] 宋英华. 基于熵权模糊法的公众应急能力评价研究[J]. 科研管理, 2014, 35（12）：183-188.

[371] 姜科, 程励, 李仕明, 等. 非常规突发事件对旅游城市的文化影响及其重建[J]. 管理世界, 2009,（12）：7-10.

[372] 李婷. 基于专家决策系统的空间战场态势感知研究[D]. 沈阳：沈阳建筑大学, 2017.

[373] 地质灾害监测信息预警系统[EB/OL]. [2023-05-10]. https://lsm.cigem.cn/#/.

[374] 安吉：建成跨部门防灾减灾"大数据"预警平台[EB/OL]. [2023-06-23]. https://www.cma.gov.cn/2011xwzx/2011xqxxw/2011xjctz/202110/t20211029_3980222.html.

[375] 赖积保, 王慧强, 郑逢斌, 等. 基于DSimC和EWDS的网络安全态势要素提取方法[J]. 计算机科学, 2010, 37（11）：64-69, 77.

[376] 戚犇, 王梦迪. 基于信息增益的贝叶斯态势要素提取[J]. 信息网络安全, 2017,（9）：54-57.

[377] 段詠程. 面向视频专网的网络安全态势要素提取与评估[D]. 北京：中国人民公安大学, 2020.

[378] 孔祥忠. 战场态势估计和威胁估计[J]. 火力与指挥控制, 2003, 28（6）：91-94, 98.

[379] 朱艺, 肖兵, 林傲. 基于主成分分析法的反导态势要素提取研究[J]. 现代防御技术, 2015, 43（1）：31-38, 45.

[380] 陈姣, 章慧钰, 周献中, 等. 复杂战场数据样本空间构建方法研究[C]//中国指挥与控制学会. 第五届中国控制大会论文集. 北京：电子工业出版社, 2017：370-374.

[381] Blyth A. Footprinting for intrusion detection and threat assessment[J]. Information Security Technical Report，1999，4（3）：43-53.
[382] 朱丽娜, 张作昌, 冯力. 层次化网络安全威胁态势评估技术研究[J]. 计算机应用研究，2011，28（11）：4303-4306，4310.
[383] 黎智, 文华. 大规模层次化网络威胁态势高效评估仿真研究[J]. 计算机仿真，2018，35（1）：432-435.
[384] 曲长文, 何友. 基于对策论的威胁评估模型[J]. 火力与指挥控制，1999，(2)：27-30.
[385] 肖亮, 黄俊, 徐钟书. 基于空域划分的超视距空战态势威胁评估[J]. 北京航空航天大学学报，2013，39（10）：1309-1313.
[386] 吴文海, 郭晓峰, 周思羽, 等. 改进直觉模糊 TOPSIS 和三支决策的威胁评估[J]. 西北工业大学学报，2021，39（2）：392-399.
[387] 彭娟. 基于机器视觉的模具检测系统技术研究[D]. 镇江：江苏科技大学，2012.
[388] 李姝. 公安科技信息管理系统的设计与实现[D]. 大连：大连海事大学，2013.
[389] 李昕, 张明明. SPSS 28.0 统计分析从入门到精通：升级版[M]. 北京：电子工业出版社，2022.
[390] 赵文朋. 船舶溢油应急决策系统的研究与开发[D]. 上海：上海海事大学，2007.
[391] 胡晓冬, 董辰辉. MATLAB 从入门到精通[M]. 北京：人民邮电出版社，2010.
[392] 刘卫国. 轻松学 MATLAB 2021 从入门到实战：案例·视频·彩色版[M]. 北京：中国水利水电出版社，2021.
[393] 王大雄, 万东辉, 蒋林华, 等. 信号系统与信号处理教学改革初探[J]. 湖州师范学院学报，2011，33（2）：125-128.
[394] 谷成玲, 李振山. 基于 Matlab 软件的高等数学教学研究[J]. 产业与科技论坛，2021，20（11）：153-155.
[395] 北京超图软件股份有限公司. SuperMap[EB/OL]. [2023-05-23]. https://www.supermap.com/zh-cn/supermap/.
[396] 侯晴川, 胡宝清, 王德光. 区域喀斯特石漠化治理模式优选决策系统设计与实现：以广西石漠化治理为例[J]. 广西师范学院学报（自然科学版），2014，31（3）：78-84.
[397] Randolph N, Minutillo M, Gardner D, et al. Visual Studio 2010 高级编程[M]. 任鸿, 普杰, 高宇辉, 译. 北京：清华大学出版社，2012.
[398] 王赛君. 面向公共安全的态势推演系统研究与关键模块实现[D]. 南京：东南大学，2018.
[399] Fink S. Crisis Management：Planning for the Inevitable[M]. New York：American Management Association，1989.
[400] 张永领, 刘梦园. 基于应急资源保障度的应急管理绩效评价模型研究[J]. 灾害学，2020，35（4）：157-162.
[401] Maslow A H. A theory of human motivation[J]. Psychological Review，1943，50（4）：370-396.
[402] 邱锡鹏. 神经网络与深度学习[M]. 北京：机械工业出版社，2020.
[403] Levchuk Y N, Pattipati K R, Kleinman D L, et al. Designing adaptive organizations to process a complex mission：algorithms and applications[R]. Monterey：The 1998 Command and Control Research and Technology Symposium，1998.

[404] Levchuk G M, Levchuk Y N, Meirina C, et al. Normative design of project-based organizations-part III: modeling congruent, robust, and adaptive organizations[J]. IEEE Transactions on Systems, Man, and Cybernetics-Part A: Systems and Humans, 2004, 34 (3): 337-350.

[405] Viterbi A. Error bounds for convolutional codes and an asymptotically optimum decoding algorithm[J]. IEEE Transactions on Information Theory, 1967, 13 (2): 260-269.

致　　谢

本书主要以我的博士后出站报告（获得"优秀"等级）为基础，并结合本人近 6 年的研究成果融合而成。回想成果研究期间种种辛酸，我深深体会到要把工作、学习和生活的方方面面同时兼顾是何其艰难，尤其是多次教授职称的评定使我感到非常迷茫和彷徨，给我的打击和痛苦有时候让我在绝望中挣扎许久才能恢复内心的平静。不过，来自导师、同学和其他亲朋好友的大力支持、无私帮助和持续鼓励，为我增添了许多完成这本书的动力和勇气。皇天不负有心人，2018 年我终于以全票通过的方式获得正高级职称，这也许是对我 10 余年持续从事应急管理研究的认可与回报吧！

在本书成稿之际，谨向所有关心、帮助和支持我的人表示诚挚的谢意！

本人在撰写博士后研究报告的过程中得到合作导师佘廉教授的悉心指导，从报告选题、撰写、修改到最终定稿，合作导师都付出了大量的心血，提出了许多有益的意见和建议，使我的这篇博士后出站报告最终赢得了同行专家们的一致认可与好评，也因此构成了本书的基础框架。另外，合作导师从事学问研究一丝不苟的态度和执着的精神令我折服，永远值得学习。在此谨向合作导师佘廉教授表示衷心的感谢并致以崇高的敬意！

在博士后研究工作期间，陈曦教授、黄超副研究员、郭祥博士后、郑琛博士、郝福军博士、牛皓宁博士等给予我大量的帮助和支持，与他们的交往成了我产生灵感的源泉，在此一同感谢！

感谢中共中央党校（国家行政学院）应急管理培训中心的龚维斌教授、李雪峰教授、邓云峰教授、宋劲松教授、钟开斌教授等老师在学术上的建议和工作中的帮助！感谢中共中央党校（国家行政学院）研究生院博士管理办公室各位老师的热心帮助和支持。

感谢广东财经大学公共管理学院莫勇波教授，他的友善以及对我的无私帮助让我终生难忘！

衷心感谢父母对我人生道路上的持续关爱和鼓励！特别感谢妻子徐辰华博士 20 余年默默的支持和无私的奉献；我活泼可爱的大宝贝杨颢宇和小

宝贝杨浩轩始终是我人生道路上奋斗不息的动力和永恒的希望，衷心祝愿宝贝们健康成长，快乐学习！

作者：杨继君

2025 年 3 月 28 日